股市猎手

K线擒牛真经

钱 瞻◎主编 尤力辉◎执笔

四川人民出版社

图书在版编目（CIP）数据

股市猎手：K线擒牛真经/钱瞻主编．—成都：四川人民出版社，2020.11

ISBN 978-7-220-11861-6

Ⅰ．①股…　Ⅱ．①钱…　Ⅲ．①股票交易-基本知识　Ⅳ．①F830.91

中国版本图书馆CIP数据核字（2020）第072113号

GUSHI LIESHOU：K XIAN QINNIU ZHENJING

股市猎手：K线擒牛真经

钱瞻　主编　　尤力辉　执笔

责任编辑	张东升
封面设计	李其飞
版式设计	戴雨虹
责任校对	林　泉
责任印制	许　茜
出版发行	四川人民出版社（成都市槐树街2号）
网　　址	http://www.scpph.com
E-mail	scrmcbs@sina.com
新浪微博	@四川人民出版社
微信公众号	四川人民出版社
发行部业务电话	（028）86259624　86259453
防盗版举报电话	（028）86259624
照　　排	成都木之雨文化传播有限公司
印　　刷	成都蜀通印务有限责任公司
成品尺寸	185mm×260mm
印　　张	12.75
字　　数	190千
版　　次	2020年11月第1版
印　　次	2020年11月第1次印刷
书　　号	ISBN 978-7-220-11861-6
定　　价	49.00元

前言

笔者于2004年进入资本市场，阅读过大量股票投资书籍。在实战中，发现市场上的书籍都存在基本认识的问题，很多作者都是“理论家”。如果将书上的理论拿来实战，存在的问题和缺陷很多，效果大多不佳。事实上，笔者也是一个普通散户，和广大投资者的起点类似，进入股市的前几年，广泛涉猎相关知识，并结合个股进行实战，进而使自己的投资水平得到较大提高。大部分投资者在投资过程中遇到的问题，笔者也大都经历过，并有着切身体会。许多投资者在投资中遇到难题时，因为某些主客观原因，最终放弃了学习，放弃了思考，实在可惜！

笔者特别想提醒一点，很多看似没用的知识积累到一定的程度后，量变会引起质变，最后你会发现自己的水平在潜移默化中上了一个更高的台阶。

事实上，对于如何区分什么是真正有用的知识似乎并无标准，因为投资股票本身也并无绝对的成功标准和定律，凡有所斩获者都有自己的一套办法。正是因为没有标准，所以各种各样的声音才此起彼伏，看涨看跌的都有，许多投资者在纷杂的言论中迷失了方向。大家如果关注股票市场的一些评论，肯定会经常看到类似的说法：“现在这个市场不合理，在乱搞”，“市场正在‘反技术’地运行……”试想，如果你使用的策略经不起市场的检验，或者说失败概率超过获胜概率，但归咎于市场，那么这种方式是有用的吗？显然不是。

不得不说，股市上的部分书籍，看似讲得天花乱坠，真要用其中的方法去实际操作，势必会败得一塌糊涂。笔者也曾经历过较大亏损，因为盲目尊崇了一些理论。一些股市理论，虽然有其合理性，但也有重大缺陷。而部分研究股票走势的书籍，忽略了成交量、时间与股价的关系，而用这些策略来进行操作，就像拿着一个刻度不准的尺子来丈量长度一样，怎么能在市场中盈利呢？

对于市场言论，笔者给大家的建议是不要"拿来主义"，不要别人说什么就是什么，不明白的，一定要去验证。别人给你一个馒头，说这是馒头，你吃了；但如果别人给你一碗砒霜，说这是白糖，你也吃吗？

股市上的分析方法很多，方向也各不相同：基本面、技术面、消息面、心理面，甚至玄学……其实，很多东西并没有那么玄乎。所谓大道至简，最简单有效的，才是最好的。本书将从最本质最基础的地方展开，由浅入深，让非专业的投资者也能对市场有一个本质性的认知。为了便于理解，本书会尽量运用生活中简单的道理来介绍市场，而不是抛出一些看不懂的理论，让大家云里雾里地去盲目套用。投机之王杰西·利弗莫尔曾经说过，不要用一个理论去套用一只股票。真正有价值的理论一定是经得起市场考验的，而不是削足适履，把一些符合这个理论的东西套在它之上。

本书从股票的K线出发，侧重讲述股票背后的供求关系，提供一些当前市场的投资方法，帮助投资者正确认识股票投资，探寻稳定盈利的交易手段。

关于K线研究，很多人把它划入"技术派"，但笔者不这么认为。K线的走势，是各种因素综合作用的结果。当市场消息对K线有影响时，会体现在K线的走势上；K线也同时反映了消息面对股价的影响。这个道理很简单，仔细想一想，就很容易明白。事实上，回归本质，K线的波动，最直接的是受市场供求关系的影响，买方力量强于卖方时，股价自然就上涨，反之亦然。其他的所有因素，都会反映在股票的供求关系上。

笔者希望这本书能给散户投资者提供可资借鉴的方法，尽量拿出经过市场检验的实用的理论与方法，而不是让大家多一个疑惑的选择。股神巴菲特的老师格雷厄姆曾经说过，如果你在思考问题时持批判态度，不相信华尔街所谓的"事实"，并且以持久的信心进行投资，你就会获得稳定的收益，即便是在熊市亦是如此。通过培养自己的自制力和勇气，你就不会让他人的情绪波动来左右你的投资目标。所以请投资者在看这本书以及听各色评论人士的言论时，抱着求真验证的态度——坚信市场永远是对的，用市场的表现去验证结论，只有自己明白市场的规律，才能在市场中立于不败之地。

本书主要讲解股票投资方法，书中提到的个股仅为讲解方法的案例，由于投资者之间的操作习惯差异较大，本人特此声明：本书的个股解读结果不构成买卖建议，如依照个股解读进行买卖操作，盈亏自负。

最后祝大家在股海乘风破浪，永立潮头。

尤力辉

2020 年 1 月于成都

目 录 CONTENTS

第四章　以成交量的变化研判买入机会　P111

第五章　九层之台，起于累土：K线的积累　P137

第六章　K线熵值理论　P167

第一章 Chapter One

解码 K 线

几乎所有投资者入市打算买卖股票时，都会接触 K 线，这种或红或绿的蜡烛图记录了多年来股价的走势，它的波动给许多人创造了财富，也“偷”走了许多人的财富。它具有神奇的魔力，吸引着无数投资者前赴后继，投入这个市场。

一位投资大师曾经引用佛家的人生三境界来说明自己的股市生涯：第一阶段是“看山是山，看水是水”——此时看股票，看不明白，只能看到表面的 K 线变化，不能得到更深层次的含义，进行买卖时也是凭着感觉瞎买一通，赚了赔了都看天，这个时候投资者往往都在向市场“交学费”，很容易出现亏损；第二阶段是“看山不是山，看水不是水”——这个时候已经对市场有了一定的认识，看 K 线不再是流于表面，能够看到 K 线背后的一些东西，对很多技术指标分析方法都有一定了解，这时候的交易，能找到明确的买卖理由，有自己的交易系统；第三个阶段是“看山还是山，看水还是水”——这种境界的投资大师往往看的也是一些简单的图形和指标，但一眼就能看清股价当时所处的状态，未来可能的走势，能够了解 K 线运行的特点，看的还是那些东西，但境界已经完全不一样了，此时做交易，游刃有余，盈利不会沾沾自喜，亏损也不会焦头烂额。

无论如何看盘，如何分析，最终我们都会回归到 K 线上。有部分投资者觉得，我分析的是基本面，看的是公司财务以及经营情况，可以不用看 K 线。这种认识是有局限性的。K 线的走势，是所有因素综合作用产生的，基本面、消息面的影响也会作用在股价的走势中，所以研究 K 线及其代表的供求关系，不光是所谓技术派的事。很多擅长基本面分析的高手同样注重 K 线的研究分析。

第一节　最常见的长期 K 线形态

K 线是什么，它是记录价格走势的蜡烛图，代表着股价的运行情况，展现了市场交易的历史记录。这种价格的记录方式最早源自日本德川幕府时代的米市场，由于记录方式简单清晰，能够很清楚地说明价格每天的走势情况，后来被运用到股票等交易市场中。可能有人觉得上面的话并没有什么用，谁不知道 K 线是市场交易的历史记录呢？然而，虽然道理很简单，就像股票市场中的两大“废话”一样——高抛低吸、顺势而为，但这个市场中太多人沉迷于 K 线的图形变化，研究各种指标，却忽略了 K 线图本来是市场交易的历史记录。K 线图作为历史走势，一直存在，但往往经历过，才明白当时的市场情绪，能够把简单的 K 线图形还原，了解当时 K 线背后的供求关系，图形有了生命，其中的规律自然更容易明白。

简单的 K 线形态，已经有各种书籍做了各式各样的解读了，只要在学习的过程中，结合更长周期的走势，抱着去深究其中供求关系的态度，简单的 K 线解读就没有什么困难，这里不赘述其研判方法。

但需要说明的是，我们不能只通过观察一棵树的三片树叶来判断这棵树的生长情况，同理我们也不能只通过这几根 K 线的组合来判断股价当时所处的状态以及推断市场未来的方向。要了解更长期的走势，我们应该看得更远一点。更长周期的走势，同样也会形成一些很有特点的组合图形。关于 K 线的组合图形，市场中有各种各样的统计和说法，还给这些 K 线形态起了一些有趣的名字。后面我将系统性地介绍部分 K 线组合的形态以及意义。

相对于短期的 K 线组合，长期形态出现的频率远远低于之前介绍的短期 K 线组合。但长期的 K 线走势显然更加稳定，更利于我们判断市场的状态。在不知道日期的情况下，判断一个季节是夏天还是冬天，当然是连续检测一个月气温比只检测一天的气温更加可靠。基于此，我们先来重点讲解最常见的 K 线长期形态。

一、阻尼振动

物理学中有一个名词，叫阻尼振动，指由于振动系统受到摩擦、介质阻力或其他外力消耗而使振幅随时间逐渐衰减的振动，又称减幅振动、衰减振动。在证券市场中，常常有这样的阻尼振动：股价在运行到一定阶段时，开始在一个价格区间震荡。而随着股价运行，震荡的幅度开始减小，同时整体的成交量通常也开始减小，股价就像物理学中的阻尼振动一样，随着时间的推移，价格震荡幅度越来越小，最终在末端再次放量，选择一个方向进行突破，打破这个阻尼运动的平衡。

这种走势往往出现在一波趋势与另一波趋势之间，由于股价震荡形成的走势中，每一轮的波谷的连线和每一轮波峰的连线与初始的几根 K 线走势形成一个类似三角形的图形，同时这种走势往往表现为一种上升周期的调整，所以部分投资者把这种走势称为三角调整。但我觉得，从它的特点来看，用物理学中的阻尼振动来形容更贴切合适。

在阻尼振动中，股价在震荡中不断地消耗市场的能量，趋势走缓，筹码进行换手，股价接近投资者的平均持股成本。在股价阻尼振动的末期，成交量较小，震荡幅度也极小，往往此时有一根较为关键的均线接近股价，随后市场开始在此处选择方向。

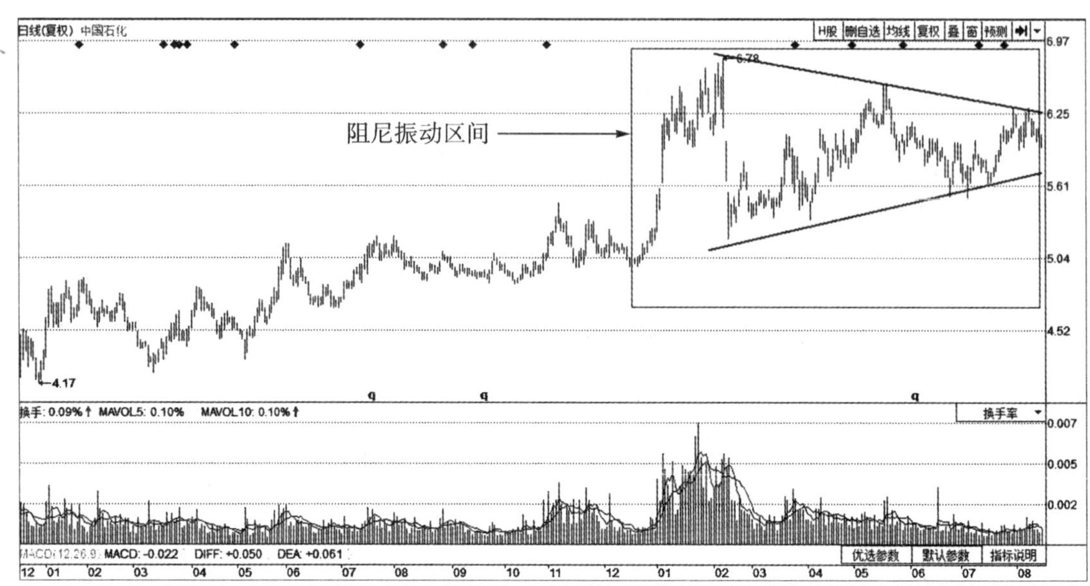

图 1－1－1　中国石化（600028）2016 年 12 月至 2018 年 8 月股价日线图①

图 1－1－1 中，方框内的部分便是一个较为标准的阻尼振动。连接这段走势的高点与低点，上下两根连线与第一波震荡的走势形成一个三角形。

图 1－1－2 是上图方框处放大的图形，可以明显看出，在股价冲高时，成交量放大，下跌到震荡的下轨附近时，成交量缩小，其后，股价再次上冲时，成交量放大，但相较之前的高点，成交量也缩小了。第三次的上冲，成交量更为缩小。短期来看，股价会继续维持这样的阻尼振动走势，直到股价开始平稳，市场散乱的筹码开始沉淀下来，一段时间后，投资者的平均持股成本靠近股价，这样的走势才会结束，开始下一轮新的趋势。

① 本书中除特别说明的情况外，股价的 K 线图皆默认采用前复权、对数坐标系。

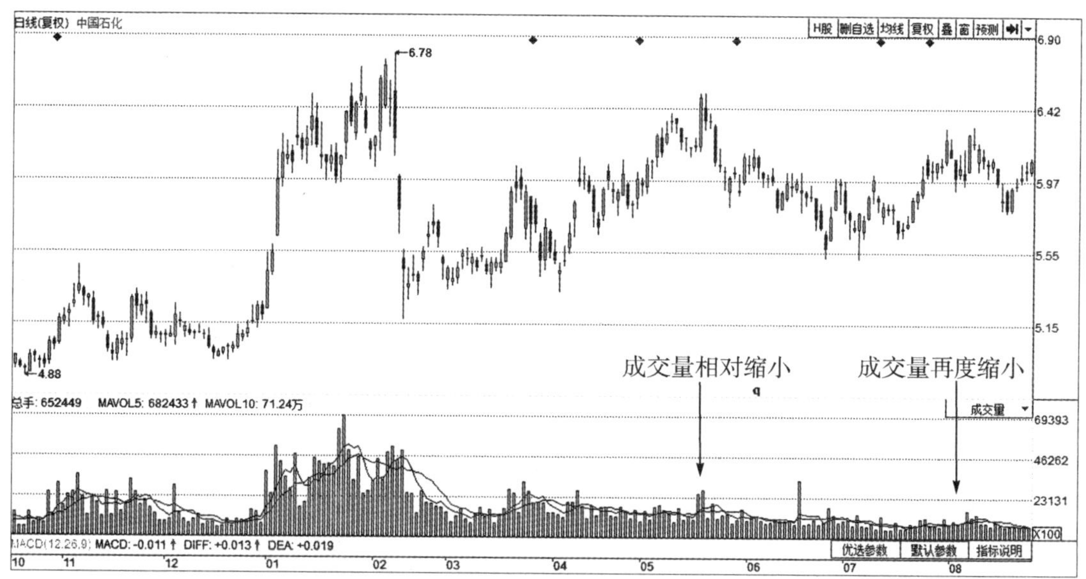

图 1－1－2　中国石化（600028）2017 年 10 月至 2018 年 8 月股价日线图

图 1－1－3 中矩形框部分，股价运行的走势也是一个阻尼振动，在这段走势中，股价的震荡幅度随时间越来越小，但与普通的阻尼振动不同，在股价运行到 2016 年 9 月时，成交量开始放大，并没有慢慢随着时间越来越小。股价运行到末端放量向上突破，没多久又跌落下来。

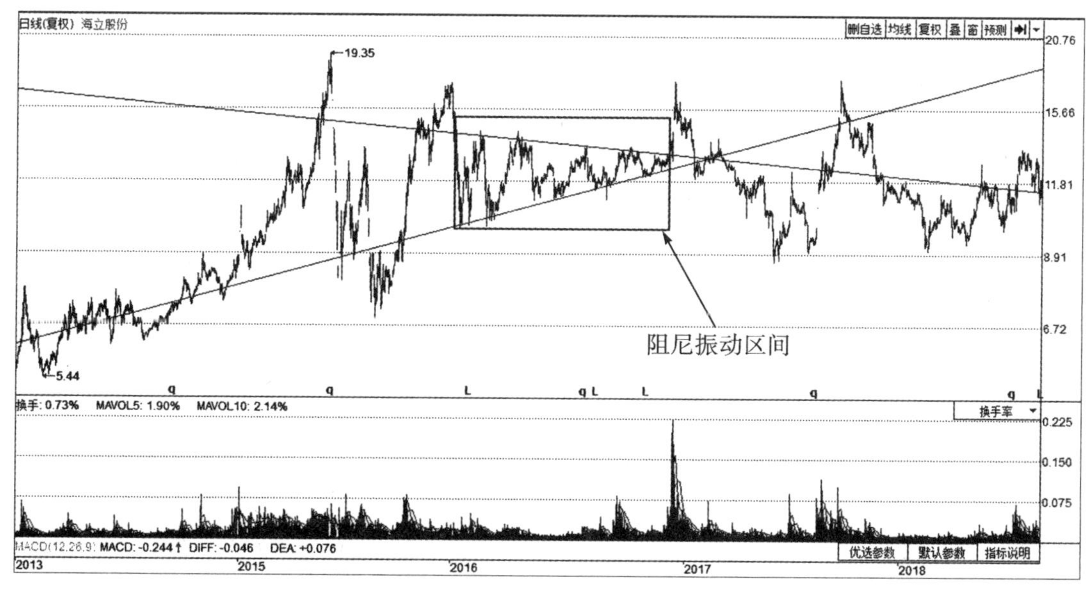

图 1－1－3　海立股份（600619）2013 年 12 月至 2018 年 8 月股价日线图

股价经历了这么长时间的一次阻尼振动，向上的涨幅并不大，上涨的时间也不长，上涨的最高价与进入调整时的价格相差不大。这是为什么呢？其中一个重要原因就是接近末端的放量。在调整末端，成交量没有降下来，反而出现了大量的成交，这说明在这个位置，筹码并没有稳定下来。再看2015年初开始的那段走势，涨幅巨大，也有充分的放量。前期的涨幅过大，前期高点累积了大量的套牢盘，形成对股价的压制，导致买入力量不足以支撑股价，所以只短暂上涨了几天便重新回到调整位置下方，之前长时间的调整区间并没有对股价形成有效支撑。

股价的阻尼振动是股价上升周期中常常出现的调整形态，根据上下震荡幅度的不同，阻尼振动还可以分出几个变种走势。

当股价在震荡调整时，每次向上波动时幅度减小，而向下波动时幅度不变，就会形成一个不断变窄的波段走势。这个走势就像在一块平地上向前抛一个篮球，每次弹跳的高度都比前一次的高度更低，同时下方平地起稳固的支撑作用。篮球的能量随着波动不断地减少，弹起的高度也不断地降低。

图1-1-4 新湖中宝（600208）2008年8月至2016年3月股价日线图

图 1－1－4 中，矩形框中是 2011 年到 2014 年新湖中宝（600208）日线走势，可明显看出，股价在下方横线处有较强的支撑，同时向上的振幅越来越小，最后股价走平，随着新一轮量能的放大，股票向上走出一段行情。这种走势说明股价在下方有很强的支撑，经过多次向下探底，股价仍然能够在这个位置多次维持。同时波峰的高度不断降低，市场的平均成本也随之慢慢下降，到阻尼振动的末端，股价与市场平均持股成本基本一致，股价难以再次下跌，成交量极度萎缩。然后股票在这个价格被市场认可，买入力量增加，由于之前的筹码沉淀过久，股票得到充分换手，所以股票能够从调整的末端位置一路上涨。

图 1－1－5 中矩形框内是中泰化学（002092）2013 年 6 月至 2014 年 3 月的日线走势，股价在下方横线附近获得支撑，同时上方波峰也不断降低，成交量随着股价运行渐渐萎缩，直到运行到调整末端，再次放量，股价直接突破调整区，创出新的高点，开启一轮新的上涨行情。

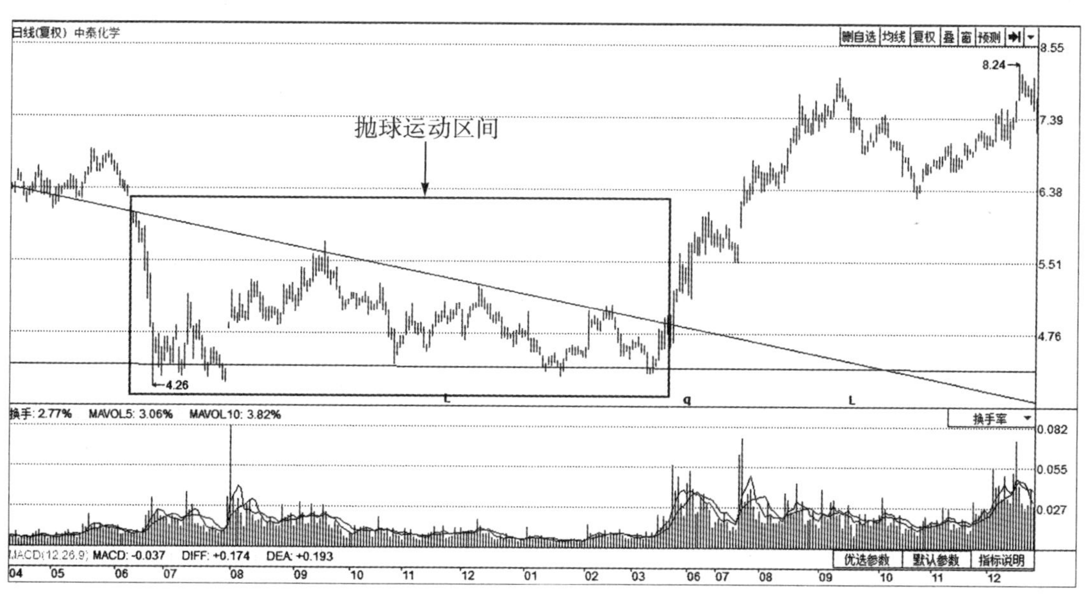

图 1－1－5　中泰化学（002092）2013 年 4 月至 2014 年 12 月股价日线图

与这种抛球运动相反，阻尼振动还会走出另一种走势：震荡的波谷不断地上升，上方波峰位置不变。

图1－1－6中，矩形框内是一个标准的上升型阻尼振动走势，震荡的波谷随着时间不断地向上抬升，而每次向上到达前一个震荡的波峰时，就受到压力回落。随着时间的推移，股价的振幅越来越小，同时整体成交量也越来越小。到达调整的末端时，股票以一根放量大阳线突破之前阻尼振动的波峰。上涨之后，股价进行了一次回踩确认，位置刚刚到前期调整的高点，同时成交量迅速萎缩下来。在回踩确认这个价位的支撑之后，股价重新转头向上，又走出一段上升走势。

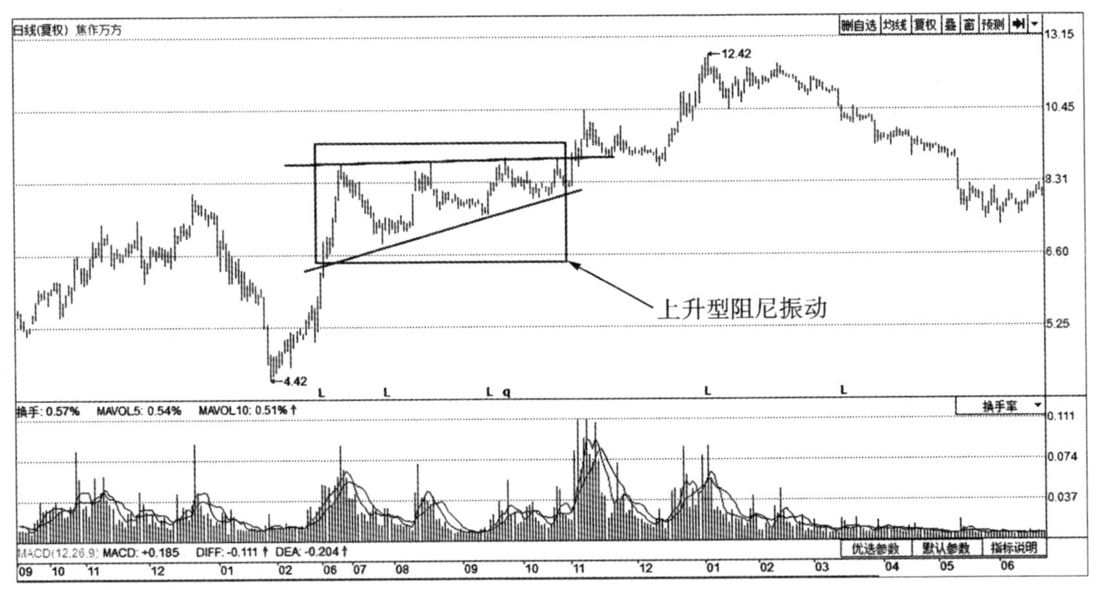

图1－1－6　焦作万方（000612）2015年9月至2017年6月股价日线图

这只个股我曾在图1－1－6中阻尼振动的第三个波峰买入，经历了一小段的调整时间，之后股价上行获利了结。买入这只个股，完全是因为它在运行一段标准的上升行情，股价从底部进行第一轮上涨。到达一定的股价后，K线偏离市场的平均成本过多，股价有了调整的需求，进行了第一波的回落，此时市场获利盘过多，股价升势结束，回落时有较大的成交量。大量之前买入获利的投资者开始在这个阶段卖出手中的获利筹码，直到股价回落，重新被更多的投资者认可。到达第一波震荡的下轨处，股价开始回升，在波峰处继续被获利盘以及上一次波峰买入的解套盘打压而回落。上方有压力，但股价仍然被市场资金看好，所以第二次回落时，股价并没有回落到前期的低点。经过几次上下震荡，清洗沉淀之后，市场的平均持股成本与股价差距变小，市场中的获利筹码极少，此时有了更多的买入力量介入，股价自然就上涨。短期上涨之后，股价又重新回到之前的调整位置，由于之前的阻尼振动调整筹码沉淀足够，大家都不愿意在这个价位卖出，所以股价在回踩的位置迅速缩量。随后更多的买入力量加入，股价再次走高。

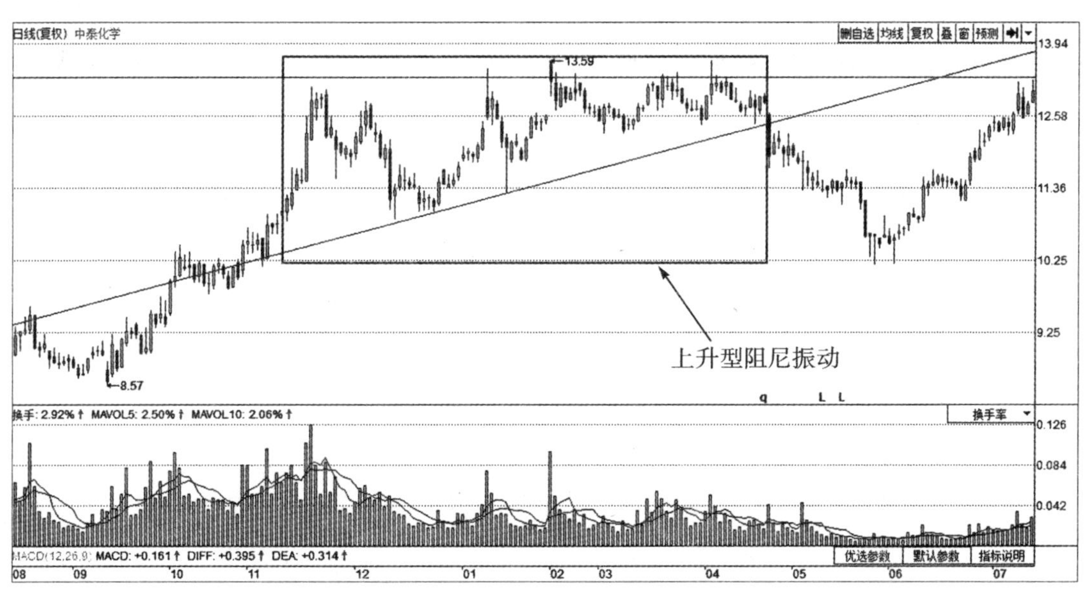

图 1－1－7　中泰化学（002092）2016 年 8 月至 2017 年 7 月股价日线图

图 1－1－7 中泰化学（002092）也有一段这样的走势，在调整的尖端，我曾买进这只股票，但让我没有想到的是，调整末端，股价以一根大阴线直接跌破之前调整过程中不断上升的波谷，随后进入了一轮较大的下跌，这让我蒙受了一定的浮亏，但套住之后，我仔细分析了当时的情况，没有选择立即止损离场，而是继续观察股价运行趋势。到达 10 元附近时，我发现股价获得了很强的支撑，成交量极度

萎缩，在底部走出了三针探底的走势，于是我在这附近进行了一定的补仓，不久，股价又转头向上，回到前期调整中有强压力的波峰处，此时我将10元附近补仓的股票做了获利了结，防止股价突破失败跌回原位。但最终股票放出巨大成交量，价格突破调整的上轨，完成一轮上涨。我10元左右的持仓没能拿住，让我少赚了一笔，但我仍然认为这是一笔不错的交易，因为从交易策略上，我在相对低位进行了补仓，而低位补仓的部分也保证了盈利，对股价运行中可能的下跌进行了规避。

二、船帆形上涨

股价的上涨加速，斜率越来越大，随后立即转入下跌，下跌迅速，短时间内股价回落至低点，这样的走势最终会形成一个类似于船帆的图形，我把它称为船帆形走势。一帆风顺时，皆大欢喜，但帆船一旦翻倒，也会带来巨大的损失。

一轮大牛市，最后往往会有很多股票走成这样的图形，2015年的牛市就有一大批类似的股票，比如图1-1-8中的文一科技（600520）。

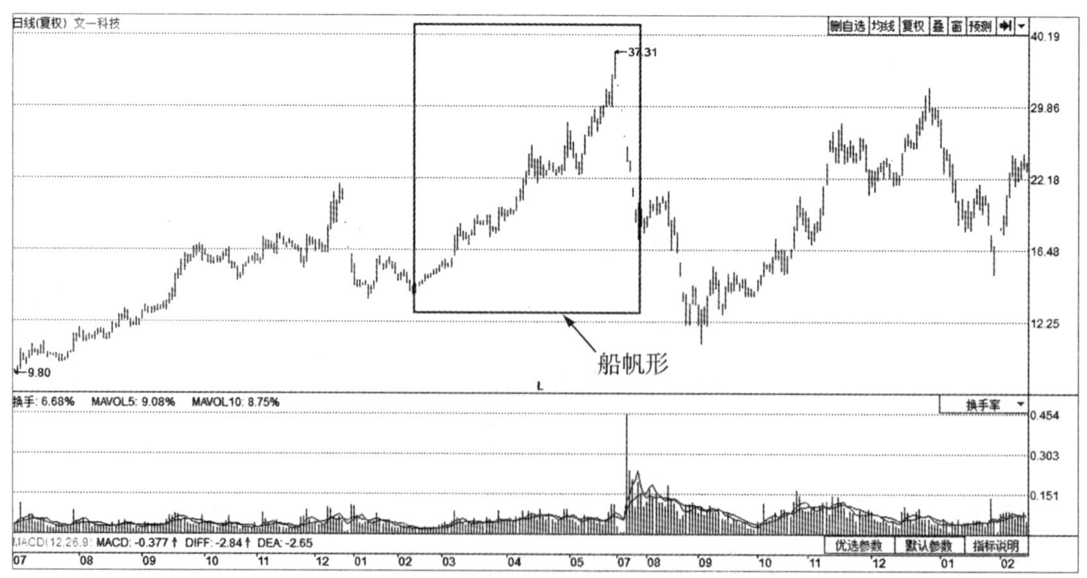

图1-1-8 文一科技（600520）2014年7月至2016年2月股价日线图

图1-1-8中矩形框是文一科技（600520）2015年2月到2015年7月的走势。这段走势可以分为两个部分：最高价左边的上涨区域与最高价右边的下跌区域。从图中可以明显看出，在上涨的过程中，股价由平缓到陡峭，以加速的方式向上运行，到达最高点之后，股价迅速下跌，回到左方初期上涨前的价位附近，形成一个船帆式的走势。

图1-1-9矩形框标示部分是上海梅林（600073）2015年1月至2015年7月走势，图中的上涨趋势与下跌趋势也较为明显，上涨过程从慢到快，下跌过程一蹴而就，在顶部几乎没有停顿。这样的顶部是最难出场的，时间短，下跌速度快，往往稍不注意股价便落在跌停板，卖单很难成交，等到卖出时，持仓可能已经有了巨大的亏损。

图1-1-9 上海梅林（600073）2014年9月至2016年2月股价日线图

这样的走势在2015年那轮牛市行情随处可见，相信不少的投资者都亲身经历。在2015年6月前，大部分股票都跟随大势往上疯涨，股价不断创新高，市场情绪一片大好。但进入2015年6月中旬，空方力量迅速主导市场，大量的股票闪崩，用连续跌停的方式下跌。此后，国家采取救市措施，股价连续跌停的情况有所缓解。但市场的趋势已经转为向下，并不是救市可以逆转的，所以即使在国家实施了救市措施之后，大多数个股的股价仍然处于下跌周期，大部分股票仍然不断地创出新的低点，市场情绪低落。

在2015年A股那轮下跌过程中，不断地有各种消息解释下跌的原因：外资做空，国家要去杠杆……大部分猜想都无从说起。无论何种原因，它们造成了一种结果，就是上证指数从5178点迅速跌落，股市市值大量蒸发，大部分投资者亏损严重。船帆形走势是一种在大势压力作用下走出来的形态，股价从底部乘着东风一路上行，到高点之后，大的市场趋势已经转为下跌，受到大趋势的影响，部分资金选择逃离市场，当卖出个股的资金量过大，个股就会被直接按死在跌停板上，造成更大的恐慌，更多的股票持有者也跟风卖出，继续产生抛压，甚至不理性地抛出手中廉价的筹码。

三、鲨鱼鳍形

遇到船帆形走势，如果不提前出场，一旦股价崩盘，只能认栽。接下来介绍另一种长期走势：鲨鱼鳍形。

图1－1－10中所示的矩形框，就是鲨鱼鳍形走势，股价从底部迅速拉升，到高点渐渐减缓、走平，最后从高点跌落。股价从底部迅速拉升，由于第一波拉升的幅度过大，第一轮调整就在一个极高的位置。这种情况导致大量的获利盘累积，股价再次上涨的动力不足，上升势头减缓，最后甚至股价开始走平，在较高价位形成一个平台，这种走势，像海里鲨鱼游动露出的背鳍，所以我把它称为鲨鱼鳍形走势，鲨鱼鳍形走势就像海面露出的鲨鱼鳍，预示着较大的危险，遇到这种走势，一定要注意股价潜在的风险，防范股价一落千丈。

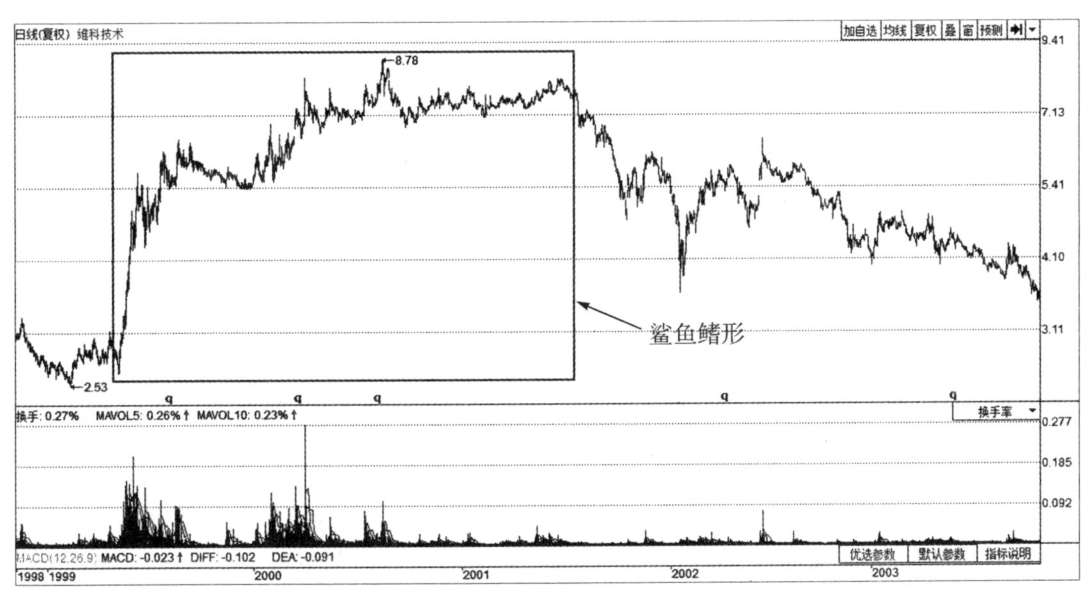

图 1-1-10　维科技术（600152）1998 年 11 月至 2003 年 10 月股价日线图

华润双鹤（600062）也在 2003 年 5 月到 2004 年 5 月走出了一个鲨鱼鳍形走势，如图 1-1-11 所示。究其原因，可能是持有较多股票数量的机构投资者对未来太过于乐观，在高位不愿意卖出，想通过时间积累，把市场的价值中枢（市场轮廓理论认为，股价总是围绕股票的价值中枢上下波动）抬高，从而使市场认可这个位置的股价。但大部分投资者并不那么认账，股价在形成鲨鱼鳍走势一段时间之后崩盘，可能机构还不甘心，在股价连续 6 个跌停板之后，转头向上用连续 6 个涨停板回到原来位置。或许是趁机卖出一定筹码，也认识到市场的力量是强大的，在回到原来的高位之后，股价又转头向下，慢慢跌入了深渊。从图中可以看到，股价在高位最高时是 75.68 元（后复权价格），跌到底部最低时是 3.86 元（后复权价格），接近 95% 的跌幅，足以证明鲨鱼鳍的恐怖。

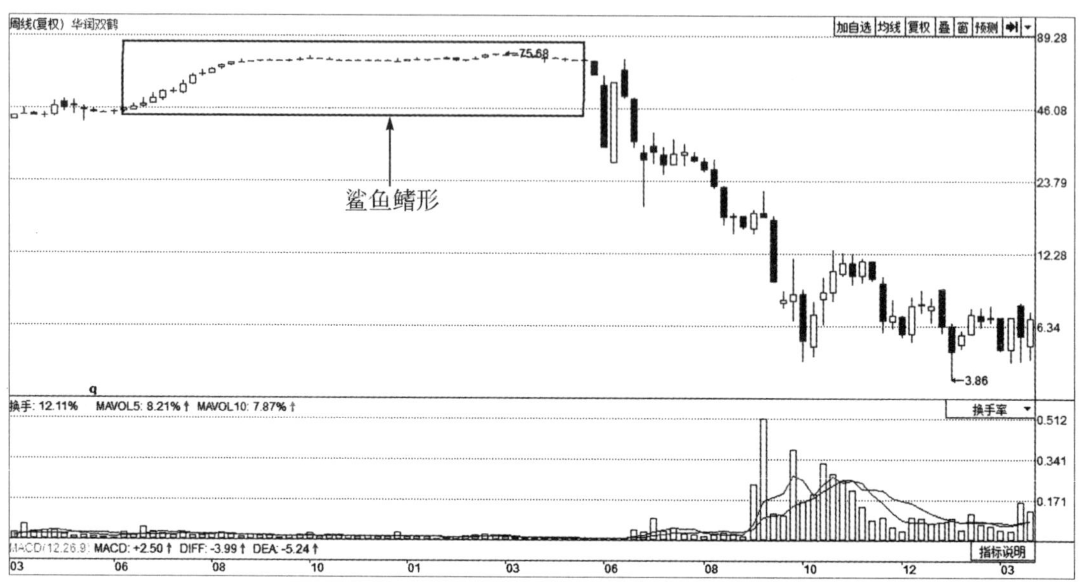

图1-1-11 华润双鹤（600062）2003年3月至2005年3月股价周线图（后复权）

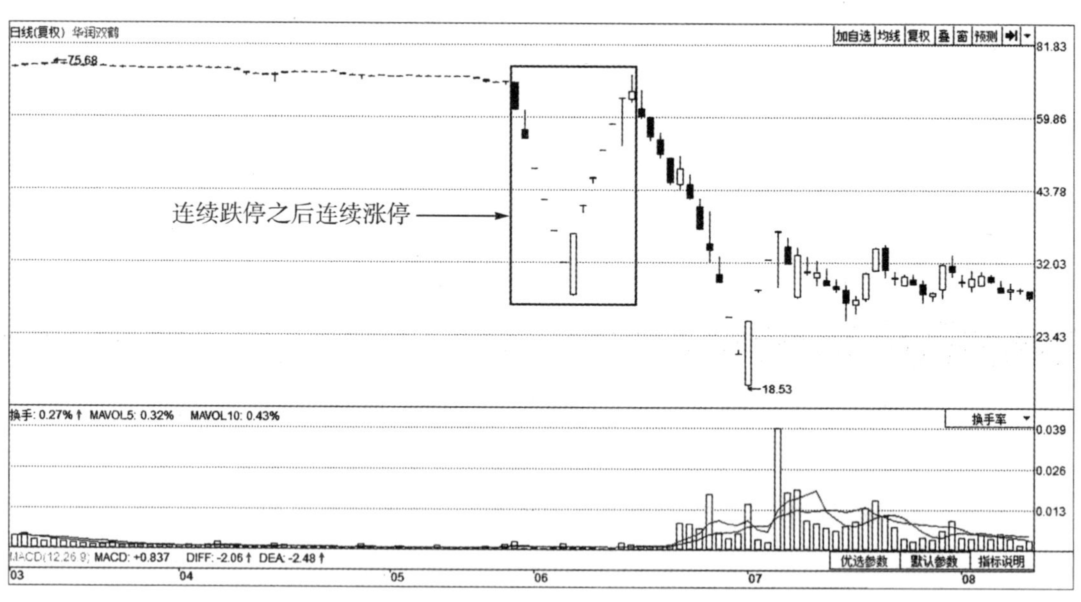

图1-1-12 华润双鹤（600062）2004年3月至2004年8月股价日线图（后复权）

A股市场有一类人或机构，他们的资金量很大，能够通过买卖大量股票对股价产生较大的影响，通常我们把他们称为主力。图1-1-12中华润双鹤的这段走势，

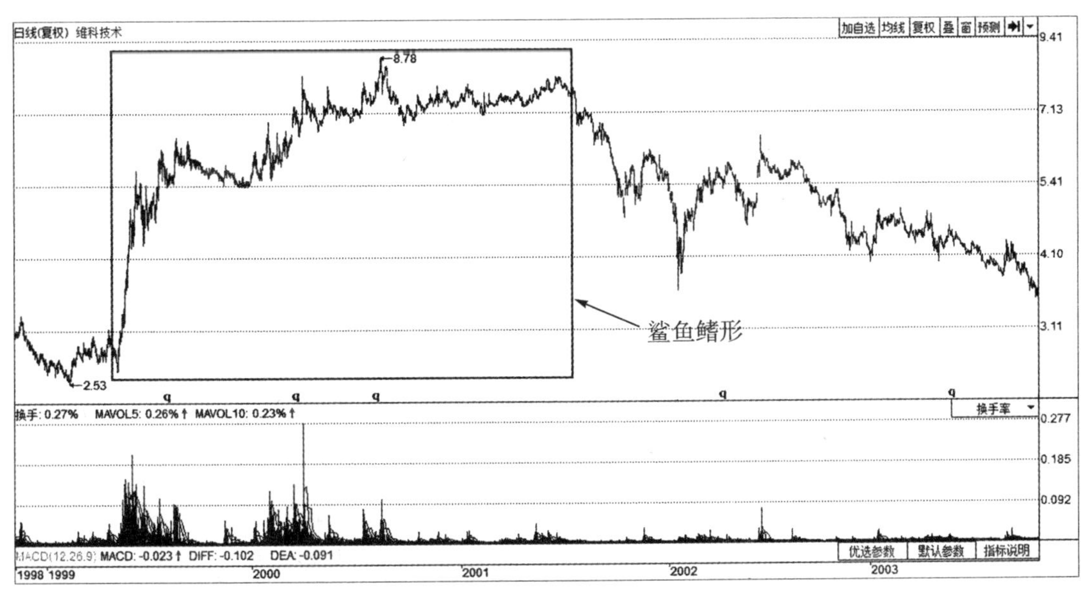

图 1－1－10 维科技术（600152）1998 年 11 月至 2003 年 10 月股价日线图

华润双鹤（600062）也在 2003 年 5 月到 2004 年 5 月走出了一个鲨鱼鳍形走势，如图 1－1－11 所示。究其原因，可能是持有较多股票数量的机构投资者对未来太过于乐观，在高位不愿意卖出，想通过时间积累，把市场的价值中枢（市场轮廓理论认为，股价总是围绕股票的价值中枢上下波动）抬高，从而使市场认可这个位置的股价。但大部分投资者并不那么认账，股价在形成鲨鱼鳍走势一段时间之后崩盘，可能机构还不甘心，在股价连续 6 个跌停板之后，转头向上用连续 6 个涨停板回到原来位置。或许是趁机卖出一定筹码，也认识到市场的力量是强大的，在回到原来的高位之后，股价又转头向下，慢慢跌入了深渊。从图中可以看到，股价在高位最高时是 75.68 元（后复权价格），跌到底部最低时是 3.86 元（后复权价格），接近 95% 的跌幅，足以证明鲨鱼鳍的恐怖。

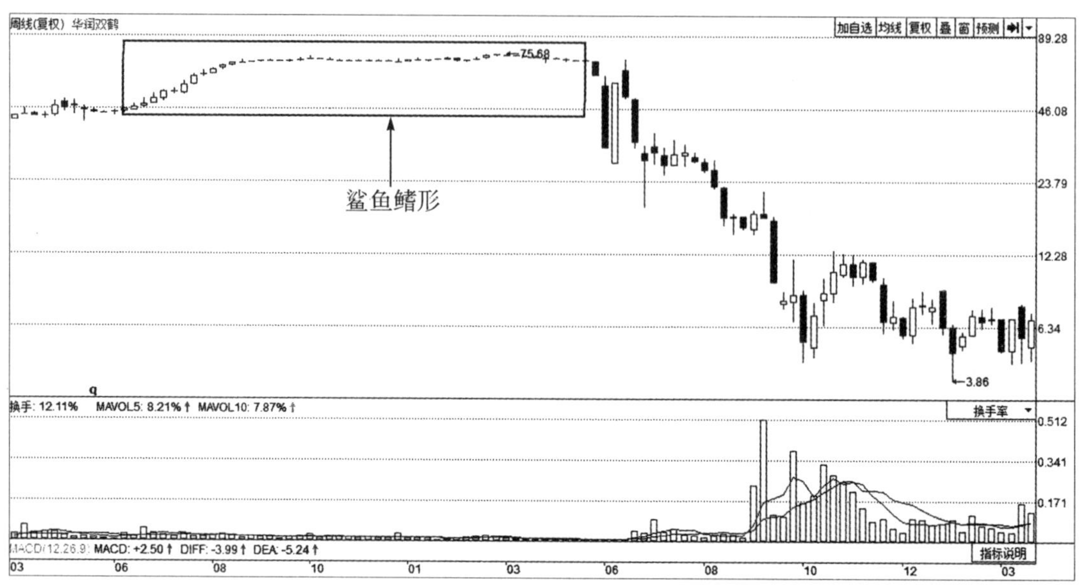

图 1－1－11　华润双鹤（600062）2003 年 3 月至 2005 年 3 月股价周线图（后复权）

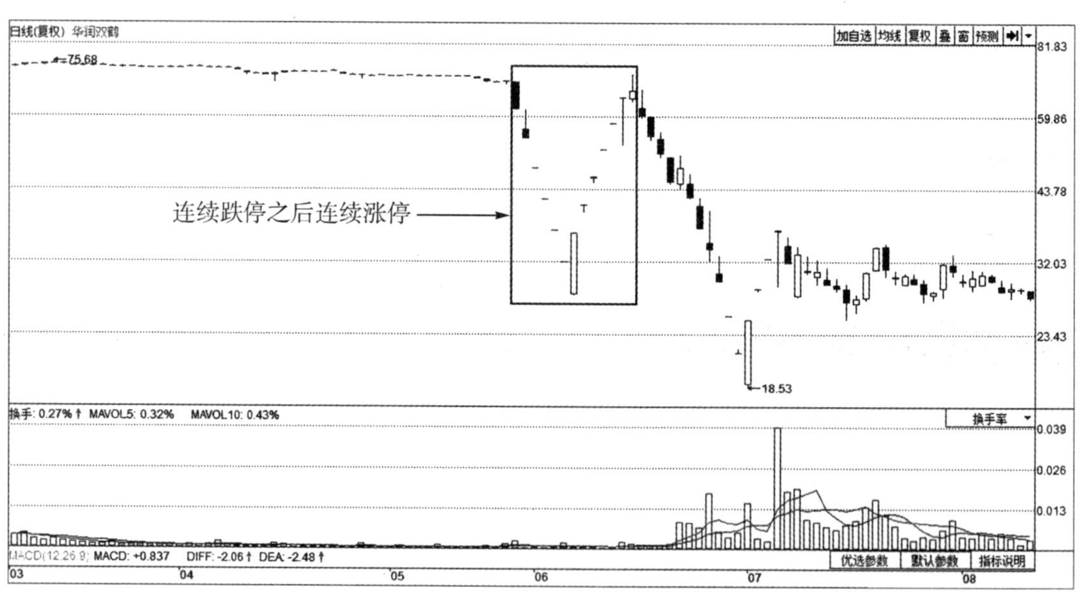

图 1－1－12　华润双鹤（600062）2004 年 3 月至 2004 年 8 月股价日线图（后复权）

A 股市场有一类人或机构，他们的资金量很大，能够通过买卖大量股票对股价产生较大的影响，通常我们把他们称为主力。图 1－1－12 中华润双鹤的这段走势，就是一个典型的主力操纵结果，连续 6 个跌停之后，又连续 6 个涨停，几乎不可能是市场的自发行为，只能是主力在里面翻江倒海走出的图形。市场成交量在这个过程中其实并没有出现太明显的放大，这说明市场中已经没有太多浮动筹码，产生这个结果的原因，也许是主力在之前的上涨行情中过于看好自己手中持仓的股票，大势变弱后，主力未能及时出掉手中大量的筹码，最后只能进行一次搏命的下跌反弹，完成这一轮的走势。

随着市场制度越来越完善，证监会监管以及惩罚力度的加大，这样明目张胆的行为已经很少出现在 A 股市场了，但这个图形我们仍然要充分认识，因为这只个股的走势告诉我们，即使是拥有大资金的主力，也不可以违背市场的规律，否则只能是自酿苦果，造成巨大的亏损。

四、阶梯形

股价在上涨或者下跌的过程中，常常走成阶梯一样的图形，一步一步慢慢上涨或者下跌。

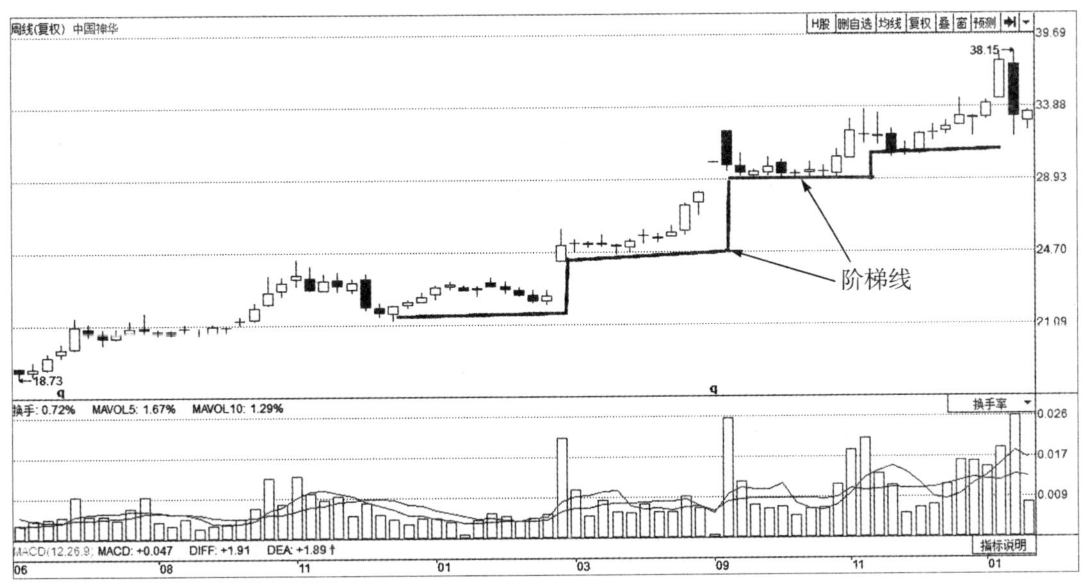

图 1-1-13　中国神华（601088）2016 年 6 月至 2018 年 2 月股价周线图

中国神华（601088）2016 年 12 月到 2018 年 1 月这段上升走势就是一个阶梯走势，股价沿着图中的阶梯路线一步一步放量上涨，到达一个平台后，开始小幅震荡调整。待成交量缩小，K 线稳住之后继续放量，使股价上涨到更高的平台，再重复之前的走势，一步步推高股价，完成一轮上涨过程。在确立个股阶梯走势之后，可以在阶梯末端放量上涨时买入，等股价运行到下一个阶梯高度开始走平之后卖出。

在图 1－1－14 中，三角轮胎（601163）2017 年开始的这轮下跌行情中，可以很明显看出它的阶梯形走势，股价走到阶梯的末端时，成交量放大，股价下挫，到达另一个平台，然后成交量缩小，继续阶梯向下的走势。

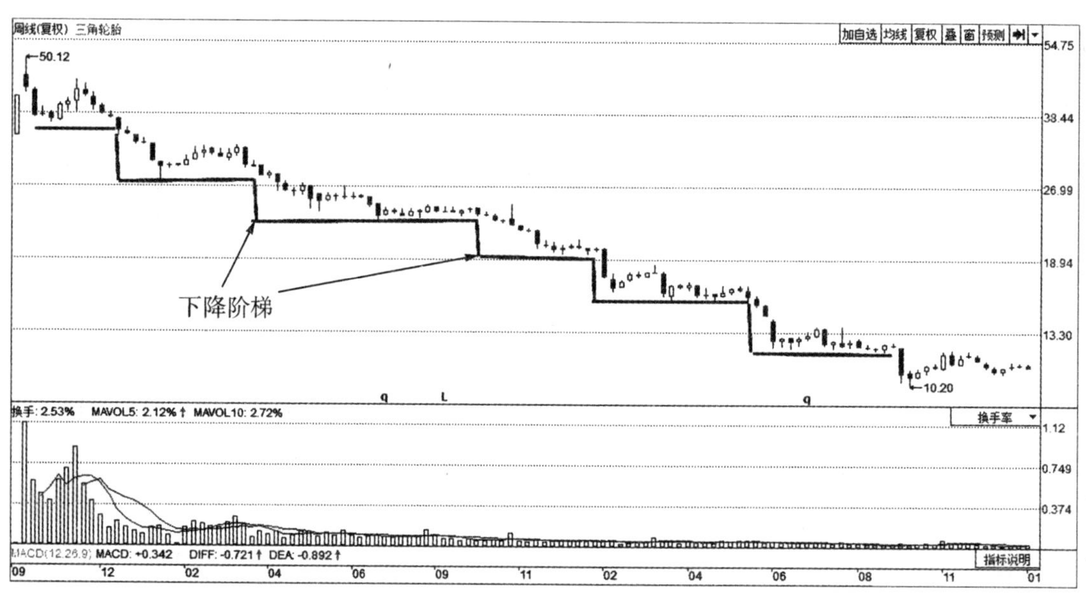

图 1－1－14　三角轮胎（601163）2016 年 9 月至 2019 年 1 月股价周线图

这种阶梯形的股价走势，完美地说明了股价在运行过程中市场平均成本对股价运行的支撑和压力作用。股价上涨时，上升到一个平台之后，市场的平均成本距离股价较远，股价再次上行遇到的阻力较大。

股价下跌时，一段连续的下跌之后，股价远离市场成本太多，就会产生阻碍下跌的力量，之后的一段走势，就是在消耗这部分阻力，等到市场阻力消耗殆尽，股价就会继续维持原来的走势。所以在这种下降阶梯走势中，任何一个地方都不是合适的买点，任何一个地方都是应该卖出的点位。如果持有这一类的股票，不应该抱残守缺，而应该马上止损卖出，避免更大的亏损。

杰西·利弗莫尔曾经说过，股价总是沿着阻力最小的方向运行。股价上涨一段时期之后，在上方压力与下方支撑的共同作用下，开始在平台进行横盘调整，随着时间的推移，股票不断地成交、换手，市场的平均成本在筹码换手的过程中不断提高。当成本足够接近当前的股价时，获利筹码减少，同时更多的投资者持有与当前股价相近的筹码，大多数投资者不愿意卖出，而且由于股价也正处于一个较大的上涨趋势。当这段横盘调整到末期时，市场中很少有人愿意在这个位置卖出股票，股票成交量很小，直到新一轮的多方力量介入，迅速脱离当前的区域，到达另一个更高的台阶。

五、箱体震荡和上升、下降通道

箱体震荡，顾名思义，是股票一段时间在一个矩形区域内以波峰为股价高点、波谷为股价低点震荡运行，这个矩形就称为箱体。这样的走势是因为多空双方力量来回发力，股价运行到箱体上轨时，多方力量衰竭，空方力量开始发力，让股价回落到箱体下轨。多空双方的力量都不足以突破这个箱体，只是在这个箱体进行上下波动。就像物理学中的简谐运动，从波峰到波谷，再从波谷到波峰，这种运动是一个动态平衡状态。与简谐振动类似，股价围绕中间价格运动，上冲时放量，在箱体下轨开始缩量，股价在箱体内形成动态平衡。

大族激光（002008）在 2017 年 11 月至 2018 年 7 月的走势就是一个典型的箱体震荡，股价在 45 元附近获得较强的支撑，在 60 元附近存在较大的压力。所以这段时间多空之间相互博弈，股价在这个箱体中震荡。一般在箱体震荡过程中，前三个低点都是合适的买点；同样，前三个高点也都是合适的卖点。但价格四次接近箱体低点或高点时，就要注意股价破位的可能性了，这时候操作需要谨慎。图 1－1－15 中，第四次接近箱体下轨时，股价形成了下破，在 2018 年 8 月初空方力量胜出，股价放量跌破箱体下轨，并且反弹也未能突破之前箱体下轨的价格。结合之前的走势，可知空方已经主导股价趋势，此后一段时间这只股票果然出现了大幅下跌。

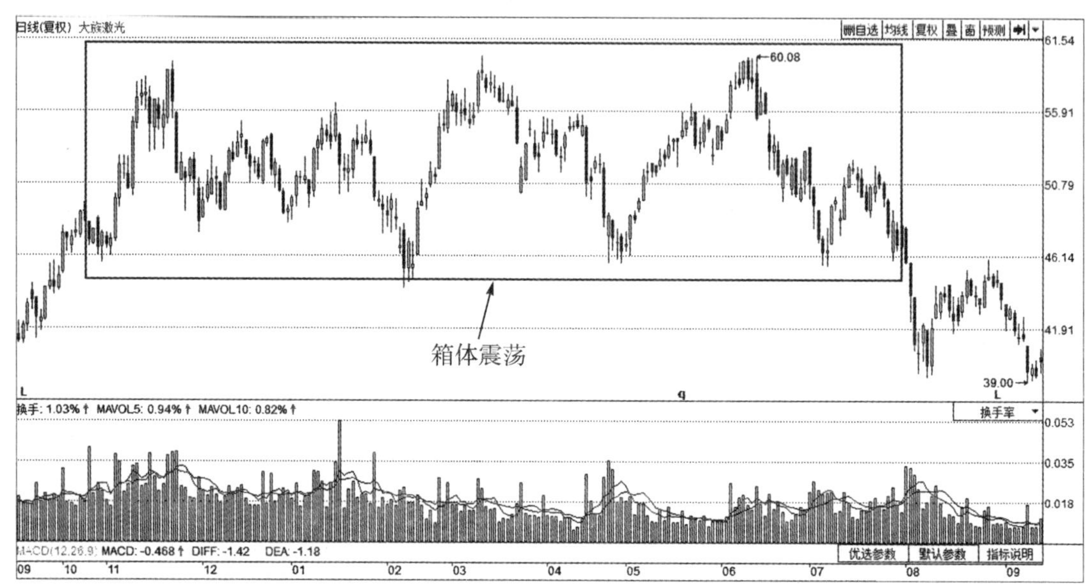

图1-1-15　大族激光（002008）2017年9月至2018年9月股价日线图

在图1-1-16中矩形部分是恒立液压（601100）在底部的一个长时间箱体震荡，这轮震荡走势以6元左右的价格为下轨，8.5元左右的价格为上轨，经过数次上下震荡，筹码渐渐沉淀下来，股价在最后一次接近下轨时，成交量极度萎缩，股价在箱体下轨处站稳。在第四次靠近下轨时，应该先等待观望，此时下方成交量开始出现放大，股价也在这个位置站稳，不再向下创新低。在此期间，我们可以进行第一步的建仓，如果股价到达箱体上轨附近完成突破，在回踩确认的时候我们可以进行第二次建仓。但图中股价这一次未能突破箱体，从高位回落。需要注意的是，这一次的回落最好不要减仓，因为此时股价是有可能完成突破的。股价回落到下轨的时候成交量锐减，这里可以认为是这只股票的第二个买入点。随后股价再次上冲，到箱体的上轨附近放量拉升，脱离箱体震荡的调整区间，随后回踩上轨附近确认原来箱体上轨的支撑位置，这里就是股票的第三个买入点。这个位置可以进行一次加仓，等待股价再次向上走出一段行情。

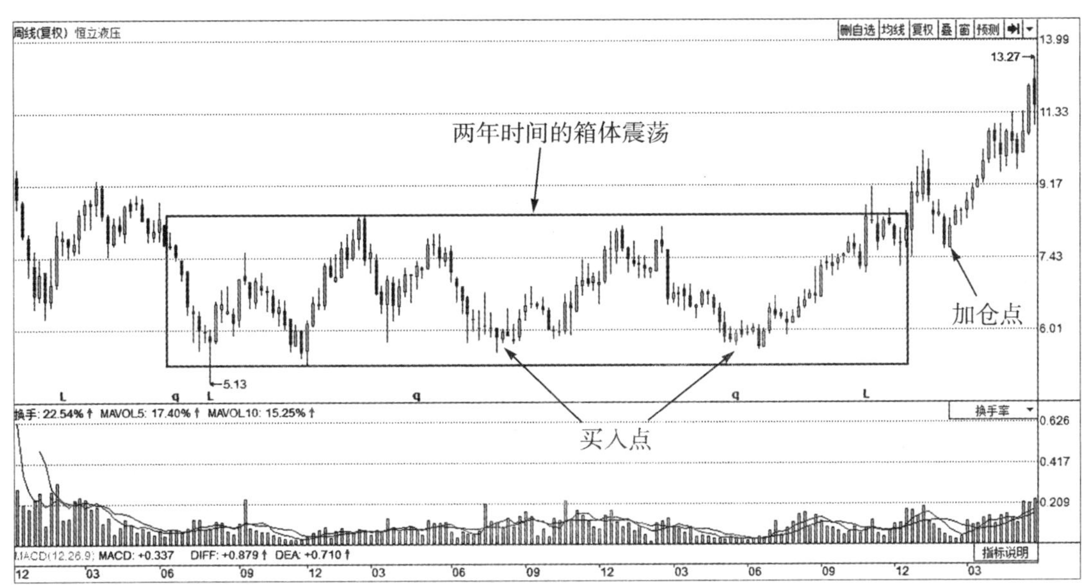

图 1－1－16　恒立液压（601100）2011 年 12 月至 2015 年 5 月股价周线图

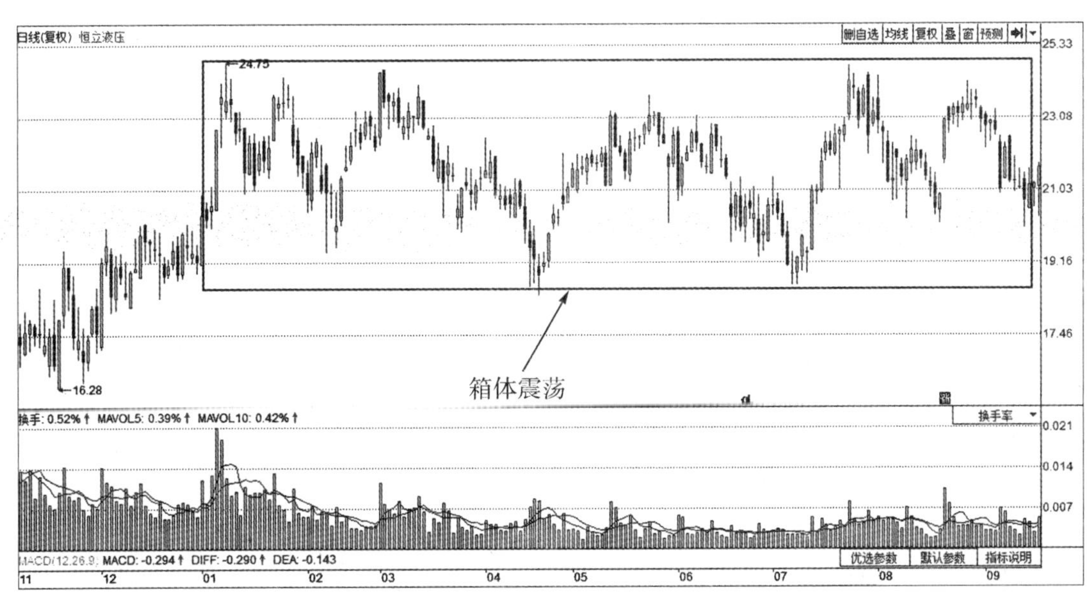

图 1－1－17　恒立液压（601100）2017 年 11 月至 2018 年 9 月股价日线图

2017 年 12 月，恒立液压股价冲高之后再次走出了箱体震荡的走势，股价在 19 元附近与 25 元附近两个位置形成的支撑与压力区域走出震荡走势，整体成交量随着调整的推进也渐渐缩小。

箱体震荡是一个调整过程，股价从原来的趋势走缓，进入箱体震荡，市场的筹码通过这个过程进行清洗、沉淀，同时市场成本也慢慢靠近股价。市场成本与股价趋于一致，然后重新选择方向。

其实所有的技术指标，都只是显示了股价目前所处的状态，我们根据各种指标来判断，都是凭着股价之前的走势。当市场出现某种走势或股价运行到某个阶段后，股价可能以前遇到类似的情况，接下去还会同方式运行。这样重复的事情在股票市场常常发生，但同时这个市场也会出现极少特殊的情况。所以我们在股票市场投资时，也要用一个“鸡蛋不放在一个篮子里”的投资方式，防止出现这样的“黑天鹅”事件对自己的资金产生巨大的影响，以保护我们的资金安全。

将箱体的矩形转换为平行四边形，就引出了上升和下降通道的概念。股价在上升或下跌时，也会走出以两个斜边为支撑线或压力线的走势。

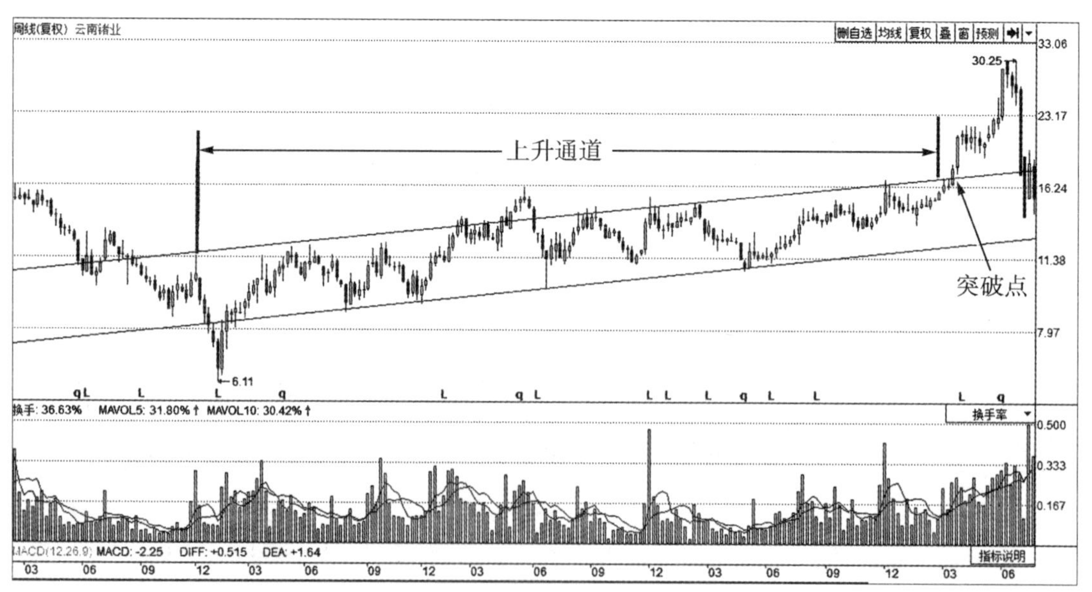

图 1-1-18　云南锗业（002428）2011 年 2 月至 2015 年 7 月股价周线图

从图1-1-18可以看出，云南锗业（002428）在2011年11月至2015年3月这段时间，股价基本上都在图中的上行通道中运行，偶有向上或向下的突破，但股价会迅速回到平行通道内，在其中走了长达三年多的时间。在这个阶段中，我们可以通过高抛低吸进行多次短期盈利。直到2015年3月，股价才突破通道，用更大的斜率加速上涨。如果不小心在最终突破的时候卖出，也要及时看清大势，在回踩通道上轨时果断接回，这样也不会错过这段上涨行情。

图1-1-19中矩形框内的股价几乎完美地符合平行通道走势。在矩形框标示的这一段时间（2009年5月至2010年7月）里，股价进入上涨通道，同时开始调整，股价整体不断上涨，但短期又不断震荡，最终股价突破平行通道，完成了最后一轮上行。在突破之后的一段时间，股价曾回踩了通道上轨，回踩完成之后就应该摒弃之前高抛低吸的买卖风格，果断买进，等待股价进一步上行。

图1-1-19　深科技（000021）2009年4月至2010年9月股价周线图

上升通道走势是箱体震荡的一个变种，这种走势是一种上升走势，同时也是一种调整走势，两者结合，股价在换手调整中缓步前进。较为长期的上升通道走势，通道斜率往往不大，股价缓慢上行，市场的平均成本也同时跟上股价的节奏。通常这种走势的末端，股价会继续往上突破并上行一段时间。稳，是这种走势的最大特点。

与上升通道类似，股票在下跌过程中，有时也会在平行通道内运行。

图1－1－20中两根向下的平行线就是这段时间深科技（000021）的下行通道，股价在这个区间内整体不断向下，中途几次反弹，放量上冲到通道的上轨，然后转头向下，继续下一波的下跌。

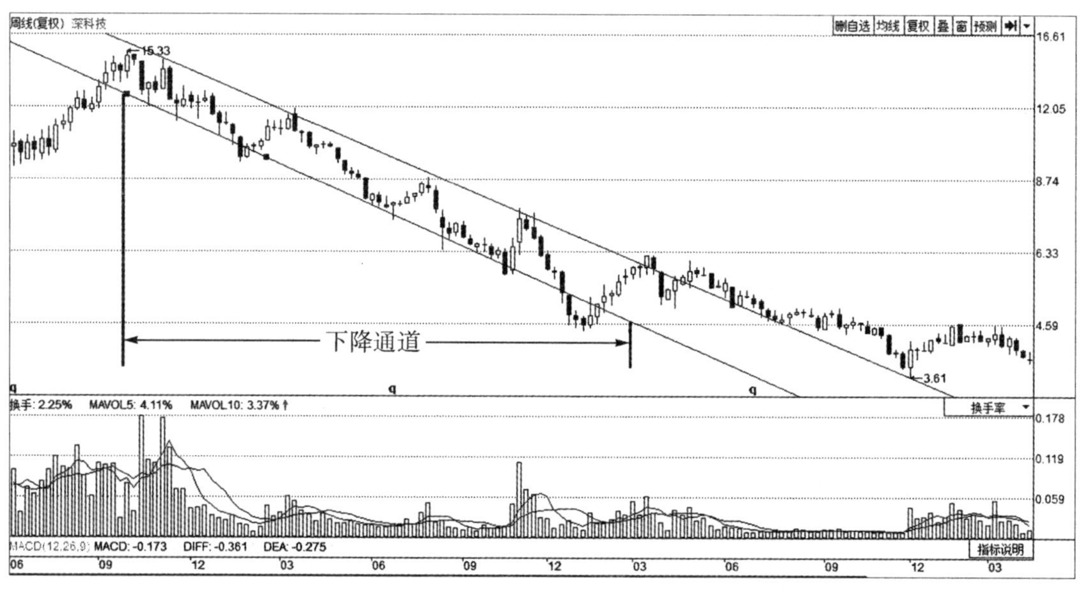

图1－1－20　深科技（000021）2010年6月至2013年4月股价周线图

相对于上升通道，下跌通道的走势通常更无规律可循。在后面，我会对股票的熵值进行系统性的分析，一个重要的结论就是，股票的上涨过程是一个由有序渐渐变为无序的过程；相反，下跌过程就是一个由无序渐渐变为有序的过程。所以上涨过程的有序性明显强于下跌过程。因为通过之前长期的底部盘整，筹码往往更加稳定，上涨时不像下跌过程那样杂乱；而在下跌时，由于股票在之前的上涨过程中市场热度高，筹码充分换手，持有的投资者较为杂乱，筹码分散，所以股价下跌通道的走势常常更加无序。

热力学中有一个定义，叫作熵增原理，指孤立的热力学系统的熵不会减少，总是增大或者不变，这个原理在统计学中也有引申。熵增是指一个自发的由有序到无序发展的过程。其实股票在上涨时，也是一个熵增的过程。股票在低位沉淀足够筹码之后，股价开始上涨，在上涨过程中，其市场热度不断增加，有更多的人愿意买进。随着股票热度到达顶点，股价也到达顶峰，之前的获利筹码不断地换手，市场中低点买进的大部分投资者在上涨过程中卖出手中积累的筹码，这个过程与熵增过程类似。之后股价走势开始变得平缓，然后买入力量不足以支撑股价，于是股价开始走低，直到下一次股价见底，一部分有心人再一次开始在底部累积自己的筹码，等待下一次行情。这个过程可以看作外部力量在底部把无序整理为有序的过程，也就是外部影响使系统进行熵减的过程，没有这个过程，股价在未来也难以走高。股票熵值原理我会在第六章详细讨论。

六、圆弧底

在股票的各种走势中，有一种很优美的底部形态：圆弧底。股价在前一轮行情结束时快速下跌，到达接近底部的位置，市场开始有更多的人认可股票现在的价格，开始提前入场，随后股价渐渐到达底部，股价跌势开始渐渐变缓。随后 K 线走势开始慢慢走平，然后转头向上。底部第一阶段的加速上涨过程完成后，这个圆弧走势就完成了。

ST 新光（002147）在 2012 年 3 月至 2014 年 11 月的走势就是一个形态很标准的圆弧底。股价从 2011 年初的高位下跌到 5 元附近时，出现了一次成交量较大的反弹，这时市场中有一部分投资者开始看好这只股票，开始买入，然而股价继续下跌，经过几次反弹放量再下跌的过程，股价创下了 2018 年以前的最低价位：2.80 元。随后更多的资金开始青睐 ST 新光（当时股票名称还叫方圆支承），成交量放大，股价趋势开始转头向上，从平缓再转为加速，第一阶段上涨到了 8 元附近。当圆弧底弧度开始走平并有反转趋势之后，就是买入的时机。此时趋势已经由下跌转为向上，买进之后不需要做任何多余的操作，耐心等待市场的力量给我们带来盈利就可以了。

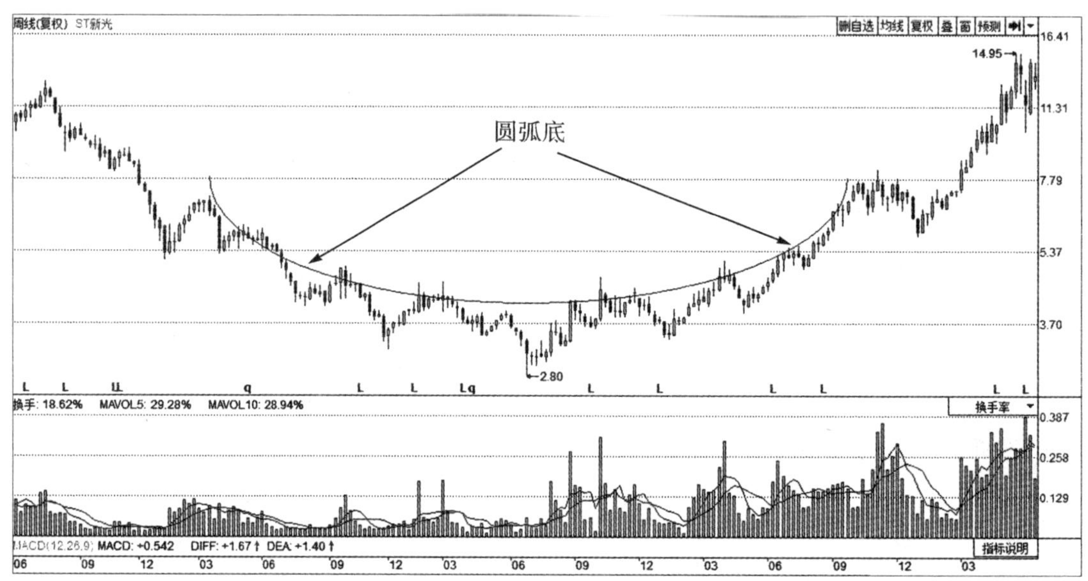

图1-1-21 ST新光（002147）2011年6月至2016年1月股价周线图

从图1-1-22中也可以明显看出，2011年底到2014年初智光电气（002169）的走势也是一个较为标准的圆弧底。股价从高位下跌下来，在下跌途中开始有买入力量，股价的跌势因为买入力量而减缓，随后有另外的买入力量也加入进来，股价进入见底的过程，K线运行趋势开始走平，市场也基本认可股票目前的价位，筹码开始沉淀，市场成交量极小。随着更多的买方力量进入这只股票，股价从低位开始上涨，市场热度也渐渐增加，引起更多的投资者买入，股价被进一步推高，最后形成一个标准的圆弧形态。

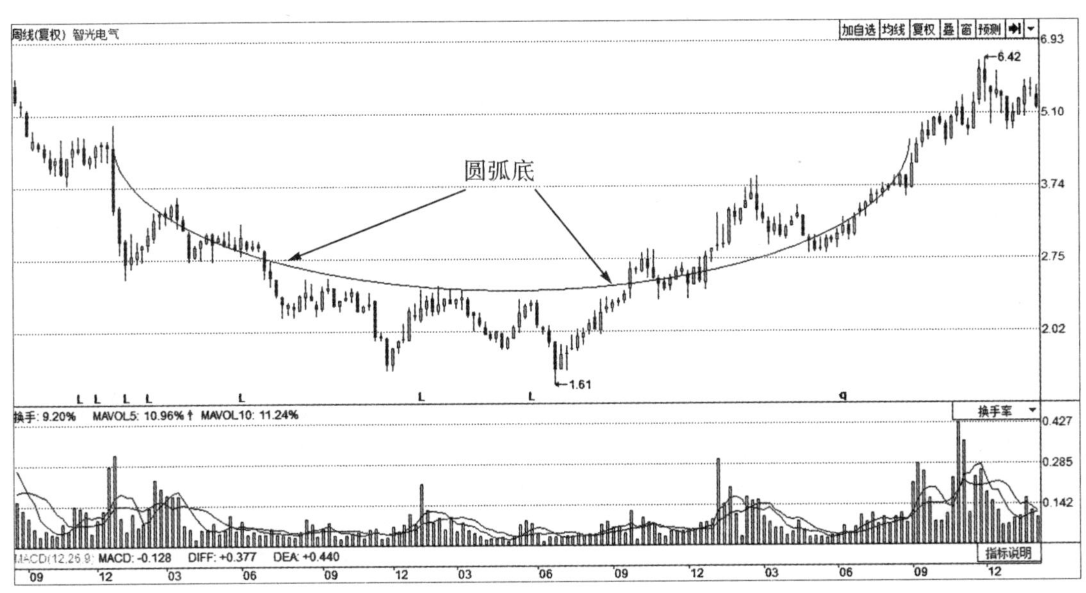

图1-1-22　智光电气（002169）2011年8月至2015年2月股价周线图

圆弧底是股价走势的渐变形态，是股价从下跌转为平缓，筑底之后再上涨的渐变过程。通常圆弧底的形成时间在2~3年，是一个较长时间的底部。也正是因为这样长的周期，很多本来在底部买进或者从之前的高位一直坚持持有的投资者开始熬不住了。很多投资者每天都盯盘，希望自己的股票上涨。但股票运行的周期通常为数年，底部阶段可能就长达几年，在这几年，股票并不会出现太大的上涨，而是会在较低的位置慢慢产生价格以外的变化。

看百花盛开，通常都是在春天；等瓜熟蒂落，往往只能在夏秋；地球每天自转一圈，绕太阳公转周期是一年……很多事物都有其自身的周期，如果大家仔细观察，也会发现很多股票运行的周期特点，但是由于各种原因，很多投资者并不愿意去等待股票运行的周期。这个市场聪明人很多，但是愿意“笨”下来的人却很少。

股票投资的门槛其实并不高，但是在市场中稳定盈利却很少有人做到。导致这一结果的原因有很多，其中一个重要的原因就是对K线的认识仅仅停留在图形阶段，把市场中所谓的技术图形和指标奉为圭臬，不加思考就拿来运用。而市场上的主流技术派观点或多或少是存在着缺陷的，正是这样的缺陷，让很多所谓技术派高手遭遇滑铁卢，同时也让很多投资者不得不另辟蹊径，转向价值投资或基本面研究。所以我们要做到真正读懂K线图形，而不是停留在表面的涨跌。

第二节　读懂K线密集区

股票运行到一定阶段时，可能会在某个价位附近长期停留。股票在这附近不断地成交、换手，这个位置就称为股票的K线密集区。西方的市场轮廓理论提出，在某一时段，股价停留时间最长的位置就是这段时间的价值中枢，股票价格围绕价值中枢上下波动。

所谓的价值中枢，与商品的价值不同，它会随着股价运行的走势不断变化。而在A股市场，这个价值中枢理论有时候显得不是那么有用。股价常常从长期的底部开涨之后，一飞冲天，中间不做太多的停留。部分投资者总结这种走势叫：横有多长，竖有多高。

但市场轮廓理论也指出了时间对于股价运行的重要性。股价在某个位置长时间停留，市场逐渐习惯认可该价位。这其中究竟有什么更深的含义？从市场成本的角度来分析或许就能让人豁然开朗。

一、市场的成本重心

假设有一只处在一个价格平台的个股，其日均换手率是1%，之前在这个价位买入的人不再卖出，那么100个交易日后，其市场成本必定在这个价格平台附近，这其实就是价值中枢在股价运行中的运用。当然，实际情况没有这么理想化，之前在价格平台之外买入股票的投资者可能仍然持股，要完成市场平均成本到达价格平台附近的目标，在换手率不变的情况下，可能需要更长的时间。

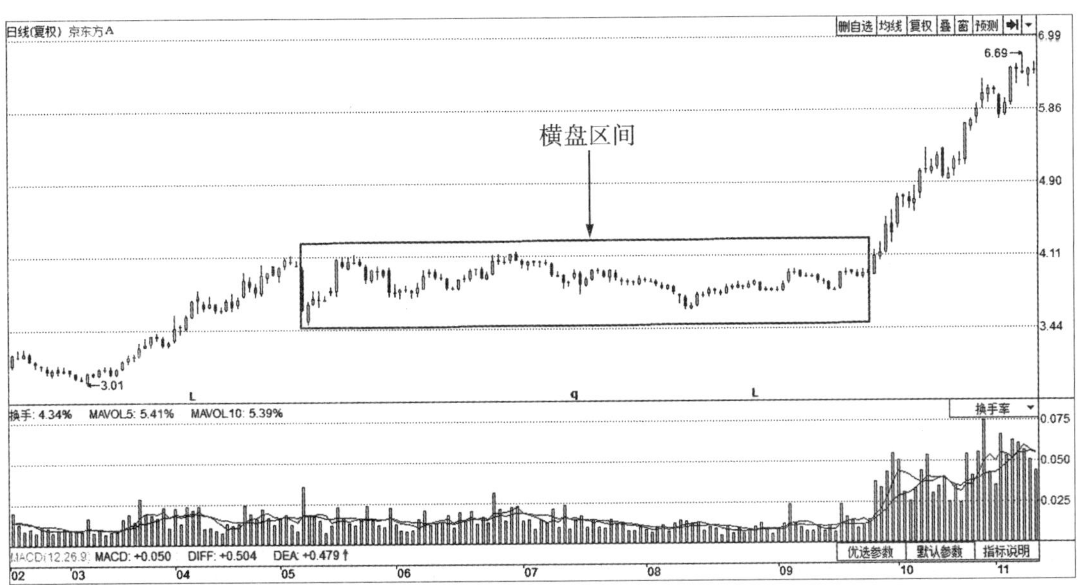

图 1-2-1　京东方 A（000725）2017 年 2 月至 2017 年 11 月股价日线图

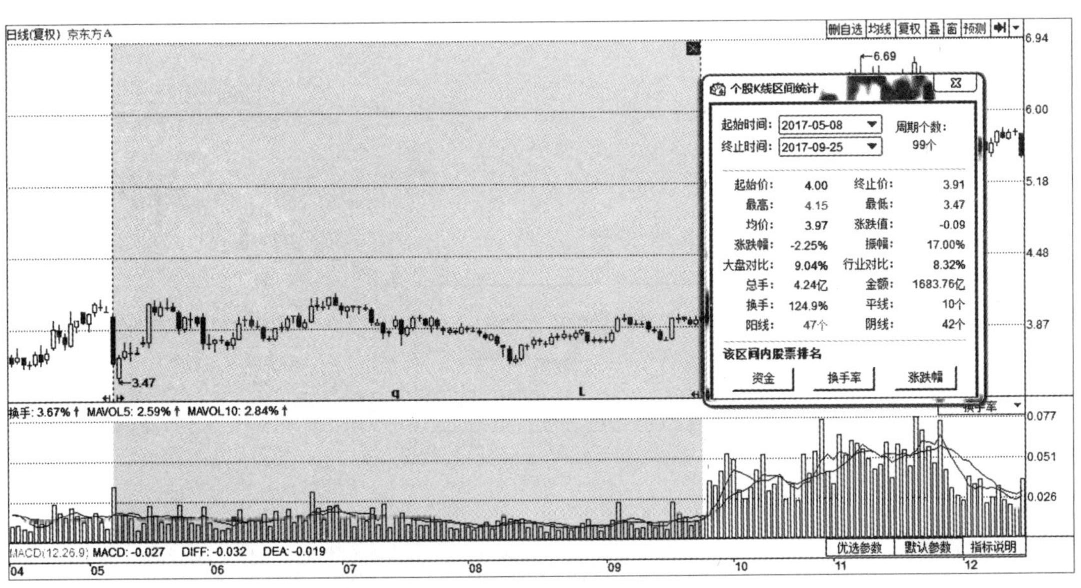

图 1-2-2　京东方 A（000725）2017 年 5 月 8 日至 9 月 25 日数据统计

图 1-2-1 中，矩形框标示部分是一个长时间横盘的区间，在这个时间区间内股价在 4 元附近横盘波动。图 1-2-2 中的小窗口是这段时间的数据统计，这段时

间一共有 99 个交易日，振幅是 17%，总换手率是 124.9%，涨跌幅只有 -2.25%。股价在这段时间横盘调整，市场成本重心经过筹码的充分换手，基本接近这个价格区间。经过这样的横盘整理，市场也开始接受目前的价格，到达这个区间的末端时，股票缩量，价格仍然能够维持。此时股票进入一个弱平衡状态，如果之前处于上升阶段，而涨幅又不太大，可以在缩量平衡的末端买进。

很多股票都会有这样类似的走势，当一轮上涨行情结束，有的股票会选择下跌，有的股票会选择在一定位置保持横盘，形成 K 线的密集区，使市场成本重心上移。

图 1-2-3 是乐普医疗（300003）2015 年 11 月至 2018 年 2 月的周线走势图，股价从 14.03 元上涨到 28 元附近。2015 年大盘暴跌，股价回落，但并没有直接跌回原点，而是在 17 元附近稳住，经过一段长时间的横盘整理，股价继续向上又创出新高。

图 1-2-3　乐普医疗（300003）2015 年 11 月至 2018 年 2 月股价周线图

从图 1-2-4 可以看到，在 2016 年 1 月 8 日至 2017 年 5 月 12 日这一年多的时间中，股价在 17 元附近的价格区间内震荡，涨跌幅只有 -2.07%，而这段时间的换手率高达 142.2%，市场中的筹码基本完成了换手。市场的成本重心上移到当时的股价附近，大部分股票持有者手中的筹码处在当时的价位；同时由于横盘时间长，投资者从心理上也认可了这个价位，心理成本与市场成本重心均处于这个位置，股价自然就在这个区间稳住了。随后市场产生了一轮不错的行情，股票也随着买入力量的增加而上涨。

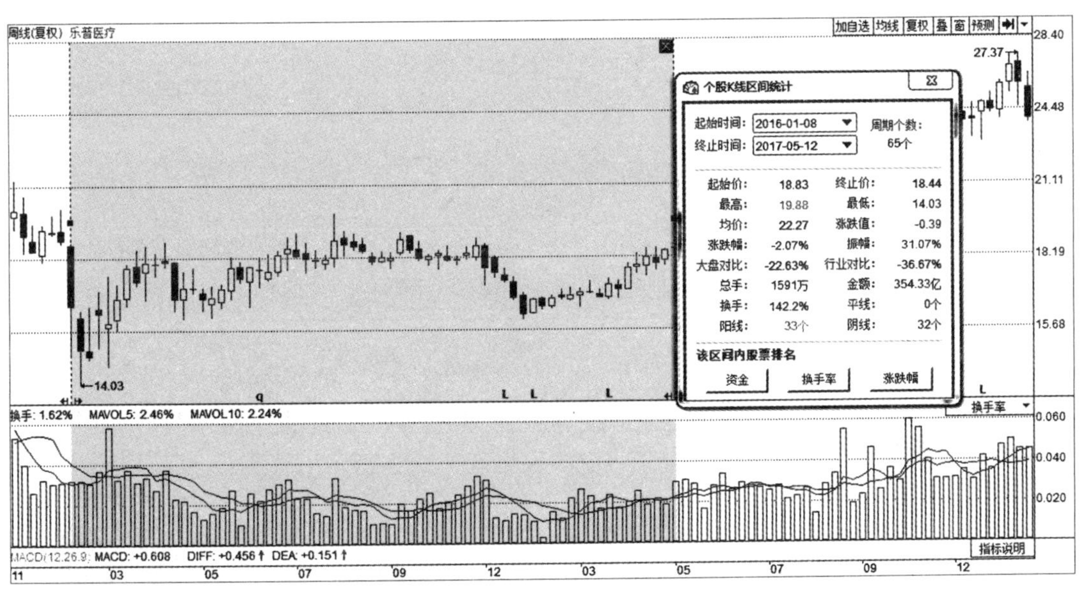

图 1-2-4 乐普医疗（300003）2016 年 1 月 8 日至 2017 年 5 月 12 日数据统计（周线）

股票在走完一轮大的行情之后，常常会从高位直接跌到很低的位置，然后在很低的价位开始筑底。绝大部分筑底的过程，都是 K 线密集区。在真正进入底部区域之后，任何一个位置都可以作为买点，只要有足够的耐心，未来很可能有较大的盈利，余下的只是时间长短的问题。

前面我们讲过股票的熵增过程，对应地，股价在跌到底部开始漫长时间的磨底过程，其实就是一个把无序的股票筹码重新整理为有序的熵减过程。在股价跌到底部时，市场情绪低落，大部分投资者持悲观态度。市场跌到难以下跌的位置，同时买盘也稀少，导致市场成交量极低。由于之前的大涨，市场筹码分布较为散乱，经历这一轮下跌之后，一部分有心人开始在底部购买股票并且持有，杂乱的筹码开始渐渐聚集，市场走出一个较大的底部。

南京高科（600064）2011 年 10 月到 2014 年 7 月就是一个筑底的过程，股价在 3 元（前复权价格）至 5 元（前复权价格）的区间内形成 K 线密集区，经过放量再缩量，市场成本重心慢慢下降，直到与股价接近。当大家都不愿意卖出股票，同时市场有了新的买入力量进入，股价就即将再次上涨了。

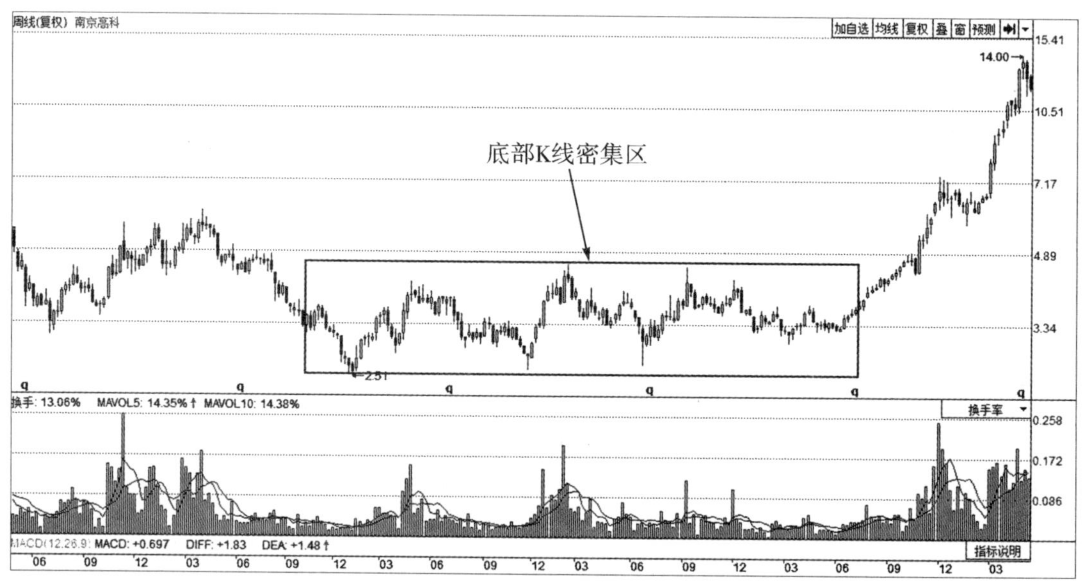

图 1-2-5　南京高科（600064）2010 年 5 月至 2015 年 5 月股价周线图

有时在较高位置，股价也会形成密集成交区，就是投资者常常说的筑顶。

如图 1-2-6，中再资环（600217）在图中矩形框内就是一个典型的在较高位置的 K 线密集区，K 线在 6.7 元附近甚至走成一条横线，并且成交量稀少。

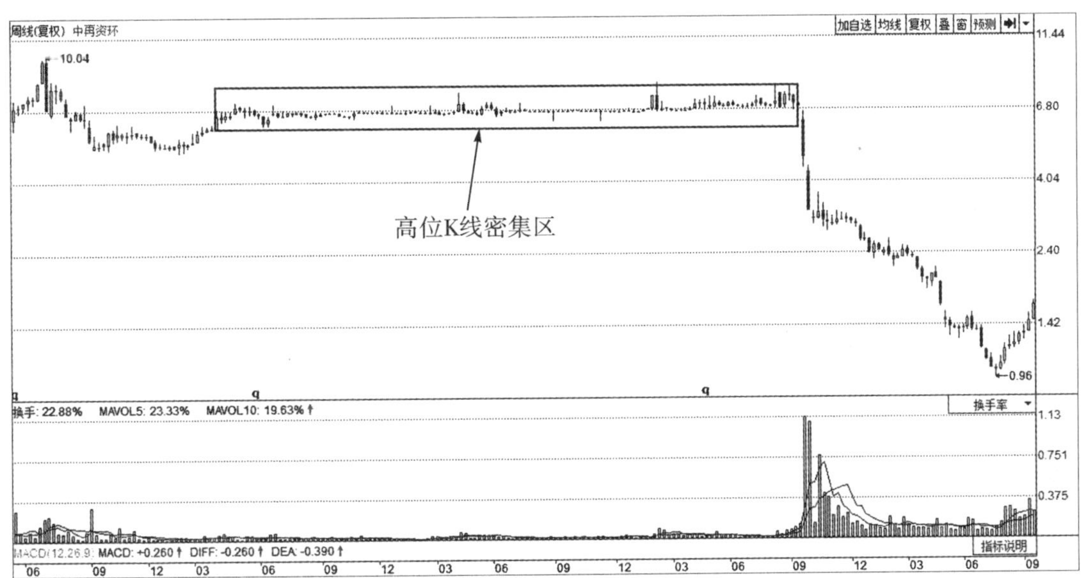

图1-2-6 中再资环（600217）2001年5月至2006年9月股价周线图

统计这个K线密集区就可以看到，在这段时间内，由于时间跨度很大，总换手率达到了257.2%！按照理想化模型，股票的筹码已经换手了两遍以上，到K线密集区运行的末期，股价向上诱多之后，迅速转头向下暴跌，投资者疯狂踩踏，这让买入这只股票并且盲目笃信“横有多长，竖有多高”的持有者损失惨重。

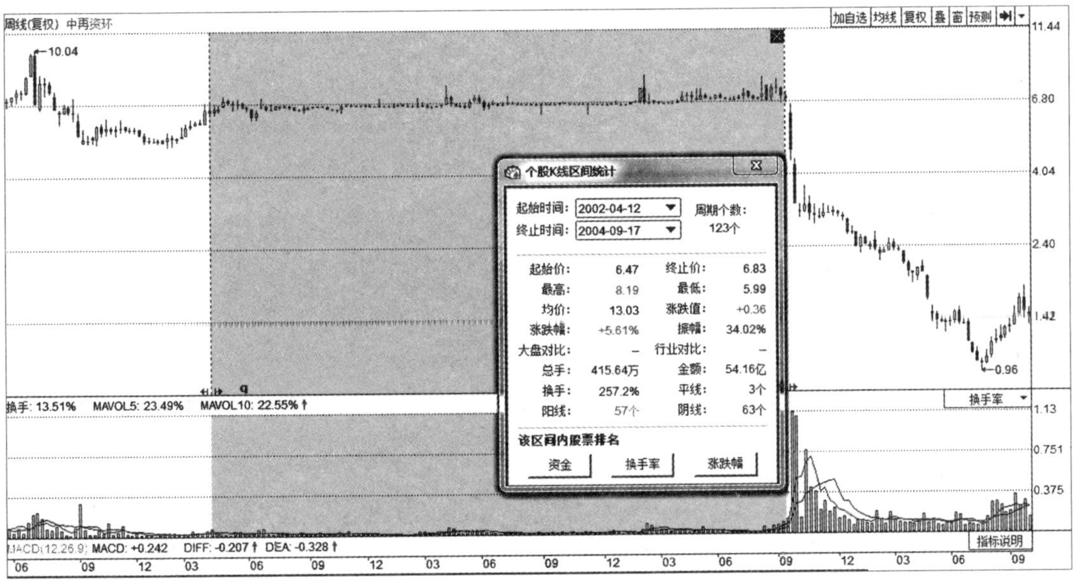

图1-2-7 中再资环（600217）2002年4月12日至2004年9月17日数据统计（周线）

以上介绍了K线密集区出现在三种不同位置的情况，形成K线密集区之后，对股价今后走势有什么影响呢？

之前有介绍，K线密集区通常存在大量的筹码交换，所以导致有许多投资者的成本处在这个位置，所以自然而然就会在这个价位附近产生支撑与压力。当一个价位累积了足够的筹码，这个位置的成交就成了群体行为。相对于个体行为来说，群体行为更好预测。

股价在高位大量成交形成顶部，当股价再次上涨到之前的高位时，会有大量的解套盘卖出，股价想要创出更高的价格，往往需要更大的上涨力量去突破。所以很多上涨会在之前的高位承受巨大的压力而停止。

在图1－2－8的换手率A处位置，中国建筑（601668）股价在6元至8元的区间完成筑顶，下方产生巨大的成交量，产生了K线密集成交区1。这之后股价开始下跌，到B的换手率处又开始上涨，重新回到6元至8元的价格区间。但从图中可以明显看出，B点的成交量远远不及A点，所以无法让之前高点买入持有的投资者解套，自然就很难创出新的高点。股价在这个区间不断震荡，没有足够的上涨力量，最终难以突破之前的高点，股价开始回落。

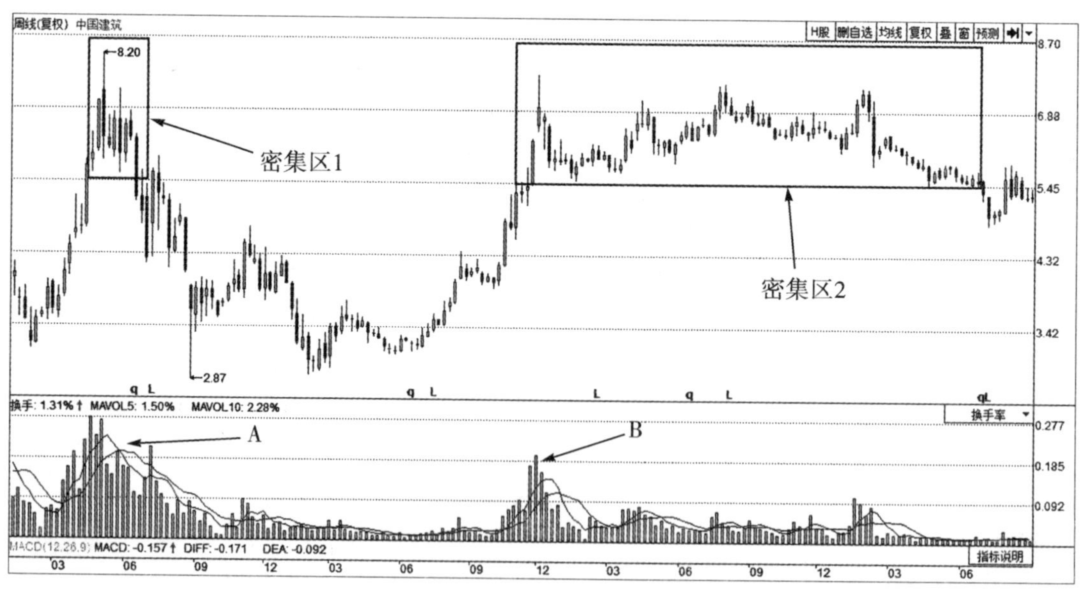

图1－2－8　中国建筑（601668）2015年1月至2018年8月股价周线图

二、K线的干净程度

股票的走势留下的是价格痕迹，包括一个个K线密集区。由于K线密集区的特性，股价在到达K线密集区时，相应地会获得支撑或者压力。一张白纸，画家可以随心所欲地在纸上作画；而满是K线密集区的股票，就像一张四处都是笔墨的半成品画，是很难随心所欲地发挥的。在一轮上涨中，股价到达之前K线密集区的价格附近时，大概率都会选择在这个位置进行调整，这样的调整，会在相同价位区间产生另一个K线密集区。

而K线的干净程度，就是指它在运行的过程中留下K线密集区的数量和密集程度。一只股票在运行过程中留下的K线密集区越少，其K线的干净程度也就越大，意味着后续股价的上涨下跌过程不会受到K线密集区的太多阻力，运行相对会更加顺畅。市场的壳资源，除了股票的价格，其K线的干净程度也是一个重要的考量标准。

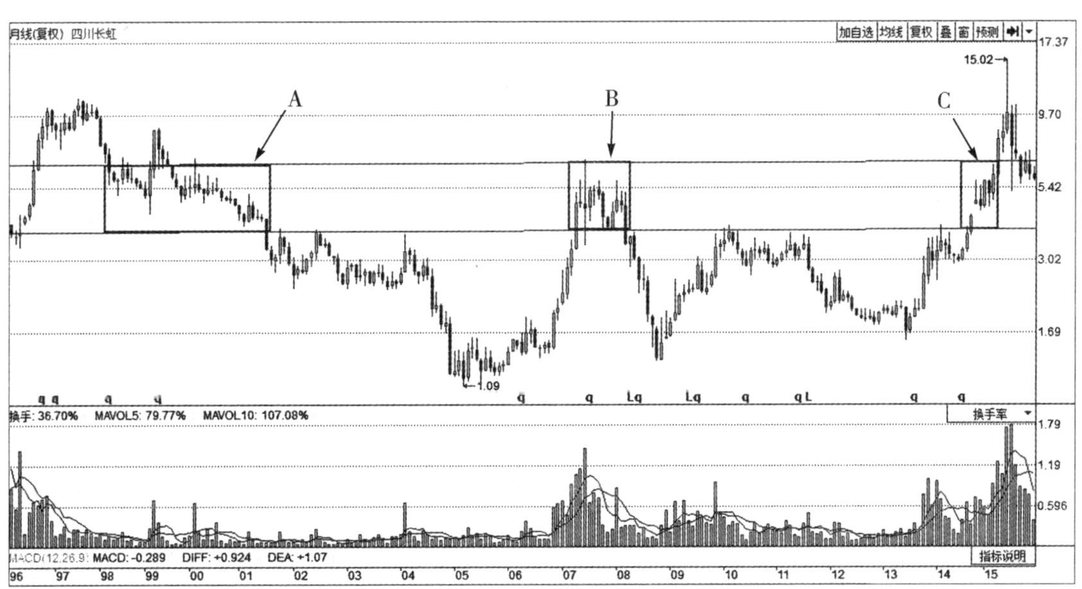

图1-2-9 四川长虹（600839）1995年12月至2015年12月股价月线图

在图 1－2－9 中四川长虹（600839）的股价区间内，一共有三个较为明显的 K 线密集区 A、B、C。A 是这个位置最早产生的 K 线密集区，这个 K 线密集区产生之后，后来的两次上涨行情，都在这个位置再次形成了 K 线密集区。B 处的上涨行情最终止于这个区间，股价挣扎了一段时间，也没能再进一步，最终跌落下去；另一段上涨行情到达 C 处时，股价也进行了调整，之后股票再次放量突破这个区间，接下去的上涨就显得轻松了许多。

同样是四川长虹的走势，见图 1－2－10，在开始的一轮上涨行情中，在 A 处有较大的获利抛压，股价进行了调整，形成这个价位区间的第一个 K 线密集区。B 处是下跌过程中受 A 处的 K 线密集区支撑而形成的另一个 K 线密集区。C 处的小幅上涨再次遇阻回调，2013 年底的上涨仍然在这个价格区间受阻进行了调整。

图 1－2－10　四川长虹（600839）1995 年 9 月至 2016 年 5 月股价月线图

K 线密集区一旦形成，就像一个缓冲区，股价向上或向下运行到那个位置时，常常会调整或反弹，消耗向上或者向下的动能。所以股价运行到 K 线密集区间时，我们可以根据情况适当进行短期操作。特别是高位的密集区间，我们可以在对应价位进行部分减仓，规避风险。

图1-2-11中1.8元至2.2元区间有A、B、C三个位置的K线密集区，C处区间的时间更是长达两年多。了解K线密集区的市场意义之后，也就不难理解从2008年到2018年这10年走势中D、E、F三个位置底部的形成原因了。

图1-2-11　珠海中富（000659）1996年12月至2018年12月股价月线图

三、市场认同效果

K线密集区除了有拉近市场平均成本的作用，还有一个让市场认同的效果。

相对于市场成本重心来说，市场的认同效果更加虚无缥缈一点，市场轮廓理论里的价值中枢，就是市场认同效果的一种体现。

股票市场中投资者对于股价的认同效果有一个更加明显的体现：历史高位价格与历史低位价格。

图1-2-12是珠海中富（000659）2006年1月至2019年1月的走势，A处是股票上市至2007年9月的最高价格9.23元。在这轮行情结束之后，股票还有几次较为不错的上涨，出现了B、C两处接近A处价格的高点，但价格始终不能突破之

前的最高价，这无疑是受到了高位解套盘的压力的影响，但同时投资者对于历史高位的认同感也对股价走势产生了一定的作用，当股价再次接近历史高位价格时，部分投资者也会在突破这个价位之前犹豫，考虑目前的价位会不会太高，同时也会担心股价难以继续创出新高。

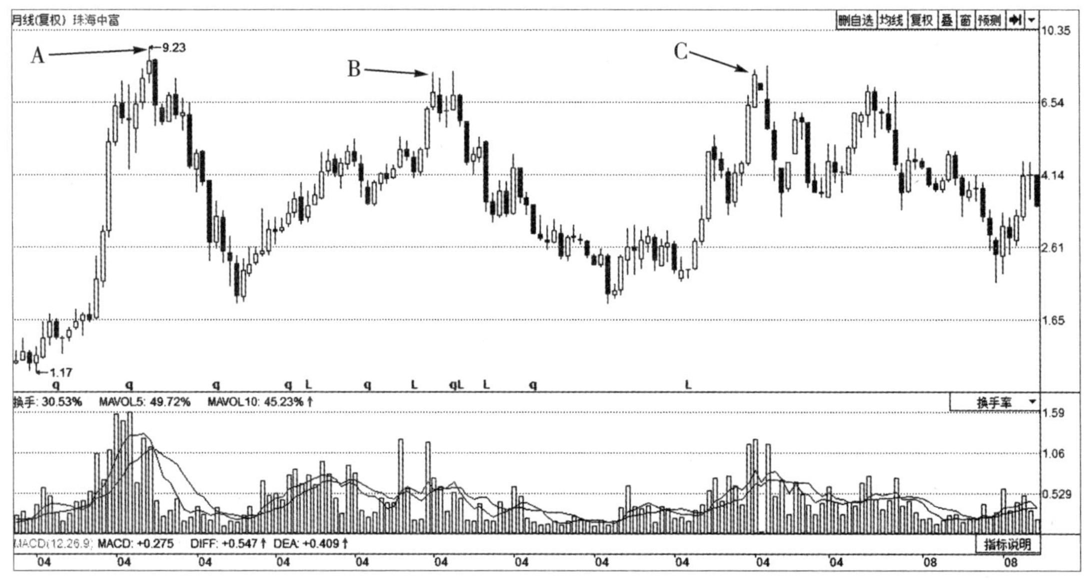

图1－2－12　珠海中富（000659）2006年1月至2019年1月股价月线图

图1－2－13中A处是向日葵（300111）的最高价位，2010年8月股票上市之初，股价就产生了这个最高价格，然后一路下跌。2015年那轮牛市中，股价随大行情走高，但受到之前高位抛盘的压力和历史高位价格的隐形压力，股价也没能突破前高。当股价运行到历史高位附近时，很容易在这个位置形成调整甚至反转，所以我们可以在股价接近历史高位时适度减仓，保持警觉，一旦上涨趋势结束，就要立马撤出，如果股价继续上行，可以根据个人风险偏好程度选择加仓或者减仓操作。

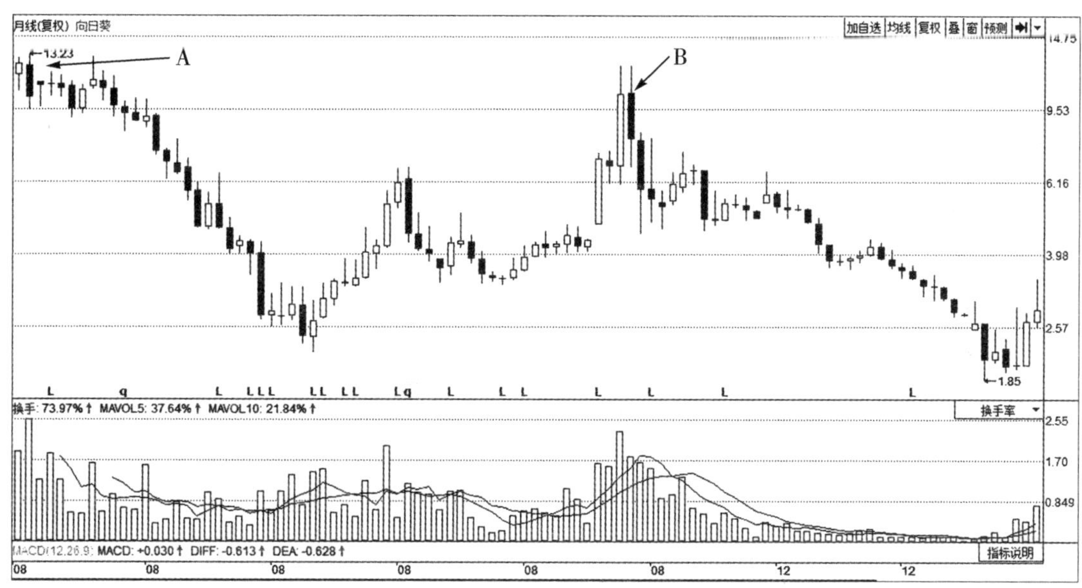

图1-2-13 向日葵（300111）2010年8月至2019年3月股价月线图

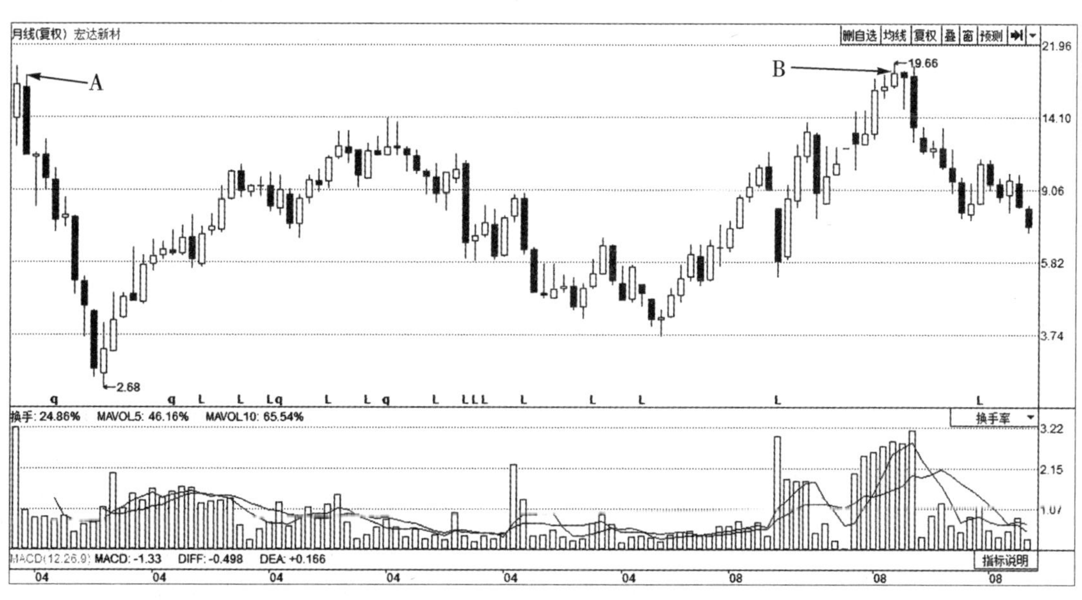

图1-2-14 宏达新材（002211）2008年2月至2017年12月股价月线图

图1-2-14中A处是宏达新材（002211）上市之后7年内的最高价格，股票上市时间是2008年2月，当时深证成指正处于15777点附近的高位，而到了2008

年底，深证成指就跌到了5000多点的位置。宏达新材上市之后就随着这一轮下跌行情跌到了2.68元的位置。股价2016年创出历史新高19.66元，但随后股价就一路下跌。对比两次高点，2008年的最高股价是19.21元，2016年最高点是19.66元，尽管股价在B处突破前高，但A处的隐形压力在这里也体现得很明显。

股价的前低也有同样的作用，但相对来说，A股市场也在不断发展，大部分的股价都很难走到前低的位置附近。

2019年初，市场创出新低的一些股票，基本都是2008年后上市的股票，这其中更多的是近两三年上市的次新股。

图1-2-15中A处是易成新能（300080）股价的第一轮低点，之后股价有一轮上涨。在B处股价创出新低，随后因为在这个位置的隐形支撑，股价产生了缩量反弹，然后由于买盘稀少，股价继续向下创出了更低的价格，但在不久之后，股价在下方不远处筑底反弹。

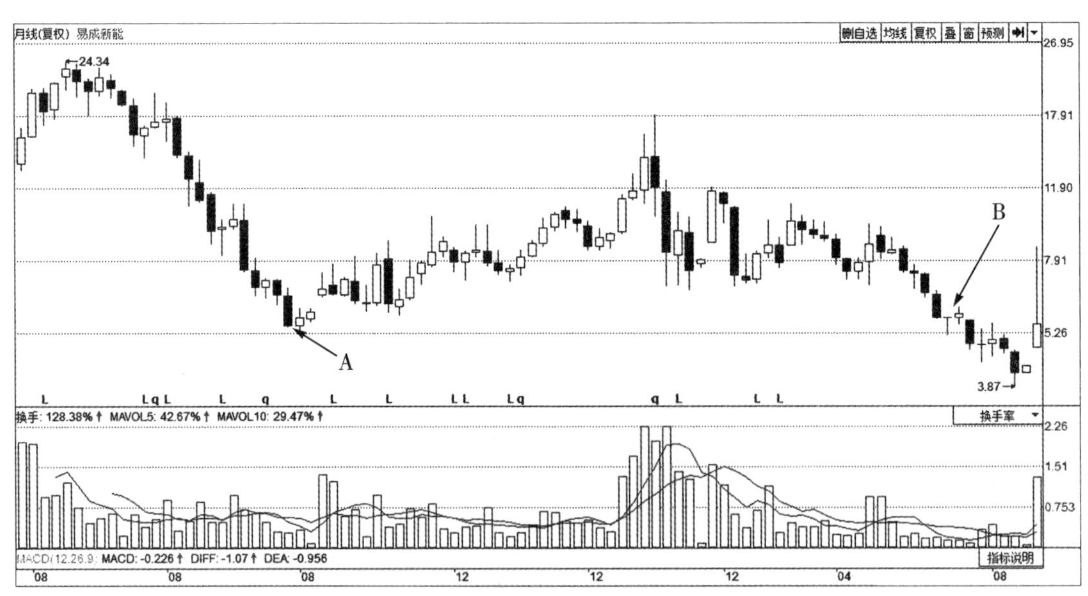

图1-2-15　易成新能（300080）2010年7月至2019年1月股价月线图

前文提到，看 K 线绝对不是简简单单去琢磨其中的图形变化，真正的高手能够分析出图形背后多空博弈的情况，根据当时股价所处的状态来决定自己的交易方式。

我常常说，研究股票就像去了解一个人，需要了解它所处的状态，知道它走势的前因后果。K 线的波动都是由成交引起的，当一个价位的买盘多于卖盘时，那么股票价格就有向上的动能，股价自然就上涨了；反过来也是一样，当一个价位的卖盘多于买盘时，股票价格有向下的动能，股价自然就下跌。

多空博弈是这个市场永恒不变的话题，股价运行到任何地方都存在着多空力量的博弈。双方不断争夺、转换，股价也因此产生了波动。可以说，股价之所以能走出这样丰富多彩的走势，都是不同多空力量博弈的结果。

股价运行其实是一个寻找平衡的过程，就像物理学中的楞次定律①。股价总是向着减弱不平衡力量的方向运动，寻找到平衡之后，又会有新的力量来打破原有的平衡，并且建立新的平衡。我们要做的，就是要在这平衡与不平衡之间寻找机会，规避风险。

第三节　三大技术指标解码 K 线

为了更好地了解 K 线走势，判断股价未来走势，这个市场中的很多大师通过研究总结 K 线走势图发明出了很多技术指标。技术指标衍生于 K 线，它不同于 K 线，但最终仍要回归到 K 线走势上来。市场中很多所谓技术派投资者，对这些指标有独特的兴趣，喜欢用技术指标去研判股市，预测未来的走势。

在这里，我觉得必须要说一句，有一些沿用下来的技术指标，一直被广大投资者所用，其中还有部分投资者通过它形成交易系统，并且稳定盈利，说明这些指标

① 感应电流具有这样的方向，即感应电流的磁场总要阻碍引起感应电流的磁通量的变化。

有一定的参考性。但指标同样也不是万能的，目前没有一种技术指标能够保证100%盈利。比如，艾略特通过斐波那契数列，总结出股市中的波浪理论。波浪理论流传至今，同一个走势，由不同的人来数浪，会数出许许多多不同的结果，而他们对未来走势也会有不同的判断。这其实并不是波浪理论的问题，恰恰反映了市场的不确定性。当市场走势并没有产生时，它具有多种概率不同的可能，当它选择了其中一种走势之后，就只具有唯一性。这是一个由混沌转为清晰的过程，所以很难精确地判断未来的走势。

很多市场分析人士为了博眼球，有的甚至把当时还尚未走完的指数预测到了后两位小数点，这样的行为自然是违背市场规律的，此前证券监管部门还对这样的行为进行过批评。当然，最终的结果也与这些人士的预测相差甚远。但A股市场的投资者们却很喜欢这类分析人士，他们在这个市场没有自己的主心骨，因为认识不足，所以自己没办法对市场进行自信的判断，而这些分析人士说过的话，就像是他们掉在湍急的河流中抓住的一根救命树枝，不会去管它正不正确，只知道它让自己不再迷茫，有了方向。如果这次错了，那还有另外的市场分析人士继续对市场进行预测，很多散户们就在这样的湍流中浮浮沉沉，找不到方向。

我个人认为，在这个市场，既然股票账户是自己的，就要对自己负责，“股市有风险，投资须谨慎”这一句话不是光说说而已，并且很多市场分析人士也同样说了“仅代表个人观点，不作为买卖建议”。投资者参照他们的观点进行买卖，最终亏损了也只能自己承担，没有办法去找别人追回自己的损失。

所以，每个进入这个市场的人，都应该自己去研究学习，从市场中——而不是从市场分析人士口中——去寻找股票运行的规律和进行交易的方法。对于其他人的判断和交易方法，要通过市场走势去验证，取其精华，去其糟粕，不断学习，提升自己。

市场中的技术派人士特别喜欢使用各种指标来对股票进行分析，暂且除去预测走势的部分，我觉得指标确实可以让我们从多角度更加清晰地了解股票目前所处的状态，方便我们更系统地分析股票。但市场中关于指标走势的分析多是管中窥豹，关于指标形态的解读，仅仅指出某个形态出现之后股价唯一的运行方式，并且大多是用在短期走势的预测中。然而市场经常出现不按指标指示运行的情况，这是市场错了吗？明显不是，是指标的用法出现了问题。

众所周知，股市指标众多，我们不可能也没必要全部去研究透彻，在这里，我结合走势，系统地讲解几大最常用的技术指标。

一、MACD

MACD 是很多投资者熟悉并常用的指标之一，它是由杰拉德·阿佩尔与弗雷德·海期尔在 1979 年提出的，1986 年美国人托马斯·阿斯普雷加入柱状线对双指数平均线进行完善，逐步演变成了现在的 MACD 指标。

MACD 是基于均线的构造原理，先画出两条周期不同的指数移动平均线，通常这两条平均线的周期分别取 12（快线，EMA12）和 26（慢线，EMA26）。在某一个时间，短周期均线所代表的数值减去长周期均线代表的数值，得出一个数值，这个数值被称为差额值（DIF），差额值有正有负。

再取差额值（DIF）的 9 日指数移动平均线 DEA，（DIF－DEA）×2＝BAR（柱状线图），即可得到 MACD。

以上便是 MACD 的计算方法，与价格平均线 MA 不同，在 MACD 中，EMA 取值当日收盘价占计算比重更大，当日收盘价对 MACD 变化的影响权重更大。

通常行情软件上的 MACD 图形由两根移动平均线 DIF 与 DEA 组成，根据不同的形态，我们总结出了不同的交易策略：

1. 当 DIF 和 DEA 处在 0 轴以上时，市场多头强势。

2. 当 DIF 和 DEA 处在 0 轴以下时，市场空头强势。

3. 当 DIF 由下往上穿过 DEA，这个形态被称为 MACD 金叉，可视为是一种买入信号。

4. 当 DIF 由上往下穿过 DEA，这个形态被称为 MACD 死叉，可视为是一种卖出信号。

5. MACD 柱由负值变为正值，代表空头市场正在转为多头市场。

6. MACD 柱由正值变为负值，代表多头市场正在转为空头市场。

7. DEA 与 K 线趋势发生背离为反转信号。

8. DIF 与 DEA 均为正值，大势属多头市场，其间，如果又发生 DIF 向上突破 DEA，即可以进行买入操作。

9. DIF 与 DEA 均为负值，大势属空头市场，其间，如果又发生 DIF 向下突破 DEA，即可以进行卖出操作。

其中，第 8 条与第 9 条是结合了前面四条总结出的一个指标共振系统。这几条是投资者对 MACD 最常见的运用方法。

常用 MACD 的投资者应该都知道，MACD 是一个趋势性的指标，能够给出一段趋势中的入场信号，同时 MACD 的滞后性比较严重，往往在趋势已经进行了一段时间之后才会体现出来。前面我说过，我们在市场中使用一个既定的指标，要去探究它的可靠性以及使用条件。这里，我们就 MACD 这几条常用的运用方法来进行研究。

我们先来看 MACD 的计算公式：

1. EMA（12）=前一日 EMA（12）×11/13+今日收盘价×2/13；

2. EMA（26）=前一日 EMA（26）×25/27+今日收盘价×2/27；

3. DIF=EMA（12）-EMA（26）；

4. DEA=前一日 DEA×8/10+当日 DIF×2/10；

5. MACD 柱 BAR=（DIF-DEA）×2。

从 1、2、3 可以看出，DIF 值的正或负决定于两根移动平均线 EMA（12）与 EMA（26）的具体值，所以当股价出现起势时，周期较短的 EMA（12）就“春江水暖鸭先知”，先抬头跟着股价向上，而周期较长的 EMA（26）的反应和幅度要远远弱于 EMA（12）——从计算公式中今日收盘价的占比可以看出，EMA（26）的周期更长，同时也更稳定，这和普通价格均线的特点相同。所以当股价结束一段下跌或者横盘走势开始上涨时，DIF 就渐渐变为正值。随着上涨过程的延续，两根移动平均线的乖离率会不断扩大，DIF值也会不断增加，如果DIF连续保持正值一段时间，根据公式4，就可能使DEA变为正值。根据公式4、5，可以得到BAR =（当日DIF×8/10－前一日DEA×8/10）×2 =（当日DIF－前一日DEA）×16/10，所以只要DIF保持一个上升的势头，使DIF值大于前一日DEA，MACD柱值也就变为正。反之亦然，当股票开启一轮下跌行情时，MACD也会在下跌一段时间之后给出卖出信号，DIF、DEA、BAR全部变为负值，说明行情已经走入下跌段。

由于DEA是DIF的9日指数移动平均值，所以很明显，DIF值受到股价走势的影响更大，DEA值同时受制于之前一段的DIF值，同时，DIF相对DEA更加灵敏。当股价结束一段下跌过程之后开始上涨，DIF开始基本处在DEA的下方，当股价开始向好，MACD指标开始渐变，更加灵敏的DIF线会更早开始从下方转头向上，完成对慢线DEA的穿越，下跌过程也是同样的道理，只是方向掉转。这个信号与上面原理相同，在股价从平衡状态转为一个趋势之后，MACD信号就会显现出来。

我们再来讲讲MACD与K线背离的情况。所谓背离，包括底背离与顶背离两种类型。以张裕A（000869）2011年至2014年下跌过程中的底背离为例。从图1－3－1中可以看到，A、B、C、D、E这五处对应的位置均处在下跌段，股价呈递减状态，而DIF值在这几个短期股价低点对应的位置却不断升高，这就是下跌过程中的底背离。但同时，我们看到，在下跌过程，MACD出现了多次的底背离，而下跌过程仍然持续了很长时间，所以对于MACD，很多投资者认为它提示的底背离不够准确，不如它提示顶背离的准确率。根据之前的经验以及统计，这个说法应该是正确的。但我们应该了解，MACD指标并不是独立于K线存在的，它完完全全是从K线中衍生出来的。所以某种K线形态，就会产生某种对应的MACD指标情况。那么，什么样的K线形态会让MACD出现背离呢？

图1-3-1　张裕A（000869）2012年4月至2014年9月股价周线图

图1-3-2，ST新光（002147）在图中这段下跌过程，同样经历了很多的底背离，图中A、B、C、D处对应的股价越来越低，而DIF值却越来越高，这属于多次长期的底背离。在B处出现（第一次底背离产生）后，股价仍然继续下跌了1/3左右，并且在后续时间不断地出现底背离的情况，直到D处。

图1-3-2　ST新光（002147）2011年6月至2014年4月股价周线图

这段股票的走势在上一章讲圆弧底时我曾经提过，ST 新光是一个标准的圆弧底，圆弧底的一个特点就是处于下跌段时，下跌速度不断减小。相同时间段的下跌幅度渐渐变小，所以产生了圆弧一样的形态。回过头再来看张裕 A 那段走势的图形，其实也是一个幅度或速度不断减缓的下跌过程。所以其实只要在一段较大的下跌段中，下跌速度随着下跌过程的进行，不断地减缓，MACD 就很容易在下跌的不同阶段出现底背离的情况。我们可以看到，ST 新光在下跌过程中出现了多次的底背离，如果提早买进，可能还会出现一定的浮亏和较长的等待时间，严重时可能会产生 50% 的浮亏。为避免这样的情况出现，我们可以结合熵值理论进行综合分析。

这个原理从 DIF 的计算方法中可以找到：DIF = EMA（12） - EMA（26），由于股价处于下跌过程，所以 EMA（12）在这期间常常是低于 EMA（26）的，当下跌速度加快时，EMA（12）与 EMA（26）的开口就会变大，这也意味着 DIF 值越低。相反，当相对应的一段走势下跌速度减小时，EMA（12）与 EMA（26）的开口就会变小，DIF 值就会变大，于是在指标上就表现为底背离。相应地，上涨过程发生的顶背离也同样是这样的情况，在一段时间内发生上涨速度减小的情况，在 MACD 上就会出现顶背离的情况。

细心的投资者会发现，A 股市场的很多股票，在上涨阶段常常有一个加速过程，在股价上涨末端会进行筑顶，而筑顶的过程中涨速放缓，MACD 就会出现顶背离。

综合以上结论，我们可以得知，当股价从底部开始上涨一段时间后，MACD 指标的各项数据就渐渐变得好起来，而当长周期上涨或下跌的速度变缓时，MACD 也很容易产生顶底背离。MACD 完全从股价中衍生出来，所以我们可以通过 MACD 的状态更好地了解股价发生的变化，根据股票具体的走势进行我们下一步的交易判断，而不是仅仅通过 MACD 给出的信号进行直接交易。

此外，由于添加了时间的限制，所以 MACD 与股价的走势也有不同的特点。MACD 指标在股价上涨的过程中是渐渐变化的，这体现了它的滞后性，同样，从好的方面讲，这也是它稳定性的表现。当一段趋势开始时，股价必然会经历一段初期的上涨，而MACD指标就会在这一段初期的上涨过程中给出买入的信号。但如果这一段走势并不是一段较长的上升趋势，而是震荡趋势中的一段小型反弹，那么这个买入信号就会给投资者带来很大的亏损，所以MACD在指标分类中是一个趋势指标，针对较大的趋势，MACD指标很有效果。而对于震荡过程，依照MACD指标的信号进行交易常常使投资者低卖高买。所以震荡过程常常会用到另一个指标：KDJ。

二、KDJ

KDJ指标又叫随机指标，它是由乔治·莱恩最早提出并运用到期货市场中的，后来被广泛应用于股市和外汇市场（KD指标）的分析，是震荡指标的一种。

KDJ是以最高价、最低价以及收盘价为基本数据进行计算的，在大多数股票软件上，KDJ计算的周期常常设置为9日（可以更改），首先计算RSV（未成熟随机值）：

RSVn =（Cn − Ln）/（Hn − Ln）×100。

其中，RSVn为n日内的未成熟随机值，Cn为第n日收盘价，Ln为n日内的最低价，Hn为n日内的最高价。

而当日K值=2/3×前一日K值+1/3×当日RSV；

当日D值=2/3前一日D值+1/3×当日K值；

J值=当日K值×3−当日D值×2。

如果没有前一日K或D值，则用中位值50来替换。

所以A股市场的KDJ指标通常为KDJ（9，3，3）（取9日为周期，K值为RSV的3日平均线，D值为K值的3日平均线）公式是：

1. RSV_9 =（$C_9 - L_9$）/（$H_9 - L_9$）×100；

2. K值=2/3×前一日K值+1/3×当日RSV；

3. D值=2/3×前一日D值+1/3×当日K值；

4. J值=当日K值×3−当日D值×2。

我们再来看看 KDJ 指标的一些常见运用方法：

1. K、D 大于 80 时，行情呈现超买现象；K、D 小于 20 时，行情呈现超卖现象。

2. 上涨趋势中，K 值上穿 D 值，K 线向上突破 D 线时，为买进信号；下跌趋势中，K 值下穿 D 值，K 线向下跌破 D 线时，为卖出信号。

3. 当随机指标与股价出现背离时，一般为转势的信号。

4. K 值和 D 值上升或者下跌的速度减弱，倾斜度趋于平缓是短期转势的预警信号。[①]

从计算公式可以得知，RSV 值在 0～100 之间波动，收盘价越接近这 9 日内的最高价时，RSV_9 越接近 100；收盘价越接近这 9 日内的最低价时，RSV_9 越接近 0。对应的 K 值与 D 值也会随着收盘价的增加或减少发生正相应变化。所以在一定时间内股价连续上涨时，K 值和 D 值就会增大到超买区（80 以上）；在一定时间内股价连续下跌，K 值和 D 值就会进入超卖区。由公式 1、2、3 可以得知，D 值比 K 值更加稳定，在股价发生变化时，对 D 值的影响只有对 K 值影响的 1/3 左右，故 K 值更灵敏，在股价开始一段上涨过程后，K 值的上行速度会超过 D 值，所以上面第 2 条运用规则就是利用指标中 K 值的灵敏度更高的特点，在短期内，利用 K 值与 D 值的变化，显示出股价短期的运行方式。

通常情况下，当股价从下跌转为上涨时，K 值先转头向上，从下向上穿过 D 值，就形成 KD 指标的金叉——买入信号；股价从上涨转为下跌时，K 值也是先从较高位置先行转向，往下穿过 D 值，形成 KD 指标的死叉——卖出信号。

值得注意的是，由于 KDJ 指标所选取的周期较小（9 日），所以 KD 形成的金叉与死叉信号也仅仅代表短期的强势与弱势，如果股价继续强势或弱势，那么 KD 指标就会出现超买和超卖的信号，甚至在高、低位形成钝化[②]的形态。

---

① 股票知识入门：股票入门学习这样用 KDJ 指标，http：//www. caijing365. com/html/gupiao/gainian/20171220/117717. html。

② K 值与 D 值在超买区上升的速度减小或在超卖区下降的速度减小。

可以发现，KDJ 给出的交易信号相对比较频繁，一是因为它所选取的周期较短，二是因为它能给出信号的形式较多。对于大多数个人投资者，利用 KDJ 进行高频交易会花费巨大的交易佣金，很容易把盈利都给了券商。同样，KDJ 指标也会出现背离形态。

图 1－3－3 大秦铁路（601006）就走出 KDJ 指标的底背离形态，A、B、C 三处对应的股价不断下降，而 J 值却不断上升，这就是典型的 KDJ 底背离形态。其实 KDJ 的底背离原理与 MACD 底背离很相似，同样是股价下跌的速度不断减缓就会产生底背离形态。但 KDJ 指标所选取的周期相对较短，所以它指示的背离周期也相对更短一点，可靠性也相对低一点。

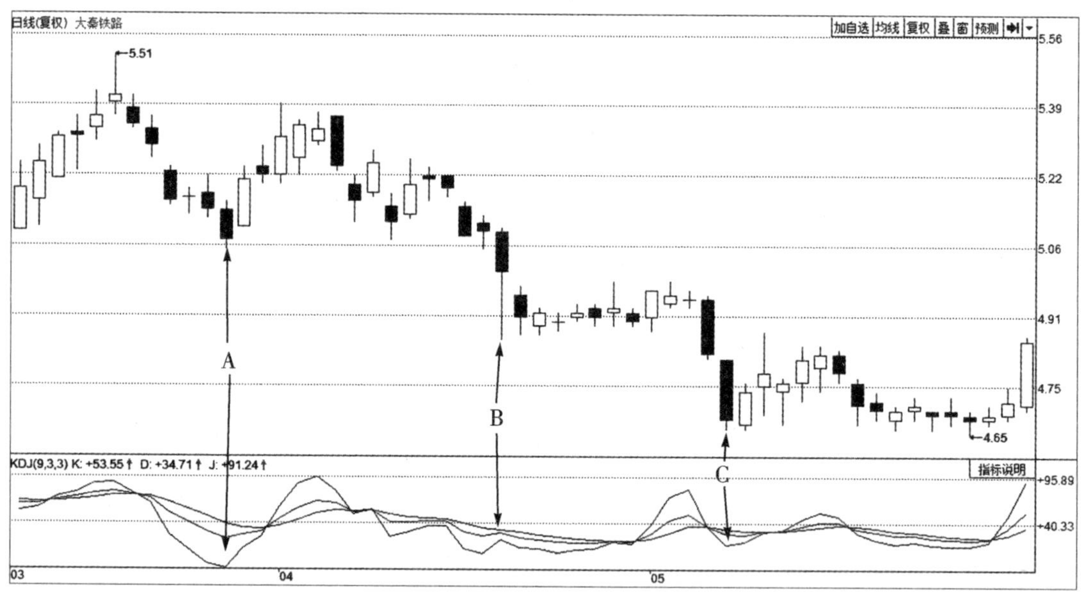

图 1－3－3　大秦铁路（601006）2016 年 3 月至 2016 年 5 月股价日线图

云南铜业（000878）2007 年顶部时，KDJ 指标很清晰地指示出了高位的风险——在图中 A、B、C 三处，KDJ 指标高位钝化，并且在相隔不远处形成三处标准的顶背离。这三次顶背离出现之后，股价果然见顶。有时候，即使是周期很短的技术指标，我们也能够用来判断长期行情的顶部。

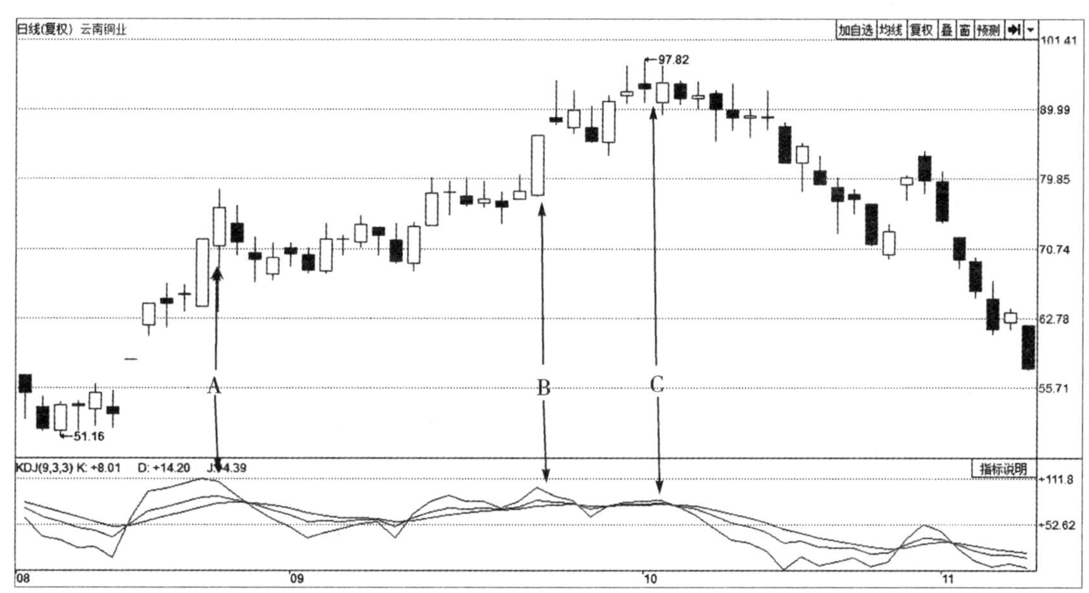

图1-3-4 云南铜业（000878）2007年8月至2007年11月股价日线图

KDJ指标高位钝化，就代表着股价有一段连续的上涨，而出现KDJ钝化型的顶背离，说明上涨的速度已经开始减弱。股价处在这种关键的位置，在高位连续上行的过程中出现上涨力量减弱的情况，结合之前巨大的涨幅，可以发现市场的多空力量正在进行大规模的转化，多方力量在迅速减弱，空方力量不断增强，所以股价在这个位置见顶的可能性很大。

三、RSI

相对强弱指标RSI，是由威尔斯·威尔德最早应用于期货买卖，后来RSI指标被运用于股市，大部分人用它来进行短期走势的判断。

RSI指标是根据当天收盘价与一段时间的最高价和最低价的关系来定义的，简单理解，就是在某一阶段价格上涨所产生的波动占整个波动的百分比。计算公式为：

N日RSI=A/（A+B）×100。

上述公式中，A代表N日涨幅之和，B代表N日跌幅之和的绝对值。所以在定义的时间周期内，分子A越大，分母（A+B）越小，RSI越大。即N日内收盘价均为上涨时，RSI 值为 100；N 日内收盘价均为下跌时，RSI 值为 0。所以 RSI 处于低位时，说明股价在 N 日周期内收盘下跌较多，反之亦然。在股票行情软件中，N 的取值一般是 6、12、24。

RSI 指标同样会出现顶底背离。原理与 MACD 差别不大，当股价创新低，而 RSI 却不断走高，这就称作 RSI 的底背离。

图 1－3－5 中 A、B、C 三处位置的关系就是典型的 RSI 底背离。股价不断创新低，而 K 线的 RSI 值却在这三处呈不断走高的形态。仔细观察图中 K 线走势，会发现在这三处之前一小段，股价的下跌幅度也是呈不断减小的状态。A 处对应的位置，之前有 4 根阴线和 1 根十字线，下跌幅度约为 14%；B 处对应的位置，之前有连续的 7 根阴线，跌幅约为 12%；C 点对应的位置，仅有一根跳空的阴线，跌幅为 6.69%。很明显，形成 RSI 底背离形态的 K 线走势基本属于这种，下跌的幅度不断减少，下跌 K 线的个数也逐渐减少。C 处就是最好的买入时机，光是超跌反弹，就有十分可观的收益。不仅如此，在之后的上涨过程中，这里买入的投资者会拥有巨大的成本优势，完全不必担心市场的回调。

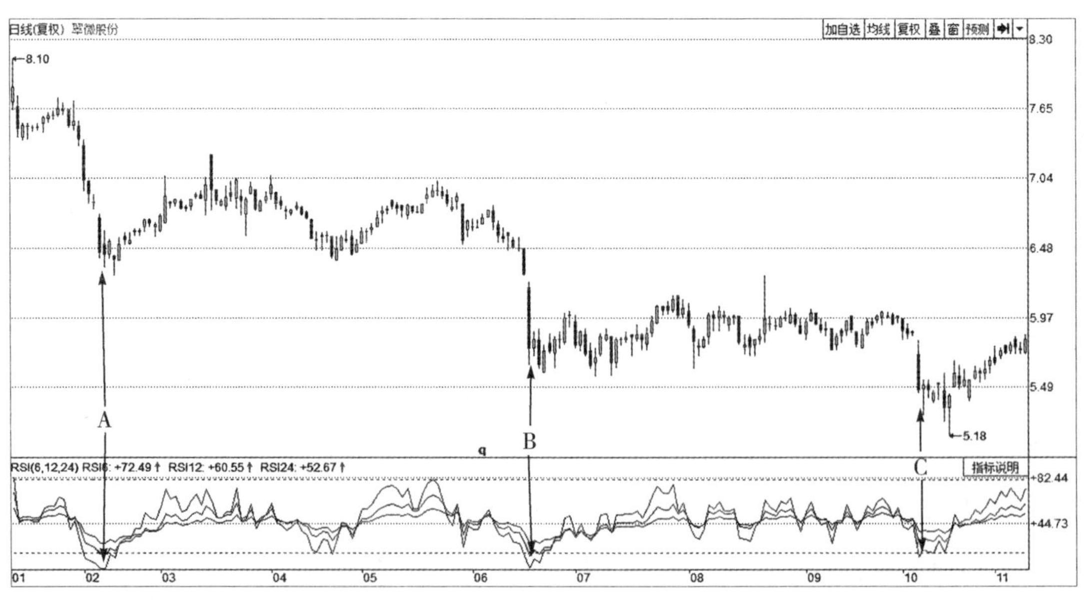

图 1－3－5　翠微股份（603123）2018 年 1 月至 2018 年 11 月股价日线图

之前说过，技术指标是通过分析 K 线走势得到的，所有的技术指标形态都可以在 K 线上找到对应的走势。而技术形态会帮助我们剥离那些价格的波动，让我们更好地看清楚在股价运行中发生的一些微妙的变化，了解当时 K 线所处的阶段。所以很多顶级的技术高手，只看 K 线和均线。他们已经把这些技术形态对应的 K 线形态完全掌握于心。通过 K 线走势，一眼便能够看清楚现在股价所处的状态，不会被 K 线代表的价格波动迷乱了双眼，达到“看山还是山”的境界。

还有很多重要的技术指标，比如布林带等，各有不同的使用方法，鉴于篇幅所限，本书就不一一展开细说了。但需要提醒的是，我们不能完全笃信指标提供的买卖信息。

所有的技术指标，其实都是描述股票某一个方面的状态，最终我们仍然要将这些图形还原到股票的供求关系上，理清当前买卖力量的强弱对比。用佛家的说法，叫作“看山不是山”，我们看技术指标，不要沉溺于纷繁复杂的图形，而是要看到里面蕴含的本质，通过这些图形波动，搞清楚股票供求关系的变化情况。股票市场的很多指标都有一些前人总结出的用法，不加分辨就照搬着用，容易造成较大的亏损。

此外，任何指标都有一定的滞后性，我们去研究指标，不是为了让指标预测出未来股票的走势，而是使用指标去更好地看清股价目前所处的状态，方便我们对接下去的行情进行操作。经常使用技术指标的投资者应该了解，不同指标常常在同一时间显示股价不同的状态，对之后走势看多看空完全相反。比如股价从较低位置连续上涨一段较长时间时，KDJ 指标会在高位钝化，RSI 强度值会很高，出现偏空的信息，产生一个指标卖点；而 MACD 则会出现一段趋势正在增强的情况，并且产生指标的买点。即使是指标本身，在不同周期也会出现相反的指示。甚至有的指标在同一个位置，用不同的使用方法也会产生完全不同的结果。这正好体现了股票市场的不确定性，很多股票投资高手的风险意识极好，他们知道这个市场没有百分百确定的东西，始终保持对市场的敬畏之心。股票市场是一个加码的投资市场——大多数人买股票赚了钱，会把这部分盈利也投入到这个市场——所以如果不控制好风险，在一次重大的亏损中，就会使之前很多年的心血付诸东流。

第二章 Chapter Two

K线判断牛熊

通常情况下，股市行情最常见的有牛市、熊市和震荡市三种。人们大多喜欢牛市，牛气冲天，股价就像雨后春笋一样，疯狂地上涨，涨速快，涨幅大，并且市场中大部分股票都整体向上。与之相对应的是熊市，大部分股票处于长期下跌的趋势，市场总趋势不断走低。而震荡市则是牛熊特征不明显，处于多空来回博弈拉锯的状态。

在A股市场，往往是“牛短熊长”，股票经过短期快速的上涨，到顶之后迅速下跌，进入漫长的整理期。大盘走向是影响个股运行的一个重要因素，覆巢之下无完卵，很多优质个股也会在大行情很差的时候韬光养晦，等待新的表现时机。

其实从“事后诸葛亮”的角度来看，牛市熊市非常好判断。但仍然有很多人在牛市的时候犹豫，在熊市的时候坚守。我从来都建议投资者以一个动态的眼光看行情。很多时候，当我们看到一些很明显的东西时，就已经晚了。比如，上证指数从

2013 年的最低点 1849. 65 上涨到 2015 年最高点 5178. 19 这段过程，现在来看，就是一轮不错的牛市行情。但在当时，随着行情一路走高，市场中有不少的声音在 2200 点、2300 点、2500 点、3000 点等位置唱空，但指数却一直走到了 5178. 19 点。这就是事前与事后角度看 K 线的不同，所以我认为，要把 K 线还原成当时的情境，设身处地去想，去经历，才能获得更好的知识和经验。

第一节　前瞻角度看牛熊

那么，从前瞻的角度来看，我们该如何判断牛熊呢？

市场从漫长的熊市转为牛市时，最重要的是认识到当时已经发生趋势反转，而不是之前下跌过程中的反弹。如果我们能在准确判断后的第一时间入场，那么低成本的优势自然不言而喻。

一、确认底部形成

要判断是否发生真的熊牛转变，首先要判断前一段熊市结束，也就是确定底部形成。底部有各种形态，如头肩底、平底、W 形底、V 形底、多重底、收敛三角形底，还有前面解析的圆弧底……这些不同形态的底部大多有着一些相同的特征，当我们对这些形态了然于胸之后，不管市场走出什么形态，只要抓住一些相同的特点，就能判断出市场的底部，并且在反转完成后的第一时间买入。

为了方便读者查阅参考，我选取了同一时间段的不同个股进行横向对比，其底部形态各有不同，但出现反转的时间接近。相对于指数，个股更方便横向对比，同时因为多只不同的个股共同构成指数，所以同一时间有代表性的个股走势往往对指数也有着标识效果。

图 2－1－1 中矩形框内就是一个大型的头肩底，股价从高位跌落下来，经过一次反弹，形成头肩底的左肩；股价继续下挫，形成头肩底的头部；然后股票放量逆转趋

势，转头向上，形成头肩底的右肩；之后股价开始继续走高，走出一轮不错的行情。

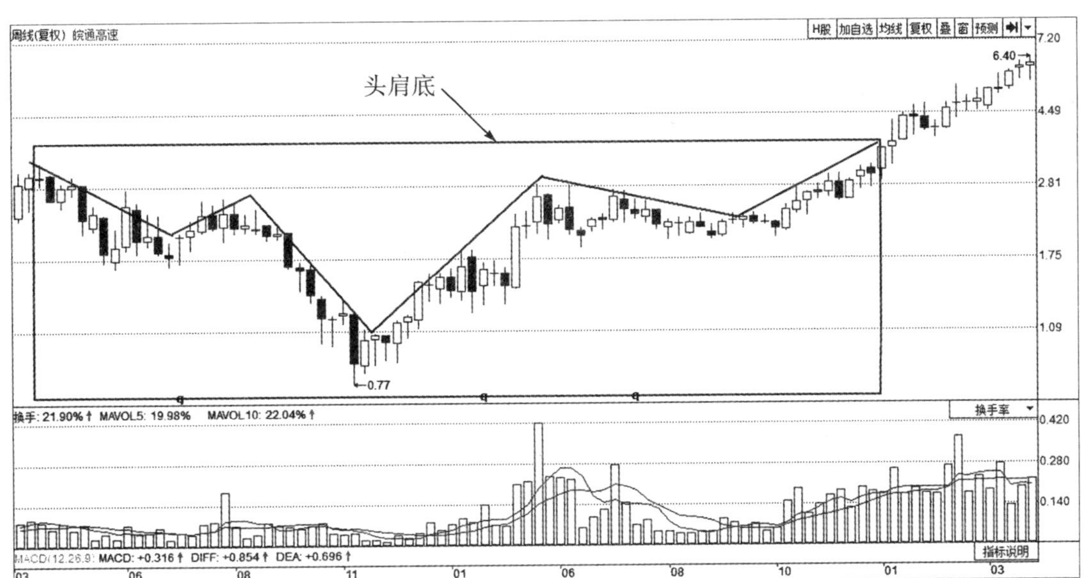

图2-1-1 皖通高速（600012）2005年3月至2007年4月股价周线图

头肩底有很明显的成交量变化。股价在形成左肩时，下跌过程中成交量缩减。左肩的反弹，是因为有一部分投资者开始看好这只个股，买入力量促使股价有了这个反弹，可以看出这个反弹有比较足的量能。随后股价继续延续之前的趋势惯性下跌，但下跌幅度较小，同时成交量随着股价的下跌迅速缩小，量能创下近期的新低。股价到达阶段性底部，量能也是地量，随后股价从底部向上扭转趋势，成交量开始成倍放大，然后迅速缩量回调形成头肩底的右肩。

可以看到，在到达底部区域时，成交缩量明显，而之后右肩的上涨段与回调段成交量差距明显，这都是市场中筹码稳定的体现。试想如果市场中有较多的散乱筹码，那么股票跌到底部时肯定会有较多的恐慌抛盘，很难在底部缩量稳定股价；同时右肩的上涨过程发生之后，会有大量的获利筹码卖出，会把股价压到更低的位置，而不是在头肩底的肩部位置附近迅速缩量。市场的抛压很小，而买入的力量很强大，股价上涨便是自然而然的事情了。

图2－1－2中矩形框内是一个多重底，股价在底部区域附近多次跌到1元附近，形成了这样一个多重底部的形态。股价从高位跌下来，跌到1元位置附近时，成交量巨幅缩减，卖盘减少，股价获得支撑。第一轮到达1元附近位置之后，股价有一轮不错的反弹，涨到了2元附近，成交量直接翻倍放大。随后股价再次下跌回来，成交量相比前一次触底减少。随后股价再次放量上涨，清理掉一部分不稳定的获利筹码，随后股价再次下跌，并再次迅速缩量。经过多次的这样起伏，剩下越来越多的筹码稳定下来。

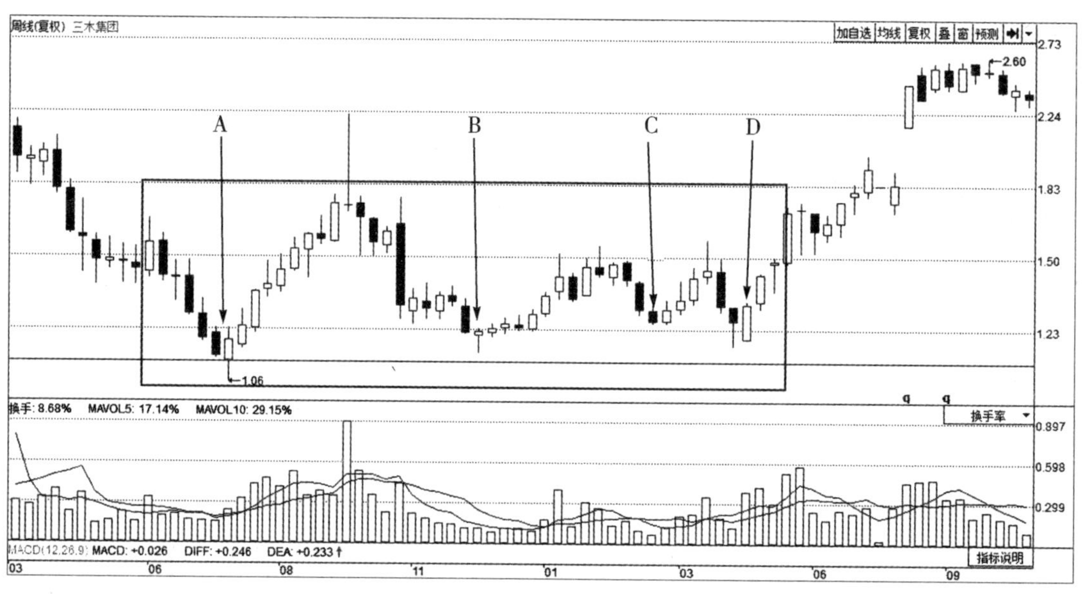

图2－1－2 三木集团（000632）2005年3月至2006年11月股价周线图

这让我想起农民用筛子不断把谷物中较轻的杂质清理出来，其实是一个道理，把其中飘浮的东西筛出来，剩下较为稳定的东西。只有把飘浮易动的筹码通过这样的方式清理出去，股价在接下来的上涨才会较为顺利，不会被这些不稳定筹码获利之后产生的抛压导致上涨受阻。股价从高位连续跌停落下来之后，成交放巨量，随后迅速缩量进入筑底的整理区间，然后在这个底部区间重新开始放量，可以明显看出，股价在底部区间的几次放量明显高于之前高位的量能。

在之前高位，主力出货困难，股价在高位横盘，成交量极小，但最终也没能敌过大势的走坏，股价从高位跌落下来。一次挫败之后，主力只能默默吞下苦果，重新等待机会。股票在多重底部持续放量，但最大涨幅只有 100%，相对于其量能，这个涨幅明显不足。主力在底部疯狂吸收筹码，在 2007 年那一轮牛市终于收获满满。多重底部往往时间长，经过多次的震荡、筛取、沉淀，股票的筹码稳定度极高，特别是底部有巨大量能的配合，以后的涨势通常会极为迅猛。

图 2-1-3 矩形框中是海螺型材（000619）2004 年 10 月至 2005 年 12 月的探底走势。这个底部大致呈横盘走势。一年多的时间中，股价基本在 3.3 元附近窄幅震荡，最终走成一个 1 年时间的平底。

图 2-1-3　海螺型材（000619）2004 年 2 月至 2006 年 12 月股价周线图

在股价刚刚进入这个底部横盘区域时，股价再次上涨放量，2004 年 8 月至 11 月三个月期间，股价涨跌幅为 -3% 左右，而换手率接近 170%，这其中的主力异动已经非常明显了。在底部横盘期间，股票仍然进行了几次有效的放量，成交量最大的一次是 2005 年 8 月至 11 月这段时间，股价涨跌幅仅仅 7% 左右，而换手率达到了惊人的400%！这段时间日均换手在5%以上，放量极其明显。随后股价下跌到横盘区域的低点附近，成交量锐减，日均换手率只有1%左右。很明显，股价在这个位置已经站稳脚跟，也获得了足够多资金的青睐，这时候我们只需要买入股票，然后静静等待它一跃而起。

图2-1-4矩形框中大致是一个较为大型的圆弧底，股价从之前的顶部开始快速下跌，跌到一定位置之后开始放量，可以明显看出，经历了一段放量之后的反弹，股价下跌的趋势开始放缓，走入圆弧的底部区域，创下新低。随后股价从低点重新起航，放量走出右边的圆弧，然后经历一次调整，幅度陡然加大，走出一轮上涨的行情。

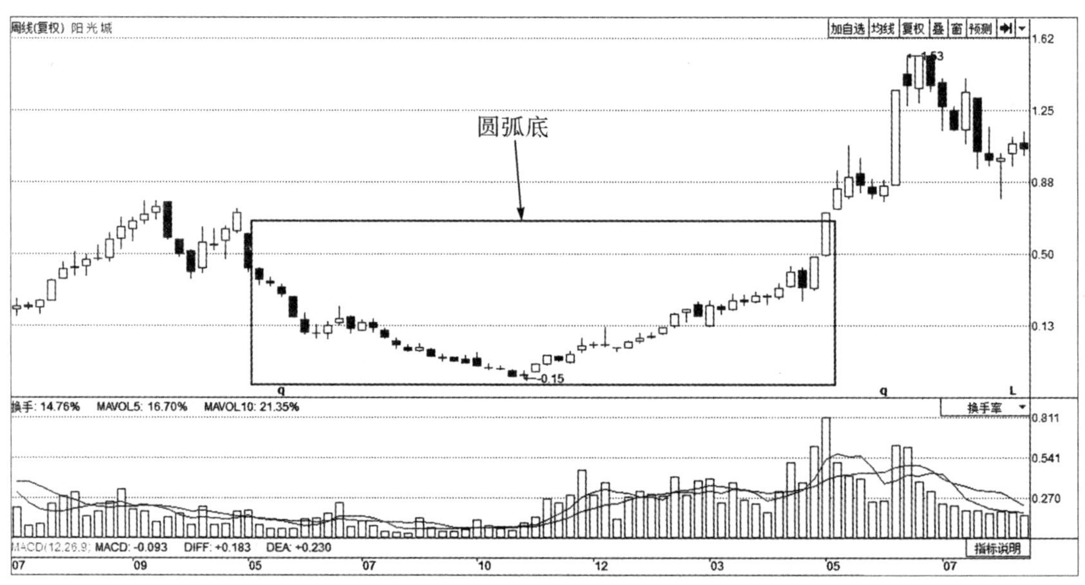

图2-1-4 阳光城（000671）2007年7月至2009年9月股价周线图

从图中前复权最低价格-0.15元开始分界，股票的底部圆弧区域左方与右方的量能有明显的差距。股价在不断下跌的过程中量能持续缩减，到达底部之后股价转头向上，有明显的量能释放过程。之前提到过，圆弧底是一个渐变的底部过程。股价在构筑底部的过程中渐渐被投资者认可，虽然前半段股价不断下跌，但成交量不断减少，说明这个位置的卖盘在不断减少，直到到达极低位置，买卖双方在成交量极小的情况下形成平衡状态。这里便是很好的买入机会，在这之后，不断有资金进入，缩量的平衡状态被多方力量打破，股价开始慢慢上涨，同时越来越多的投资者关注到这只股票，由于之前下跌过程把空方的力量消耗殆尽，而此时股价距离底部又很近，市场获利筹码的空方力量完全比不上买入的多方力量。圆弧变陡峭之前的调整，多方力量进行了休整，在这个价位迅速缩量，空方基本无力往下打压股价。这里又是一个非常好的买入机会，不久之后多方会重新发力，股价自然而然受买入力量的推动而不断走高。

图2－1－5中可以看到茂化实华（000637）在2005年11月至2006年上半年走出了一个V形底，股票前期经历了长时间的下跌，到达接近这个V形底部的位置加速下跌，但没过多久立即转头向上，同时股票成交量开始放大，股价一路走高。相较于圆弧底的渐变过程，V形底的反转更为迅速，变化更加明显。但因为其形成时间短，最后一轮下跌速度快，会造成巨大的恐慌情绪，而反转也发生在这样的恐慌情绪中，所以V形底是较难在低点入场的一个底部形态。但我们结合V形底右端巨大的成交量和股价的相对低位，仍然可以在V形底形成后果断买进。

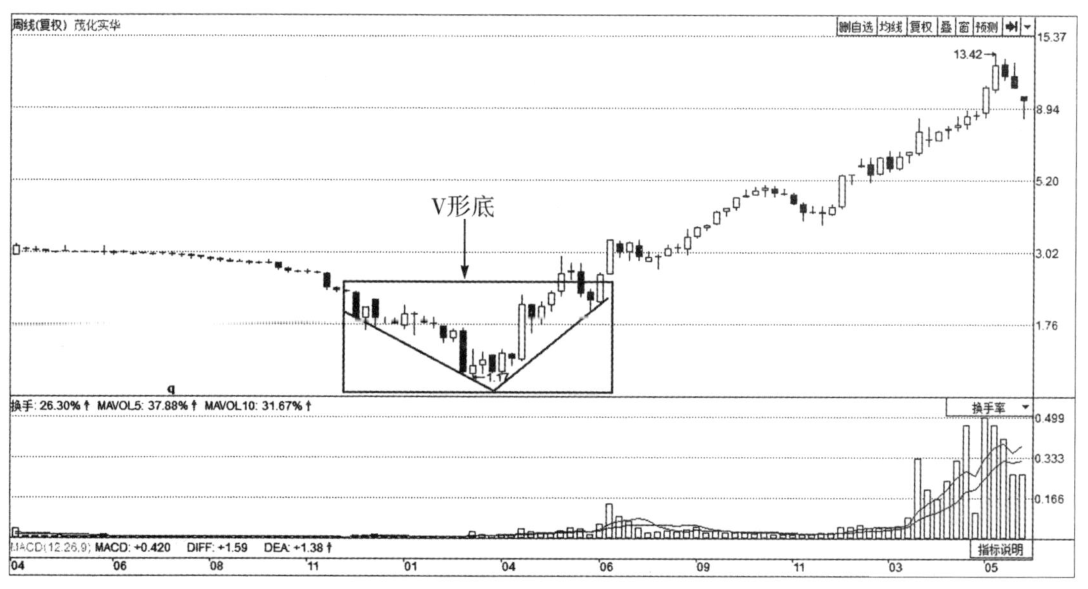

图2－1－5 茂化实华（000637）2005年4月至2007年6月股价周线图

图2－1－6中的矩形框是焦作万方（000612）2004年至2006年形成的一个V形底，同时在更小的区间内，它也在这段时间的最低价附近形成了一个头肩底，见图2－1－7，这段走势兼具了两种甚至更多的底部特点。

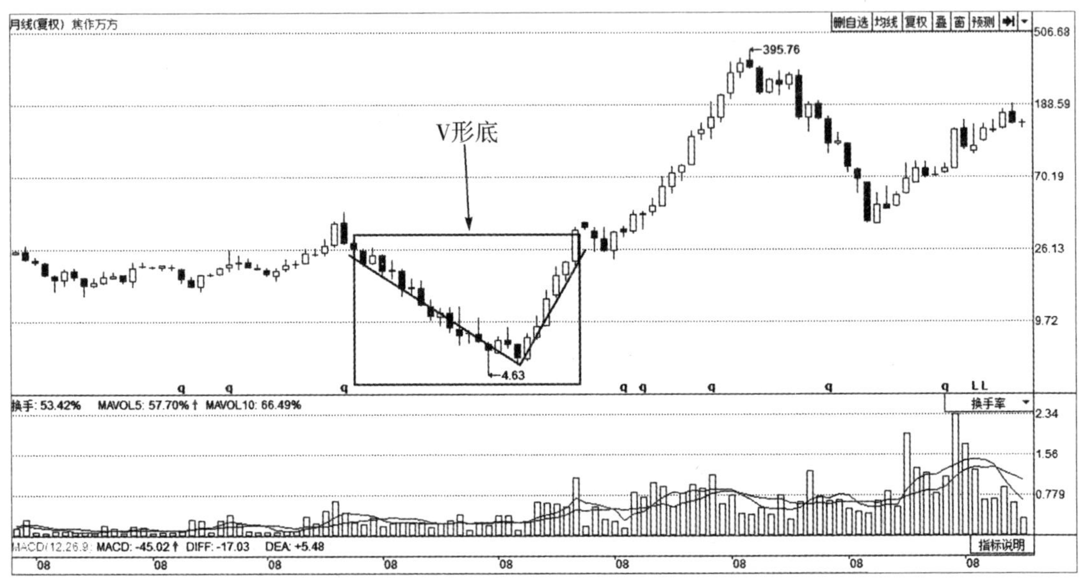

图2－1－6 焦作万方（000612）2001年6月至2010年2月股价月线图（后复权）

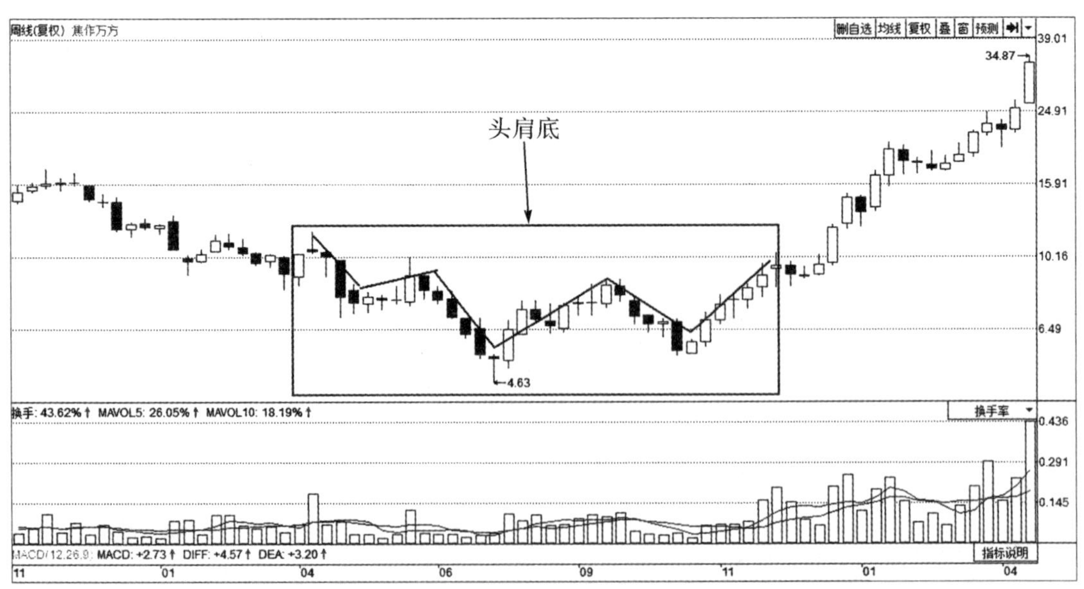

图2－1－7 焦作万方（000612）2004年11月至2006年4月股价周线图（后复权）

以上列举的几种底部形态的例子，都是选取 2007 年大行情之前一段时间的走势，时间上趋于一致，不会因为不同的大势影响而产生不同的变量。这段时间个股的底部走势时间大多较长，底部形态完整。而在某些时间——例如 2009 年的很多股票的底部时间短，很多都是急速反转的 V 形底。

“兵无常势，水无常形”，股价运行也很难是一个标准的图形，中间充满着变化，一只个股的底部图形，可能走出很多种走势。很多时候拿着这些图形去硬套，常常适得其反，抄底抄到半山腰的事情实在太多了。那么，这些不同形态的底部是否有较为明显的共同特征呢?

经过总结，可以明显看到，进入底部的前提是要缩量，股价从高位跌下来，在底部时筹码要稳定。就像之前我们提到的筛子一样，如果把谷物抛起来，还有很多杂质跟着飘起来，那么这个过筛的程度是不够的，还需要继续进行筛取。同样的，股票在筑底的过程中，如果有过多的“杂质筹码”，股票在未来向上拉升的时候，会受到来自这些筹码的阻力，股价向上会消耗更多的动能。

前面提过，股价像水流一样，总是沿着阻力最小的方向运行。市场中的大部分人是聪明的，其持有的资金会流向那些更容易上涨的股票，这些“杂质”清除程度不够的股票更难获得资金的青睐。买入力量不足，加上“杂质”的影响，股价自然还会进行调整，那些不稳定的筹码也会进一步沉淀。在股价从高位下跌到筑底的这个熵减过程中，市场成本越来越低，市场筹码越来越稳定有序，到达某一个区间之后，股价不再创新低，市场量能缩减到极致，卖方的力量也不能压制住相对不足的买方力量。与此同时，越来越多的投资者开始认可这个价位，市场资金也逐渐进入，于是股票开始放量。如果此时个股的筹码较为松散，股价可能还会因为放量上涨之后获利筹码的卖出而继续下挫。经过这样多次的底部震荡，筹码越来越稳定，之后的放量自然而然就会引起股价上涨，此时股价的市场认可度也足够，同时热度也开始升温，越来越多的买入力量开始加入，股价越走越高。

二、确认顶部形成

相对于熊市转变为牛市，从牛市的高价位转头向下进入下跌行情的过程更难把控。底部形成时间长，有时入场时间即使相差1年，成本仍然相近。但顶部形成可能是一个月，有的只有几周，有的甚至只有几天，特别是2015年大行情迅速下跌的情况下，个股更是走出了很多竹笋形的走势，冲上去的走势很陡峭，跌下来的走势同样陡峭。

在这样迅速变换的行情中，我们如何从中寻找到逃离的较好时机呢？怎样在股价崩盘前提早离场或者在第一时间从跌势中抽身出来，把损失减到最小呢？这正是投资者面对崩盘走势最应该考虑的问题。

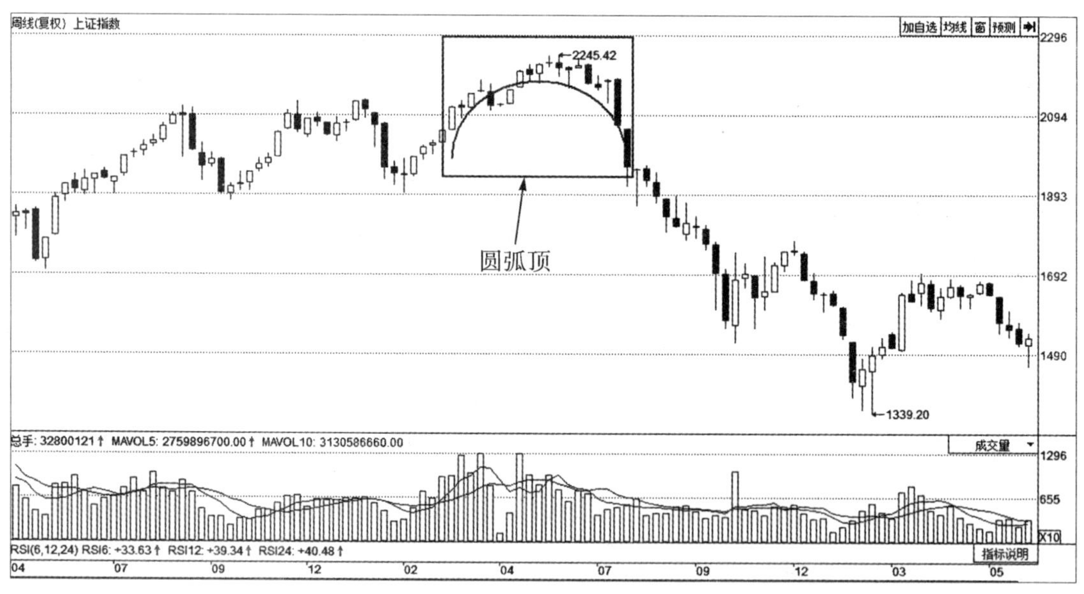

图2-1-8 上证指数2000年4月至2002年6月周线图

图2-1-8矩形框内是上证指数2001年2月至2001年8月筑顶的走势，这段走势的周线图就是一个比较明显的圆弧顶。圆弧是一个渐变的过程，指数是由不同权重的个股加权计算得来的，选取那段时间的个股，可以看到很多都是在上涨末端

减速上行的走势（鲨鱼鳍、平顶），这样的个股多了，指数也就受其影响走出这样减速上涨的走势。圆弧顶的末端通常是加速下跌。因为这种顶部时间长，转势慢，投资者对股价继续上涨的信心减小，市场的热度减小，股价趋势转向下跌。在多种利空因素的同步影响下，股价常常是加速下跌。

图2－1－9　上海电力（600021）2006年6月至2008年5月股价周线图

2007年大部分股票的涨势可谓波澜壮阔，涨幅巨大，换手充分，走势形态完整。图2－1－9中上海电力（600021）用2007年5月至2008年3月将近一年的时间走出了一个抛球运动顶部，高点不断降低，低点区域大致不变，多方力量在一次次反弹中不断消耗。在接近抛球运动末端的位置，可以看到，到达下轨时的成交量变得很小，此时多方空方在这个位置形成低成交量的平衡。之后多方再次发力，股价继续反弹，但相对之前的上行放量，这里多方的力量已经非常弱势。突然的一次放量后，股价迅速缩量回落到抛球运动下轨位置。最后，股价没有在下轨区域稳住，而是直接带着这样的低成交量下跌。在破位末端，股价的周线图是两根带长下影线的阴线。不过，可别轻易地认为这是双针探底，这个位置已经足够高，我们应该持谨慎态度。果然，后面继续开始了低成交量的大跌，股价就伴随着这样的低成交量一直跌到了这轮下跌的最低点附近。

相对于上涨途中的放量，大幅下跌有时并不需要带着巨大的量能。缩量下跌过程卖盘少，但同时买盘更少，股票一直保持这个状态从高位跌下去；而与下跌过程不同，上涨前期可能卖盘少，买盘稍多于卖盘，这样的供求差使股价上行，但股价一旦开始上行，股票的热度也自然而然跟着上去了，越来越多的人就会买入，同时这些买入的投资者会在上涨途中的各个阶段进行卖出，卖盘也自然就上去了，股价要继续上行，买入力量必须同步放大，因此较大的上涨过程基本上都会有足够的量能。

但有一种情况例外：股价从低位连续一字涨停板上涨，由于涨停板的机制，能够买入的投资者相对较少，加上之前的筹码稳定，这种连续一字板涨停不会受到太多短期获利盘的干扰，大部分投资者对股票的这种上涨方式会形成思维惯性，只要一字板继续，就不愿意卖出。直到股价到达高位开板，大部分持有者才选择卖出手中的获利筹码，这时股票往往会放出巨大的成交量，并且这样较大的成交量也会持续一段时间，与之前上涨过程中稀疏的成交量形成鲜明的对比。

近几年发行的新股绝大多数都是这样的走势，发行之后，股价一轮封板上涨，到达高点打开涨停板，一般涨幅在几倍左右。国家现在发行新股按照最高市盈率不超过23倍的原则，并且给中小型投资者提供申购新股的机会。这种方式让新股的发行能更加顺利地募集到资金，给新上市的公司提供了发展壮大的“弹药”，同时给投资者提供风险小、成本低廉的一种投资方式，从而给二级市场注入新的血液，不断壮大这个市场。

图2-1-10中西王食品（000639）在2002年11月至2006年4月近4年的时间中走出了一个平台，除去中间几处较为明显的脉冲，股价基本在1.8元附近横盘运行。股价能在这个位置走出这样标准的走势，基本说明此处筹码较为集中，可能是某个机构在此处持有较多的股票，股价没有再次上行的动力，在这个位置坚持了一段时间之后，主力终于放弃，于是股价开始大跌。这样的走势与前文提到的中再

资环（600217）类似，股价在高位横盘，或许主力一直看好股票的未来走势，所以没有选择在平台初期的位置卖出手中的筹码。但接下来股票的表现不如预期，市场热度也渐渐变冷，主力想要拉升出货，却发现只能自己卖给自己，于是只好维持原样，慢慢在这些位置卖出一小部分股票减少损失，同时等待下一轮行情来降低仓位。

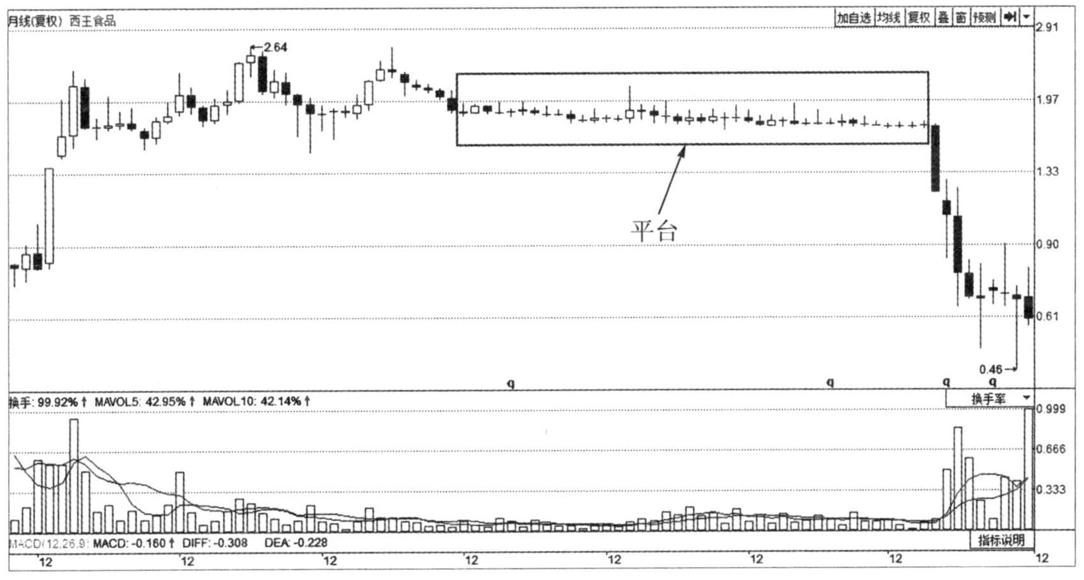

图 2－1－10　西王食品（000639）1999 年 10 月至 2006 年 12 月股价月线图

平台形成的顶是一个不那么自然的走势图形，它的产生是因为某些机构对股价较乐观，对股票的走势判断失误或受大盘环境变化影响，后期没有更多的买入力量进入所形成，其后主力在苦苦支撑一段时间后，受不了高位的资金成本与市场压力，最终放弃抵抗，股价开始暴跌。

2－1－11 中，海航控股（600221）在 2015 年 4 月至 8 月走出了一个较为标准的头肩顶。股价从底部经过一轮较大的上涨，到达 6 元附近，随后股价回调到 5 元附近形成左肩，之后多头再次发力，股价冲到最高点临近 7 元附近，股价形态走出头肩顶的头部。可以明显看到，这一轮的上涨幅度相对之前的涨幅明显放缓，同时在这个高位放出巨大的量能。此后，股票放量滞涨，大资金在这个位置不断卖出，股价从6.94元的最高位置跌落下来，创下2015年4月以来的调整低点，之后股价反弹，此时的成交量低于左肩与头部，买方的力量已经不足，同时涨幅也难再创新高，于是空方发力，股价再次下跌，右肩形成，股价破位颈线，这时候头肩顶确立。投资者应该在这个位置止损或止盈退出，以避免更大的损失。

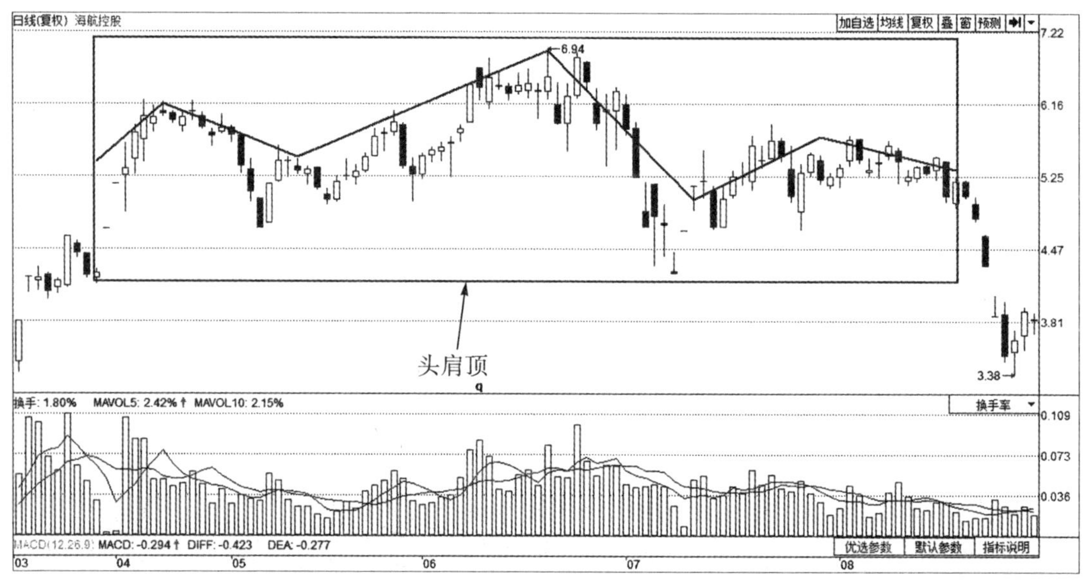

图2-1-11 海航控股（600221）2015年3月至8月股价日线图

图2-1-12中A、B两处的头部图形是海航控股在2007年与2008年走出的双头顶部。股价在A处创出新高，随后受到压力回落，之后经过调整，再次冲高，到达B处再次受到强大的压力而回落，然后一路下跌，这个双头结构就成了这次大行情的顶部。

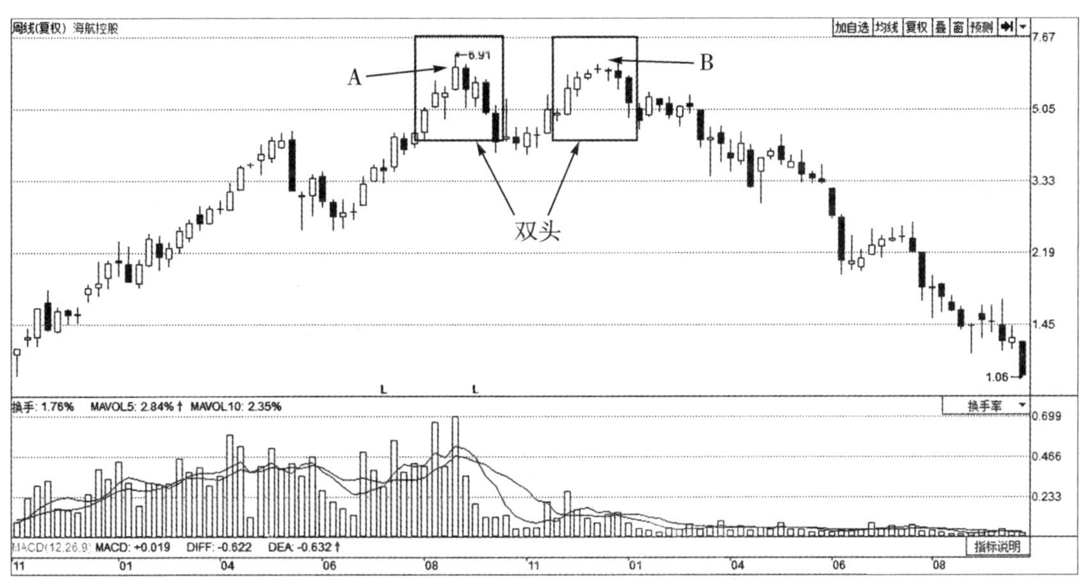

图 2－1－12　海航控股（600221）2006 年 11 月至 2008 年 10 月股价周线图

双头顶部的内在含义很简单，就是股价在双头所在的价位受到巨大的抛压，两次到达那个区域股价都无法再创新高，加上之前已经出现了足够的涨幅，所以此时我们应该在第二次上冲失败时做出准备，在股价低于上一次回调的最低价格之后，就应该清仓出场了。

大部分散户投资者有一个特点，就是不愿意卖出浮亏的股票。从人性上来看，这是一种不愿意认错的体现，不愿意接受交易的失败。对于浮盈的股票，大部分散户投资者比较容易卖出，一个小小的滞涨，可能就会影响到投资者持股的信心，心想落袋为安，反正已经赚了。

成本优势在股票交易中是一个非常神奇的存在，这会影响到投资者的心态，有了成本优势，交易时游刃有余，因为如果手中的筹码价格足够低，那么也不会过于担心股价下跌的后果，无非就是盈利少一点；在一些趋势走坏的情况下，也不会无端抱有莫名的希望，舍不得在危险的时候卖出股票。

很多投资者正是因为没有成本优势，在行情下跌的过程中被套住，不愿意割肉卖出，所以导致越套越深，最后损失惨重。无奈之中，这些投资者都会死扛，等到解套才会卖出，如果在一段大行情的顶部买进，要想完成解套可能要等几年。

综合2007年与2015年这两段行情，如图2－1－13，A处为图2－1－12的双头顶部，B处为图2－1－11的头肩顶可以看到A、B两处高点价格均在6.5元至7元价格区间内，在这个区间，股价遭遇极大的抛压。前文讲过，这是股价运行过程中留下的痕迹，对之后的走势也会产生巨大的影响，原来的高点位置对之后的股价有强大的压制作用。可以预见，以后的某个时间，股价再次上涨到原来的高点时，如果没有更强的上涨力量，此处还会成为行情的顶部。了解股票的前世今生，才能在交易中有所参考，人不会踏入同一条河流，但是股票常常会停在一个价位区间里。

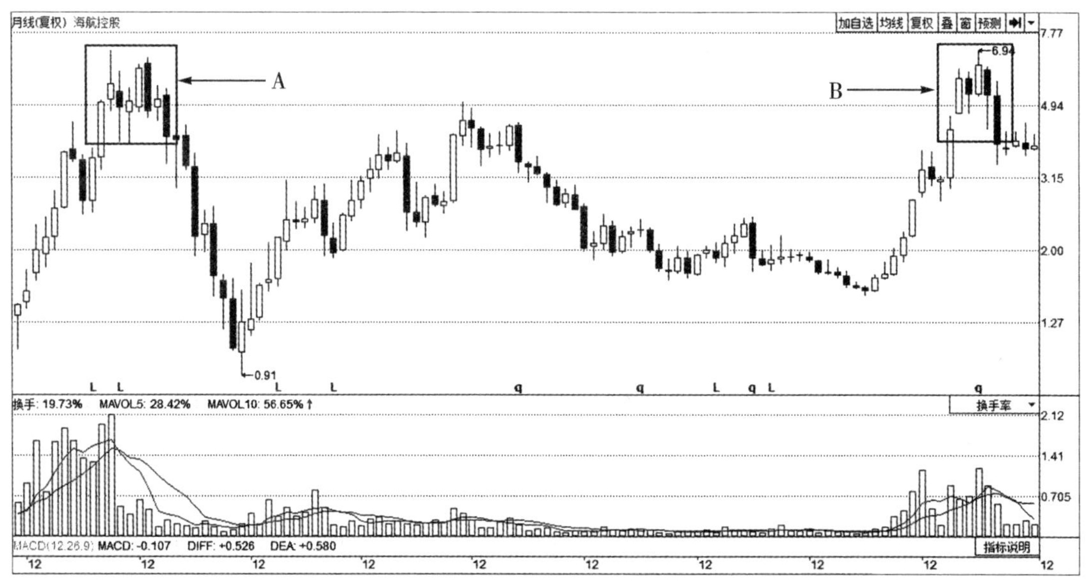

图2－1－13 海航控股（600221）2006年11月至2015年12月股价月线图

从图2－1－14可以看到，在2007年3月至2008年4月这段时间，华胜天成（600410）的股价走出了一个发散型的震荡顶部。股价在高位震荡，低点位置不变，高点不断升高，就形成这样发散的走势。股价在进入这个顶部区域之后，巨幅震荡，可以明显看出，多空双方在这个位置分歧较大，成交量巨大，股价震荡幅度较大。随着时间的推移，可以明显看出，股价在震荡的低点位置附近量能明显缩小。

上涨时继续放量，调整缩量，但多空分歧越来越大，震荡幅度也继续加大。到达行情的最高点之后，股价从高位一路下挫，破掉之前震荡的低点平台，空方力量在这次下跌过程中极强，多方不能进行有效的反抗。而破位的这个位置，就是应该卖出的点位。市场趋势已经发生了反转，果断止盈止损是最明智的选择。

图 2－1－14　华胜天成（600410）2006 年 2 月至 2008 年 10 月股价周线图

这是为什么呢？我们结合当时的大势来看就会得到启发。华胜天成这轮下跌的时间是2008 年 1 月 22 日至 4 月 23 日，而这段时间的上证指数走势统计如图 2－1－15 所示，可以看到，这段时间内，上证指数跌幅高达 1600 多点，下跌了 33% 左右。覆巢之下，安有完卵？在这样的大环境中，少部分个股即使还有着一定的多头力量，也难以抵挡市场情绪带来的巨大压力，难以逆势而行。

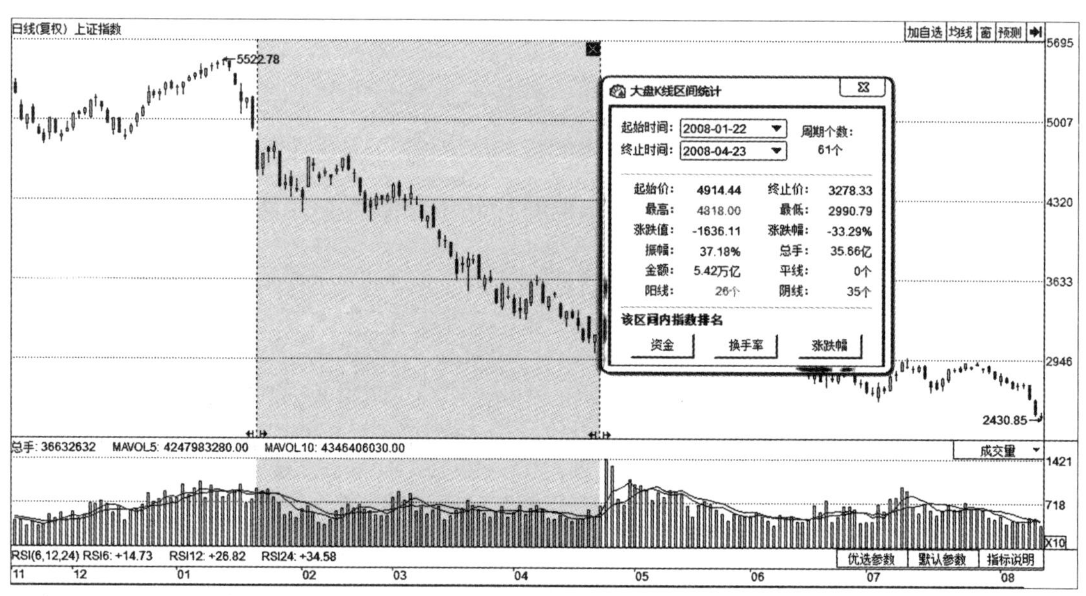

图 2－1－15　上证指数 2008 年 1 月 22 日至 4 月 23 日 K 线数据统计

从图 2－1－14 可以看到，股价在跌破平台下挫之后，进行了一次极高量能的反弹，短时间的成交量甚至超过了之前的高点。可以明显感觉出这次反弹中主力的“求生欲”，股价在反弹的高点附近放出巨幅的成交量，主力想要借着这次反弹卖出手中的筹码。但由于大环境不好，主力卖出的股票数量远远不够，所以在这轮行情结束之后，这只个股又跟着之后大盘的反弹重新上涨，甚至创出了新高。

总结这些顶部特点，我们应该可以得出一些结论：通常情况下，当股价走出一段较大行情时，我们应该在高点注意风险，因为在高点成交量会成倍放大，股价飞速上涨；到达一定阶段，股价走势开始放缓，甚至开始转头向下，这时候我们应该保持警惕；一旦趋势走坏，股价开始加速下跌时，就应该止盈或止损离场。只有这样，才能在大行情中保全自己的盈利和本金，虽然可能会错过一段不错的行情，但相对于之后的风险，这一段行情就不值得我们去冒险了。

第二节　透析K线调整

一位美国著名经济学家接受媒体访问时，记者问他：你看下周道琼斯指数会怎样走？这位备受投资者关注的经济学家回答：它会继续波动。

这位经济学家的回答是不是很可笑？其实，他的回答一点都没错。

波动是股市永恒的主题，没有任何股票只涨不跌或者只跌不涨，在一段较大的上涨或下跌趋势之后，股价肯定要进行反向调整，每一个趋势的推进过程都需要调整，所有的调整都有同一个目的：改变市场平均持股成本，等待市场筹码充分换手，使筹码沉淀稳定下来。在股票上涨到一定阶段时，其价格偏离成本过多，或者到达之前的K线密集成交区，就会有大量的卖盘出现。这时候股价的走势就开始放缓，聪明的主力也会顺应股票的趋势，让股价在这段时间进行回调，使市场中投资者的平均持股成本提高，使股价获得这些成本价筹码的支撑，也让更多的筹码开始稳定下来，利于股票下次上涨时不再有太多的浮筹抛压，这就是调整的目的。

一、股价调整拉高市场成本重心

调整的发生，是因为当前股价相对于近期的市场成本重心偏离太多。相对于移动平均线体现的平均持股成本，市场成本重心是一段时间内，累计成交量最多的价格区域，这是一个近似的算法。我们可以用这段时间内的总成交金额除以总成交股数得到一个加权的平均价格，用它来反映市场的成本重心。当股价偏离这个成本重心过多，也就是股价相对于成本重心的乖离率过大，市场往往就有较强的调整意愿。

乖离率多少算大呢？10%或者30%，甚至50%？这个不能一概而论，必须结合个股的状态以及大环境的影响来判断。往往在大行情前期，市场对未来的走势持怀疑态度，股价常常一步三回头。等到行情被大众所认可时，股价往往到达相对的高位，同时股价也是一路飙升，调整的需求很小。

那么，在行情运行当中，调整是怎样进行的？会有哪些具体的调整形态呢？

图2－2－1矩形框内是重庆啤酒（600132）在2010年4月至2010年8月的走势，从图中可以明显看出，A、B、C三处走势类似于一个头肩顶，A处放量，到达更高的B处，B处的成交量稍小，回调之后反弹到C处，C处的成交量相对A、B两处更小。注意，这不是标准的头肩顶走势，不同的是，A、B两处高点之间的低谷比B、C两处之间的低谷更低，也就是说股价在这段走势中，低点在不断抬高，同时在相对较高的位置缩量，股价在这个位置附近稳住。而这段时间的成本重心，可以看出是在A处震荡的位置附近。由于A处的大幅度放量，A处上涨之前底部的成本重心开始上移，拉高了市场成本，股价在这个位置震荡，更多的是等待市场的平均成本也就是均线上行到股价位置，同时在这个位置清理浮动的筹码。

对比A、C两处的成交量，可以明显看到，在相近的股价位置，两处震荡的成交量完全是两个不同的级别，更加说明这段时间的震荡调整达到了目的，大批的浮动筹码被清洗掉，剩下的筹码沉淀下来，在这个位置为股价形成稳定的支撑。C处波动结束后，股票有一个短期的放量，股价拉高之后稍稍回落，下方的成交量立即大幅缩小。可以明显看出，这个位置已经没有太多投资者愿意卖出股票，而之后量能放大，也能明显感觉到多头力量仍然光顾着这只个股，随着之后买方力量的进一步增强，股价自然而然就开始了下一轮上涨。

但对于这只个股，我们需要注意一个很重要的问题，这段调整区间实际上并不是特别好的买点。最大的一个原因就是股价处于相对高位。

图2－2－1中的矩形框区间，股价已经运行到2007年的高位附近，与2008年的低位对比，股价也上涨了有6倍之多。尽管从结果上来说，股价从这个区间仍然继续上涨了一倍多，但这个位置的股票熵值已经进入了高风险区间，相对于可能的风险，上方的高度好像也没有那么大诱惑力了。对于部分从低位一直坚持持有的投资者来说，这个位置可以继续持有，不进行减仓操作，但确实没有太多加仓的理由。

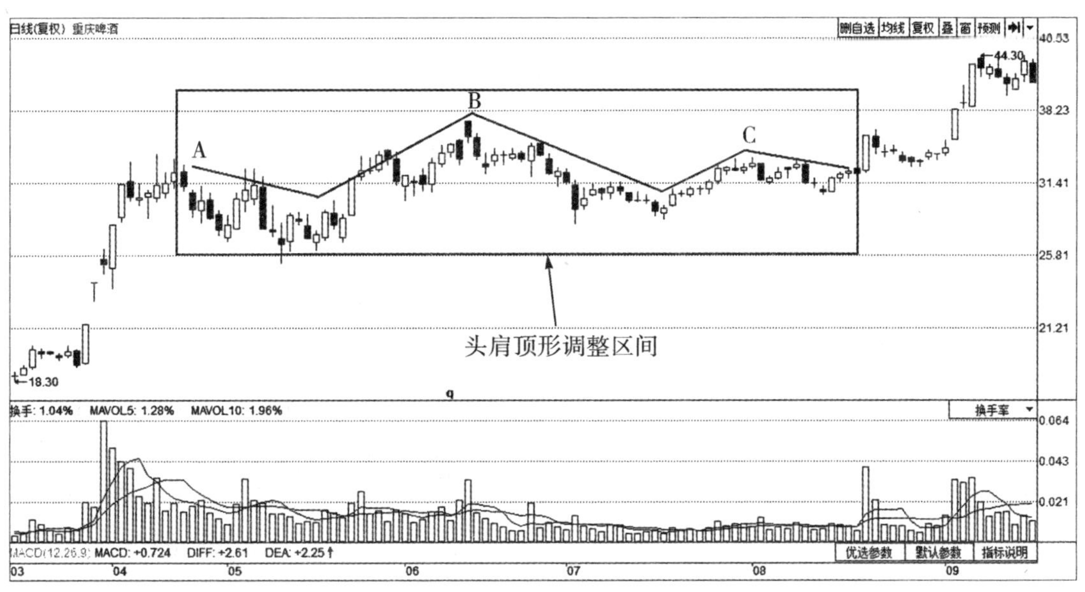

图 2－2－1　重庆啤酒（600132）2010 年 3 月至 9 月股价日线图

图 2－2－2 中，易成新能（300080）在 2015 年 3 月至 5 月走出的调整结构类似于一些股票顶部的双头结构，股价上涨到这个价格区间，在 A 处附近遇到了一定的压力，随后股价下挫，到达 30 日均线（图中较粗均线）处，受到均线的支撑作用开始反弹到 B 处附近，同样受到了来自这个价格区间的压力，股价掉头向下击穿 30 日均线，量能迅速缩减，到达 C 处。此时股价已经接近 60 日均线（图中较细均线），受此影响，卖出的量能也开始明显减少。随后股票再次放量，单日成交量超过之前这段调整的任何一天，连续三天量能持续增加，在第三天突破 A、B 两处的价格，完成这段调整，继续向上运行。调整的末端没有下破 60 日均线，仍然可以买入，接下去仍然有一段可观的涨幅。如果 C 处 60 日均线的支撑被破掉，可能我们就要考虑是否减仓离场了。

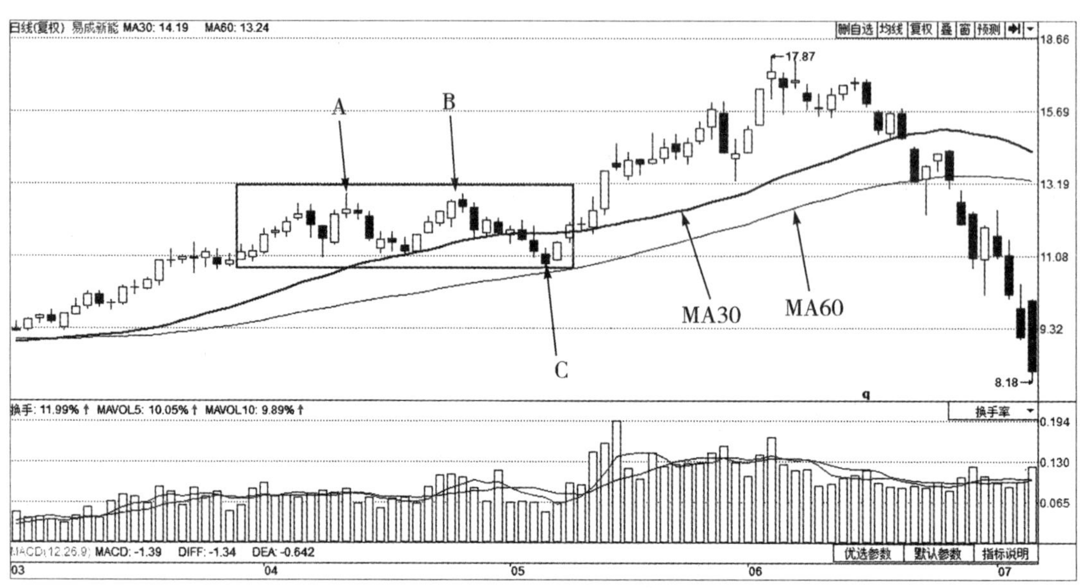

图 2-2-2　易成新能（300080）2015 年 3 月至 7 月股价日线图

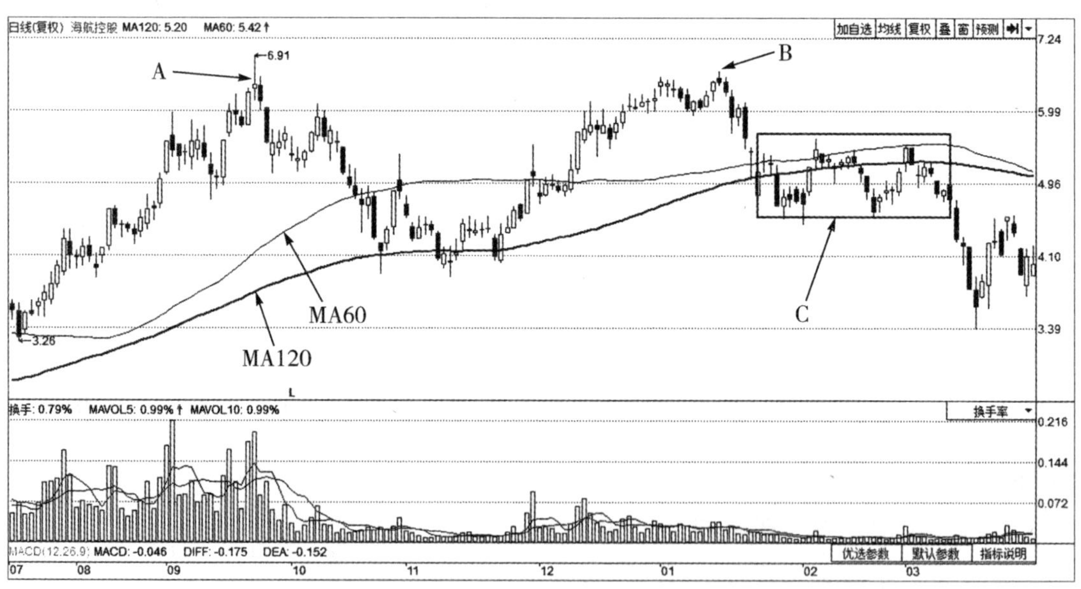

图 2-2-3　海航控股（600221）2007 年 7 月至 2008 年 3 月股价日线图

我把前面解读过的海航控股的双头结构部分拿来与易成新能这段调整做对比。相对于易成新能的这段走势，海航控股的双头结构拥有更长的周期，所以我把图

2－2－3中的均线调整为60日均线与120日均线。在股价冲高到A处之后，受到压力回落，下穿60日均线，但在120日均线附近，股价迅速缩量，获得了均线的支撑。之后股票再次放量上行，到达B处附近，冲高的量能明显不足，股价再次回落，跌至60日均线与120日均线下方，其后，股价还在图中C处矩形框内60日均线下方进行了一轮震荡。

细心的投资者应该注意到了，在C处矩形框内行情结束之后，股价开始下跌，此时60日均线与120日均线的方向全都由向上转为向下。如果查看截图之前的情况，可以看到海航控股在2006年120日均线由向下缓慢转向之后，到2008年3月之前这轮上升走势中从来没有发生过向下运行的情况。这个时候均线出现方向反转，说明股票运行的趋势已经转为向下了。

而图2－2－2中的易成新能在这段类似于双头结构的走势中，60日均线并没有发生转头向下的变化，而是仍然向上，直到股价再次上涨。海航控股的这个顶部结构形成时间长，震荡幅度巨大，而且均线也发生了转向。这两只个股类似形态的对比，或许能给我们一些认识走势的启发。

二、股价调整增加筹码稳定性

调整的目的主要有两个，一个是等待市场的平均成本升高，第二个就是等待市场的筹码稳定下来。当然，也会有其他的原因，比如部分股票会在大盘较差的时候选择等待，进一步缩量调整。在调整中，调整的幅度、成交量与时间三者会进行相互转化，它们共同作用完成调整，锁定筹码，抬高成本。一些不愿意付出时间的主力在调整中往往增加调整的幅度，股票也会放出较大的成交量，通过大量的换手来锁定浮动的筹码，同时也把投资者的成本迅速拉高，出现这种调整，一般说明主力资金强大，同时也不愿意在这个价位停留过多的时间。如图2－2－4天原集团（002386）。

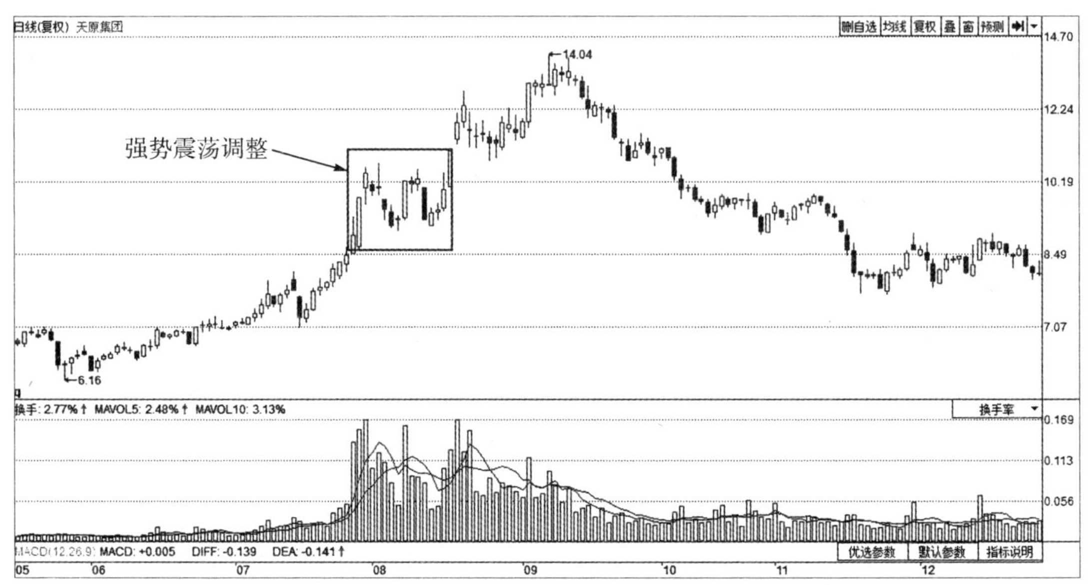

图2-2-4 天原集团（002386）2017年5月至12月股价日线图

图2-2-4中矩形框内走势就是一次时间短、振幅大、换手率高的调整走势。股价经过前一段时间的缓慢爬行之后，放量上行到这个区域，在这个区域受到了较强的抛压，股价进行了调整。进入这个区域之前的成交量与进入这个区域之后的成交量差别巨大，在6月至7月上旬，日均的换手率只有1%～2%，而在7月底到8月上旬这段时间，日均换手率达到了8%左右。这样明显的量能放大，股价在这个区间停滞不前，表明前期大量的获利盘在这附近卖出，在这段调整的低点，成交量大幅度萎缩，也证实了这里下方有足够的支撑力量。对于这种强势调整，我们最好不要轻举妄动，持仓的就耐心等待，观望的也不要追高，在调整较低点买进即可。

第三节 稳定盈利的四大交易方法

我们对股价走势的所有解析，都是为了能在股票市场中获利。了解了股价的几个阶段的走势之后，我们应该利用好这些走势的特点，寻找到合适自己的交易方式。投机之王杰西·利弗莫尔说过，不光要做一个“学院派”，还要当一个“实干家”。所以我们应该牢牢掌握这些特点，总结出适合自己的交易方法，实现持续稳定盈利。

一、股票交易是做大概率事件

所谓稳定盈利，也并不是每一笔交易都获利。股票交易，是做的大概率事件，最终的盈利是追求一个长期统计的结果。因为无论如何，股价的走势始终都是历史，我们用股票的历史走势判断未来，是期待通过分析历史来研判未来走势的大概率方向，但很显然，谁都无法完全确定股价的未来走势。市场会重复之前的走势，但同时市场也会发生少部分让我们预想不到的“黑天鹅”事件。

为什么说做股票是做大概率事件？举个简单的例子，我们在一条石子路上抛一枚硬币，假设硬币正面朝上的概率约为30%，背面朝上的概率约为70%。在某一次抛的时候，并不能确定它会哪一面落地，可能正面朝上，可能背面朝上，甚至硬币可能卡在石子缝里立着。之前在简析波浪理论的时候，我曾讲过，股价在运行中具有不确定性，即使趋势确定，具体的走势形态也会千奇百怪，影响这个市场的因素太多了，就像铺满石子的道路，硬币抛出去，最终只有一个结果，但在产生这个结果之前，它会受到来自众多方面力量的影响。

而趋势就是抛硬币的概率差，把每天的走势比作一次抛硬币，正面朝上则向前一步，背面朝上则向后一步，多次抛出硬币的结果，就是我们从原来的位置向后走了很多步。这就是趋势影响下统计的结果。

我们通过股票的走势判断它所处的状态，在某些状态下，股价向着其中一个方向运行的概率明显大于其他方向。我们只要在这个位置选择这个方向进行交易，然后等待市场进行多次“抛硬币”，我们就找到了一种长期获利的可能性。这个走势或者状态，不能是极少见的，否则无论是入场的机会还是多次重复操作的可能性，都是难以实现的。就像前面所说的抛硬币，当我们进行多次重复，最终70%的概率事件出现，我们利用这样的较大概率事件，就可以在这个市场中长期获利。

那么，能不能在股票市场中找到这样的方法呢？答案一定是可以。这个市场中存在那么一些货真价实的“股神”，他们就是利用这样的方法在投资过程中实现稳定盈利的。下面我们来详细解析。

二、相对低点买进，相对高点卖出

第一种方法是在较为稳定的长期动态平衡中，相对低点买进，相对高点卖出。

在图2－3－1中，上柴股份（600841）股价一直围绕图中价格平衡线价位13.86元波动。在这段时间内，我们只需要在平衡的线价格下方选择买入，然后在价格平衡线的上方卖出，就能在这段箱体震荡走势中获得不错的盈利。

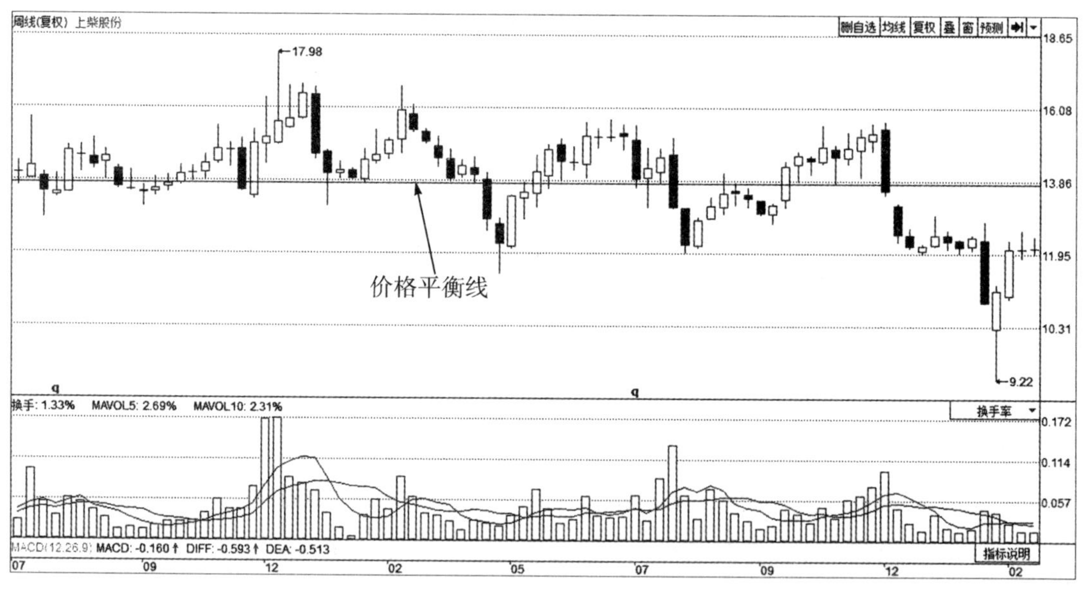

图2－3－1　上柴股份（600841）2016年7月至2018年2月股价周线图

我们现在再来看这段走势，2017年3月之后，股价下跌至12元下方，随后产生了反弹，股价上涨到了15元附近，随后股价再次下跌，到12元附近止跌，在下方稍微震荡之后，股价重新转头向上涨到了15元左右，我们应该在这个阶段选择在较低位置入手。

相对于上柴股份的走势，拓日新能（002218）确定箱体之后的走势幅度就小很多了。股价在前半段见底反弹的阶段，从3.32元涨到5.5元附近，随后股价再次回落到3.5元附近，小幅上涨到4.7元附近，再次回落到3.7元左右，然后上行到6元左右的价格，再次回落。至此，箱体确立。但与之前上柴股份的走势不同，箱体确立之后，股价的幅度就像阻尼振动走势一样，进入了一个幅度更小的箱体。每次上涨的幅度只有10%~20%，相对地也就更难在这段走势赢取较大的利润。

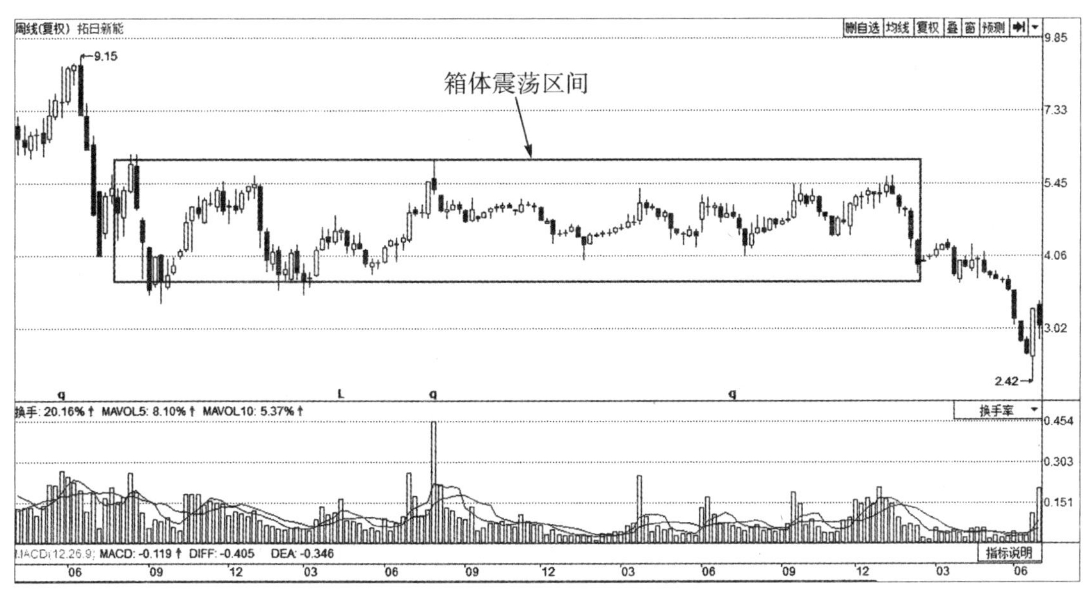

图2-3-2　拓日新能（002218）2015年4月至2018年6月股价周线图

在震荡市中高抛低吸是很多短线高手常常使用的一种交易方法，在A股市场，牛市时间远远短于熊市的时间，在熊市多次高抛低吸，也会有不错的收益。在其他时间，同样会出现这样类似的机会。

如图2-3-3，黄山旅游（600054）在2010年高点下跌到2013年低点的那个下跌通道，也是很多短线高手在其中进行“火中取栗”的一个很好的机会。

我们以第三次震荡到下跌通道下轨的位置为确立下跌通道走势之后的第一个买入点，在反弹20%之后，股价下跌更多，再次触到通道下轨，此时又是另一个买入的机会，果然没过多久，再次反弹。从第三次震荡到通道下轨位置到突破轨道的末端，一共有四次较好的入场出场机会，最终也会获得不错的收益，而且是在股价下跌趋势中。但对这种情况的这种交易，往往需要较为严格的止损与止盈规则，一旦出现跌破下跌通道的情况，一定要止损离场，否则可能会产生巨大的亏损。

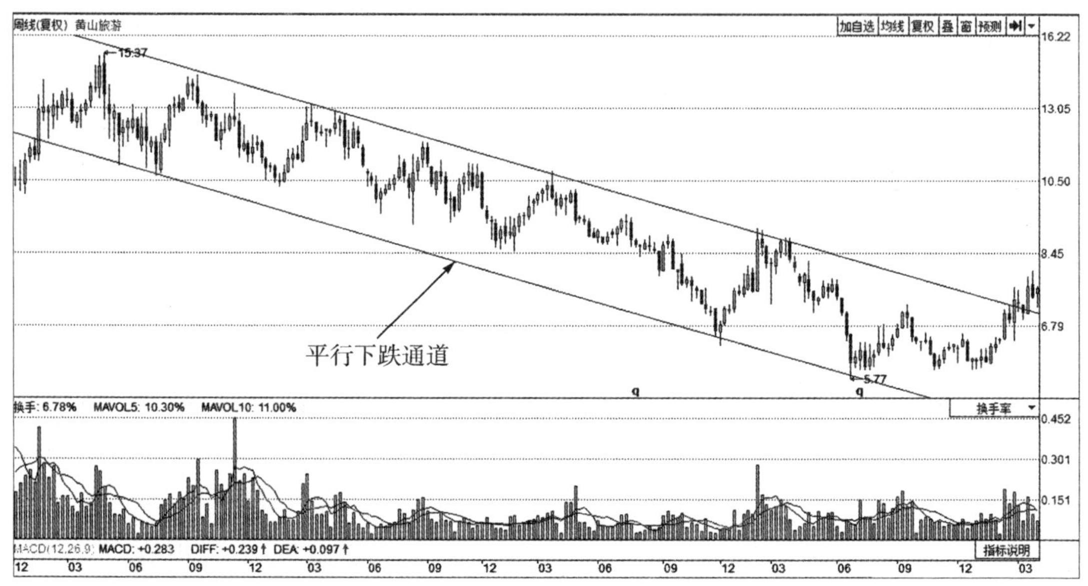

图 2-3-3　黄山旅游（600054）2009 年 12 月至 2014 年 4 月股价周线图

对普通投资者来说，应该尽量避免逆趋势操作，因为稍不小心常常会产生重大的亏损，众多投资大师都曾说过，投资要顺应市场趋势。

如图 2-3-4，华润双鹤（600062）在 2007 年从下方涨上来之后，在上方价格区间震荡波动。经过两次涨跌循环，确认是高位的宽幅震荡走势，我们的两次入场机会是 2014 年的低点位置 A 以及 2016 年低点位置 B。两处价格相近，买入之后的涨幅也接近，均是从 10 元附近上涨到 24 元左右的价格。

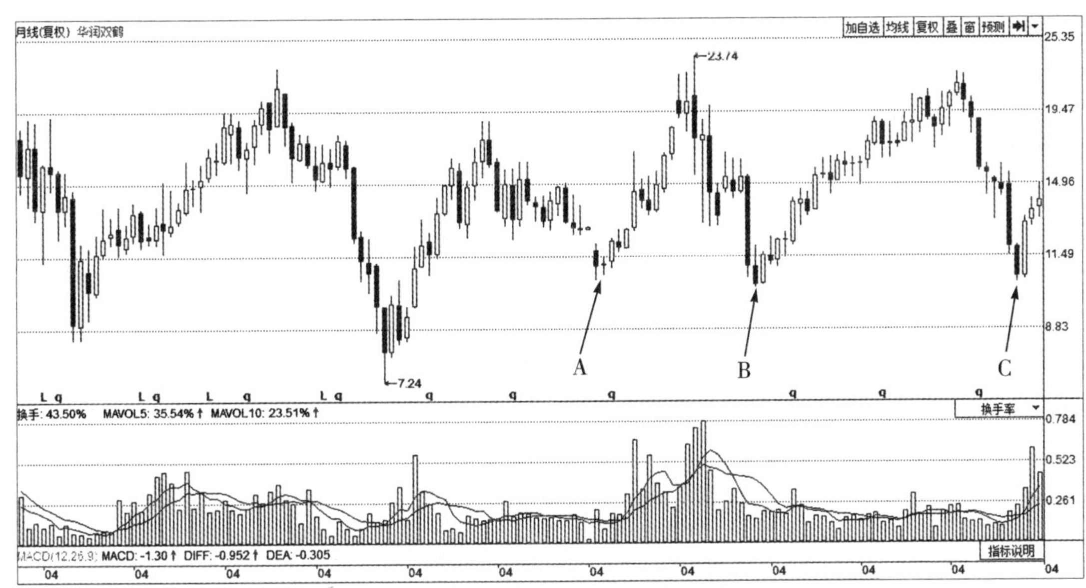

图2-3-4 华润双鹤（600062）2008年1月至2019年4月股价月线图

两次机会，仍然按照最大涨幅140%的60%计算，累计收益可达239%［（1+1.4×60%）^{2}-1≈2.39］，这段时间从2014年开始，穿越了2015年的牛市，同时也穿越了接下去两年的惨淡时间，在这样惨淡的行情中，用这种方式依然能够盈利，这种办法的可行性自然毋庸置疑了。值得注意的是，在2019年1月的C处再次出现买入机会，抓住这个机会仍然可以获得一定的盈利。

三、选择较强外力的方向买入

第二种方法就是在一个平衡或者趋势被外力打破时，选择较强外力的方向买入。因为在这样的情况下，如果外力足够强大，之前的趋势或者平衡往往会发生改变，股价也会沿着外力的方向继续依惯性运行。当然，对于A股市场来说，这样的外力打破平衡或者趋势，都是放量突破上涨。之前说过，有些下跌不一定会放出比较大的量能。

拿我做过的一只股票来说，如图2-3-5的齐翔腾达（002408），当时我的买入点就在矩形框之内，时间是2016年的7月。买入之后，股价继续在底部盘整。

直到时间到达10月底，股价开始慢慢上升，突破2016年内的最高价格，随后到达这个矩形区域的最高点，股票放量涨停突破这个高点，随后股价又再次回落，之后股票停牌，配合消息涨到了13元附近。

图2-3-5　齐翔腾达（002408）2014年7月至2017年5月股价周线图

现在回顾这只股票，当时以涨停开盘，可能是部分投资者先行了解到公司的一些动向，也可能是主力在突破那个位置时有足够的信心。但这种突破完成之后，后续的涨幅在图中完完全全可以看到，从7元左右的价格，最高涨到了13.63元的历史高位（以当时的价格计算）。不过，相对而言，这种突破位置的走势很难把握，通常只有在低位买进的投资者会有持有的信心，还有就是那些做法激进，专门寻找重要突破位的短线投资者会在这个位置买进。

寻找突破位置买入，更多的投资者会寻求一种更稳健的办法：等待股价有效突破之后再做买入决定。什么是有效突破呢？这个很难界定，通常只能依靠投资者个人的判断，但大体来说，有效突破就是稳定放量之后完成突破，并且在上方能够站稳甚至出现缩量不下跌的情况。

如图 2-3-6，吉药控股（300108）在连续上涨一段时间之后，股价从 7.72 元回调下来，量能大幅缩减。股价从 3 元附近涨到 7 元多，其后回落在 5 元的价格缩量站稳。对于一些目光长远的投资者来说，这个位置可以看作是有效突破，缩量之后就是入场时机。

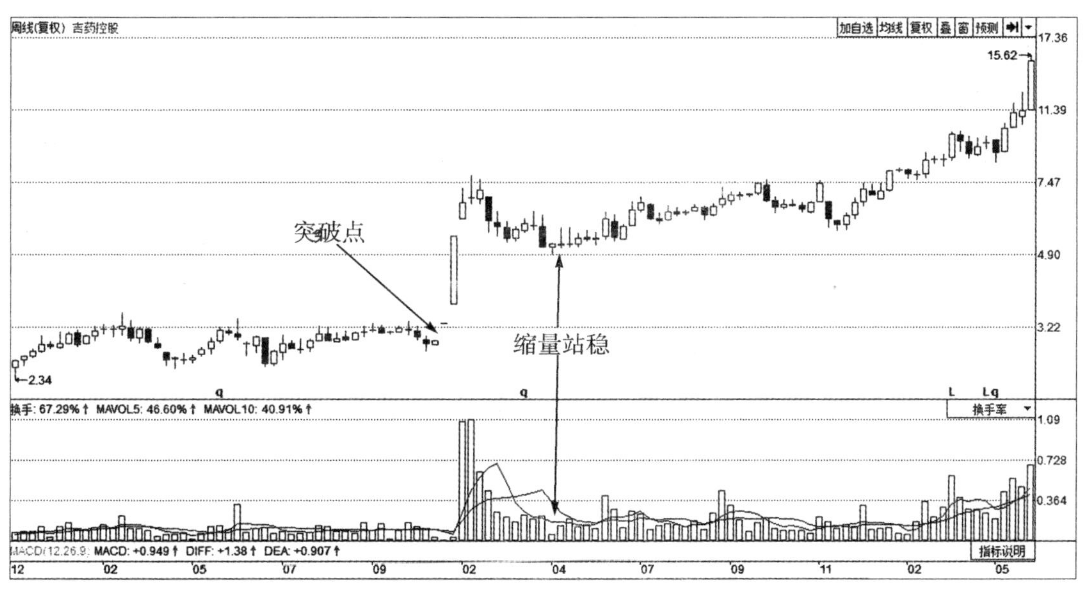

图 2-3-6　吉药控股（300108）2012 年 12 月至 2015 年 6 月股价周线图

从图 2-3-7 中可以看到，股价在 2014 年的冲高上涨突破了该股上市以来的所有高点，创出了当时的历史新高，但纵观股票上市以来的三年间，股价几乎没有幅度较大的上涨，股价呈较为自然的震荡下行。之前提到过，在底部这样的走势往往是在进行筹码的沉淀，股价从高位缓步下跌，不断地进行筛取，沉淀，最终到达底部。有了接近三年的股价沉淀过程，股价才从底部向上开始行动。这样的上涨幅度在这么长时间形成的底部支撑下显得过于不足。当时的市场环境已经开始渐渐变得火热，牛市也已经来临。所以在这轮突破之后，股价回踩几年震荡高点，并且在相对位置稳住阵脚，确认了支撑，之后的上涨也就不足为奇了。

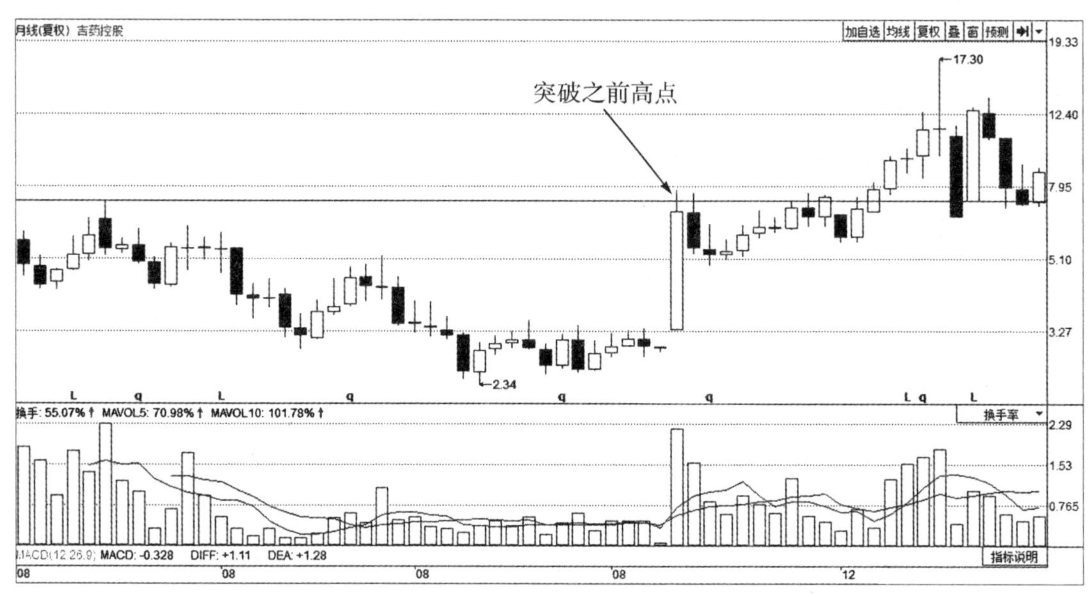

图 2-3-7　吉药控股（300108）2010 年 8 月至 2016 年 3 月股价月线图

很多时候，以突破点为标准买入的交易方法与震荡走势高点卖出的方法会在股价的同一个位置出现完全相反的操作，这取决于不同投资者的习惯和对当时形势的不同判断。特别是在箱体震荡的末端，部分投资者已经习惯了在箱体震荡区间高抛低吸，这样的操作多次给投资者带来熊市之中的盈利，但当股价真正突破箱体，而此时的市场情绪也没有出现较为明显的转变，在低位长期做震荡走势行情的投资者会习惯性地认为这就是一次高抛机会，卖出之后，股价可能会迅速脱离箱体，完成第一轮上涨。而此时在之前位置“高抛”的投资者会迟疑，如果他的思维还没有转变过来，那么他可能会失去很多，即失去一轮大行情的机会。

与之对应的是另一种投资方法，在低位震荡时不断地在一些突破点买入。这种买入方法也分两种不同的风格：激进型与稳健型。

激进型投资者会在股价放量突破箱体的第一时间选择买进，这种方法的优点显而易见，就是能在股价开始一轮行情的初始段就进入，成本低，同时在行情启动的初段买进，付出的等待时间会较少，而且因为买点刚好处在上升期的初段，上涨之后会坚定信心。如果是大行情，往往更容易拿到这轮行情的最高点之后，收益会很大。不过，任何事物都有两面性，这种激进型的买入方式缺点在于：在底部箱体确立之后，可能还会有多次反复，会形成不标准的箱体形态。可能每次都会突破箱体顶部，然后迅速下跌，再次回到箱体内进行震荡。经过多次这样的震荡之后，这些筹码就成为股票在底部的套牢盘，在箱体震荡的高位将一些高抛的筹码稳定住。如果是买在了最终突破很久之前，投资者会付出极长的时间成本，同时在真正解套的时候常常会管不住自己的手而卖出趋势向上的股票，就像在水中憋了很久气，终于浮出水面了，难免会抓住这种机会迅速上岸。而等他们上岸之后，潮水退去，他们自然也拿不到水里的收获了。

突破点买进的稳健型方法是在股价放量突破箱体的第一时间选择观望，等到股价成功在箱体上方站稳，横盘或者回调时买进。这种风格的投资方式有几点好处：一是不会在一些较为标准的箱体底部和箱体调整的高点买进；二是如果股价突破箱体之后在不远位置横盘或者回调站稳，买入之后成本较低，同时不会付出太多的时间成本。

但要注意，这种方式可能遇到假突破的问题，股价如果走出不标准的震荡，可能在一段突破箱体的上涨完成之后回落。这就与激进型风格面临同样的问题，在相对较高位置套住，付出极长的时间成本，在解套时一样容易卖出。同时这种方式也会遇到另一个问题，当股价突破箱体快速上涨时，这种类型的投资者会等待股价在快速上涨之后横盘或者回调买入，然而部分强势个股并不回调，而是直线拉升，等到股价进行调整时再去追进，已经远离箱体有一段距离了，成本优势会大打折扣。如果忍不住追了高，等到股价进行前一轮涨势的回调，投资者就会被套。更严重的是，如果股价这一轮直接见顶，投资者可能面临深套的结果。

四、在上升趋势中买进

第三种投资方法是在一段较为确定的上升趋势之中买进。相较于前面两种，这种方式更适用在较大的行情走势中。股价正在进行一轮不错的上涨行情，等到趋势确定，在中途买入，掐头去尾，赚取中间部分的价差。

图2－3－8矩形框内的这段走势是*ST东网（002175）2012年12月至2015年6月的走势图。这段走势属于明显的上升趋势，A处是第一段明显的上涨，时间是在2013年5月至10月，在这段时间内，股价的上涨幅度高达70%；B处第二段上涨的幅度约50%，时间在2014年7月至9月。这时候趋势基本确认，是较为不错的买点。如果在确认初期，也就是在C处（2014年10月至12月）买入，我们就能够获得50%左右的盈利了；最疯狂的还在后面，2015年2月至6月，即图中D处，股价的涨幅超过了400%！这样的涨幅远远超出人们的想象。

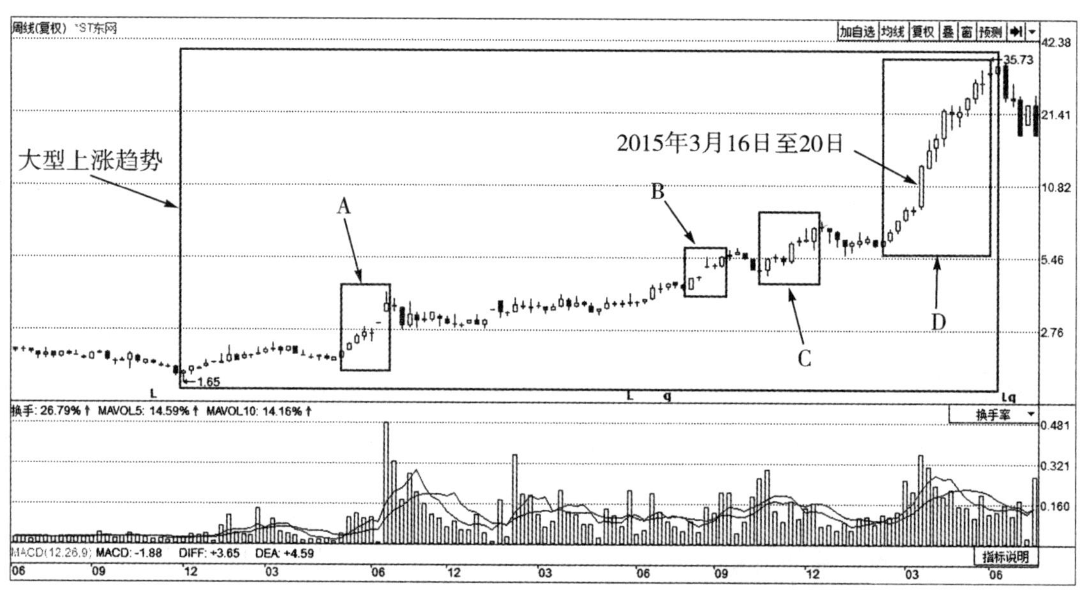

图2－3－8 *ST东网（002175）2012年6月至2015年7月股价周线图

很少有人能够在一轮牛市中完整地吃完这段行情，获得这样丰厚的利润。很多投资者并不是倒在漫长的蛰伏中，而是倒在冲锋的道路上。股价从低点上涨之后，很多投资者进入浮盈状态。在上涨初期，市场整体环境尚不很乐观，这时浮盈状态的投资者常常会产生落袋为安的想法。当一段上涨完成之后，股价回调，这时候的调整幅度有时非常大，投资者在上涨初期好不容易积累的一点浮盈又从账户上消失了，这样的来回折腾会使一部分市场参与者承受不了。等到调整完成，再次上涨后，这些投资者就又会产生保住盈利的想法。这种想法在漫长的震荡过程中，会促使投资者保住自己的部分盈利，但同时也会因此失去一轮大行情大趋势的更大盈利。如果在上涨中途更容易产生这样的状态。特别是没有经历过大牛市行情的投资者，格局和定力不够，在巨幅上涨之后会兴奋得晚上辗转难眠，很容易在曙光初现的时候卖出。

而在确定方向之后买入的投资方法有一个特别明显的优点，就是顺应趋势。趋势不会轻易改变，在股价处于一个明确的上升期时买入，趋势确定，未来的稳定性更好，盈利的机会很大。但这种方式也有明显的缺点，就是往往会把自己置于追高的境地。前面谈到，股价上涨或下跌就是股价从一种平衡状态受到外力转向另一种平衡状态的过程。当上升趋势确认之后，股价往往已经从上一种平衡状态走出了很长一截，再选择去追进，一是成本会较高，没有成本优势。二是一段趋势也只是存在一定时间，股价也不会只涨不跌，这种买入方法常常会遇到买进就调整的情况，加上本身没有成本优势，调整产生的结果就是股价低于成本，持仓变成浮亏状态。

股票交易是一件磨炼心态的过程，所以那些很成功的投资大师，都是心理极为强大的人。对于大多数投资者来说，浮亏状态是一件磨人的事情，如果这种状态保持了太久的时间，投资者经常会在解套的第一时间选择卖出，这也是为什么股价会在一些K线密集区间受到巨大抛压的原因。而在一定幅度上涨之后，心理不够强大的投资者也会在犹豫中卖出，很难持有到更高的价格再卖出。

五、在相对低位买入

在相对低位买进，然后耐心等待也是一种稳定盈利的方法，而这种方法需要足够的耐心，需要忍受一定时间的浮亏，并且还需要在小幅盈利的时候管住手，不丢掉手中盈利的筹码。然而，大部分投资者在市场中最缺的就是足够的耐心。当然也有例外，就是当投资者深套之时，他们常常最有耐心。

我接触过很多投资者，很多人见我问的第一个问题，就是“我该如何解套”。割肉止损离场从来不是他们的第一选择，即使趋势已经走坏，他们仍然愿意抱残守缺，这就是他们“极具耐心”的体现。而这种“耐心”，在我看来，是一种不愿意承认错误，不愿意接受亏损的心态。他们进入这个市场，就没有做好亏损的准备，也正是因为没有做好这样的准备，他们往往买卖股票时没有对市场的敬畏之心，不会考虑到一些潜在的风险。每一轮牛市的末期都会吸引来一大批这样的投资者，他们从各种媒体得到牛市的消息，带着资金，想要进场大赚一笔，而这样的投资者常常对市场隐藏的风险没有察觉，也就会毫无顾忌地在高位买进，其中大部分最终会成为问如何解套的人。

真正的耐心不是把短线做成长线，把套牢盘当作长线来做，而是能够判断出市场的相对低位，在这附近买进，同时有耐心地在下方等待，然后等到牛市行情来临，在相对高点卖出。

上述四种方式，有的人会用得很好，而有的人则会常常碰壁。这是不同的投资者对这个市场的认识了解程度不同造成的。众所周知，股票投资学习到一定的程度，更多的是考验心态。美国射击运动员马修·埃蒙斯的遭遇就印证了这一点，在2004年雅典奥运会男子步枪三姿决赛的最后一枪，只要不脱靶，金牌就是他的囊中之物。然而就像墨菲定律说的那样，你越担心什么事会发生，那这事情就越有可能发生。在最后一发中，埃蒙斯离奇地把子弹射到了旁边选手的靶心中，将金牌拱手让人。这件事情对他在接下来的几届奥运会表现带来严重影响。在2008年和2012年奥运会上，最后一枪都成为他巨大的梦魇。三次奥运会的最后一枪，一次脱靶，一次4.4环，一次7.6环。这样的发挥一定是因为心态巨大的失衡。股票投资与射击一样，如果在一些关键的时间和位置，人的心态出现了巨大的失衡，就会犯重大的错误。

真正能够赚大钱的投资者，一定是在这个市场宠辱不惊的，在这个市场中拥有大格局的人。任凭股价如何波动，手中的持仓或盈或亏，都能够保持冷静的头脑，准确认识到市场目前的情况，按照自己的准则交易。这种格局需要长时间的历练，更需要在这个市场中不断地学习，以及在市场外下功夫。所以我认为，股票投资的风格无论是长线投资还是短线投资，最终一定是一个长线过程，是这个市场对投资者超长时间的历练过程。只有不断经历这样的历练，投资者才能在这个市场中获得自己想要的财富。抱着想要一夜暴富的心态进入这个市场的人，如果不改变观念，极其容易产生重大亏损。只有对这个市场抱着敬畏之心，愿意在市场中不断学习历练的投资者，才能取得最终的胜利。

第三章
Chapter Three

均线操盘技巧

上一章提到的第三种交易方法，是在上升趋势买入，而趋势以均线判断常常更加准确，相对于K线的每日波动，均线系统更加稳定。

均线是市场的一个重要指标，几乎所有的行情软件都默认显示这个指标，然而均线是什么，内涵是什么，大部分个人投资者都没有一个明确的认识。

很多市场上所谓技术派人士会讲：均线具有支撑和压力的作用。没错！但为什么会有这些作用呢？大部分人根本没法清楚地讲出来。

其实，当你了解了均线的本质时，这个问题就迎刃而解了。

均线（英文缩写MA），又叫移动平均线，是单位时间收盘价的平均值的平滑连线。例如，5日均线就是最近5天收盘价的均值的平滑连线，10日均线就是最近10天收盘价的均值的平滑连线。

这里给大家介绍另一种均线：价格加权移动平均线。根据一段时间成交价格的均值，计算加权的平均成交价格，再进行连线，这就是价格加权移动均线。对于短期来说，加权均线比普通收盘价均线更有作用，加权均线更加准确地概括了各笔成交单的价格，所以对于短期来说，加权均线比普通均线更准确地体现了这段时间买入者的平均成本。但长期来看，两者差距很小，但常用均线统计方法要比加权均线简单得多。

那么均线究竟该如何设置呢？均线的周期取多少较好？

如果把一段时间股价的走势当作一段长度，那么均线就是我们丈量这段长度的标尺。如果我们要量一个乒乓球，那我们用的尺子应该是以毫米或厘米作为最小刻度；如果我们要测量一间屋子的长宽，我们的尺子量程单位应该大一些；如果我们要丈量月球到地球的距离，那我们需要使用更大的量程单位。

其实在股票市场，道理是一样的，当我们要看短期走势，可以把 K 线调到 15 分钟，甚至 5 分钟，与此同时，均线的单位也就下来了，无论是 MA5（5 单位时间均线）还是 MA10，都是一个合格的量程。如果要判断这一年所有人的平均持股成本，那要选的均线时间应该是 MA250（一年大概的交易日数量），而不是拿着 10 日均线去评判一年的走势。所以，均线没有哪根是一定要的，需要看什么周期，用同样合适的“标尺”就可以了。但是这个市场会有一些经常运用的均线，比如 10 日均线 MA10（短期均线），30 日均线 MA30（短中期分界线），60 日均线 MA60（一部分人把它叫作“生命线”），250 日均线 MA250（年线）等。这些均线可以作为不错的参考。

第一节　通过均线判断买卖点

那么，均线单纯就只是一个简单的技术指标吗？显然不是，均线之所以能成为重要指标中的一个，一定是有它的价值，我们应该透过表面看本质，探寻均线究竟与股票的供求关系有什么联系，才能更好地理解运用均线。

均线是一段时间价格的平均值，一般来说，当天的收盘价格代表了当天买卖成交的参考价格，所以，它代表了这段时间买入这只股票的所有投资者的平均成本。因为均线代表着一段时间投资者的持股成本，所以相较于每天的K线，它具有更好的稳定性，能够表示股价的波动趋势，不会像每天的K线图那样杂乱波动，它能帮助我们滤除掉很多眼前的杂乱运行价格，让我们更清楚地了解股价运行的趋势。但也是因为这个原因，它也产生了滞后性，不能第一时间反映出市场的变化。

一、通过均线的支撑压力作用寻找买卖点

既然均线代表了一段时间内投资者的持股成本，那么均线的支撑和压力的作用就很好解释了：当股价上升途中，回调到一些均线附近，到了大部分投资者持股的平均成本处，没能赚钱时，他们就很容易在这个位置坚持持股，甚至在低价位补仓。这个位置的获利抛压就会很少，卖单少了，买单增加，产生了支撑，此时再稍微放量，股价自然又能上升。反之，在股票下跌过程中，反弹到均线位置，如果要突破均线，就要让这段时间的买入者解套，这时就会有一部分持有者解套卖出，产生了抛压，股价自然就会受到压制，这就是均线支撑和压力的具体表现。通过判断均线的压力和支撑，我们可以在某些时间段找到合适的买卖点。

图3-1-1是创业板综指2011年3月到2013年3月的周线图，图中那根均线是30周均线，可以明显看出，在这段时间的下跌过程中，指数一直受到此均线的压制，不断地往下滑，偶尔有突破，但很快又被打压到均线下方。这段时间，30周均线起了明显的压力作用。K线几次突破，都被打压下来，导致指数高点越来越低，低点也越来越低。在这段周期内，指数往上接近30周均线时，都是合适的卖点，而短线买点则是在指数过多地远离均线后。但对于偏向于中长期投资的投资者，下跌阶段的买点需要用另外的方式来考量。图中第四次突破30周均线处，并不是一个合理的卖点，主要原因是在此之前低点并没有创新低，下跌的趋势开始出现变化。

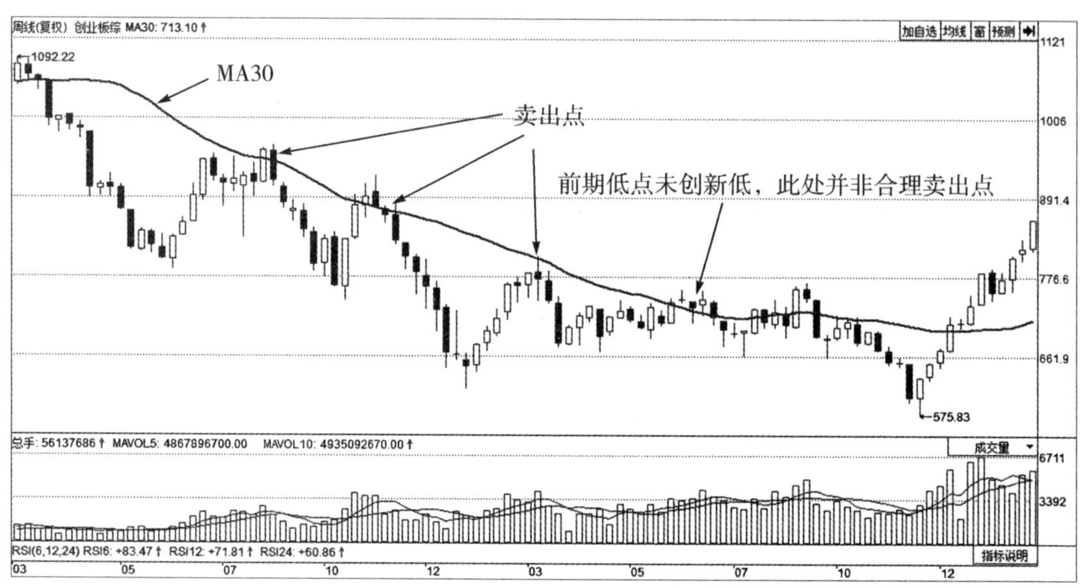

图 3－1－1　创业板综指 2011 年 3 月至 2013 年 3 月周线图

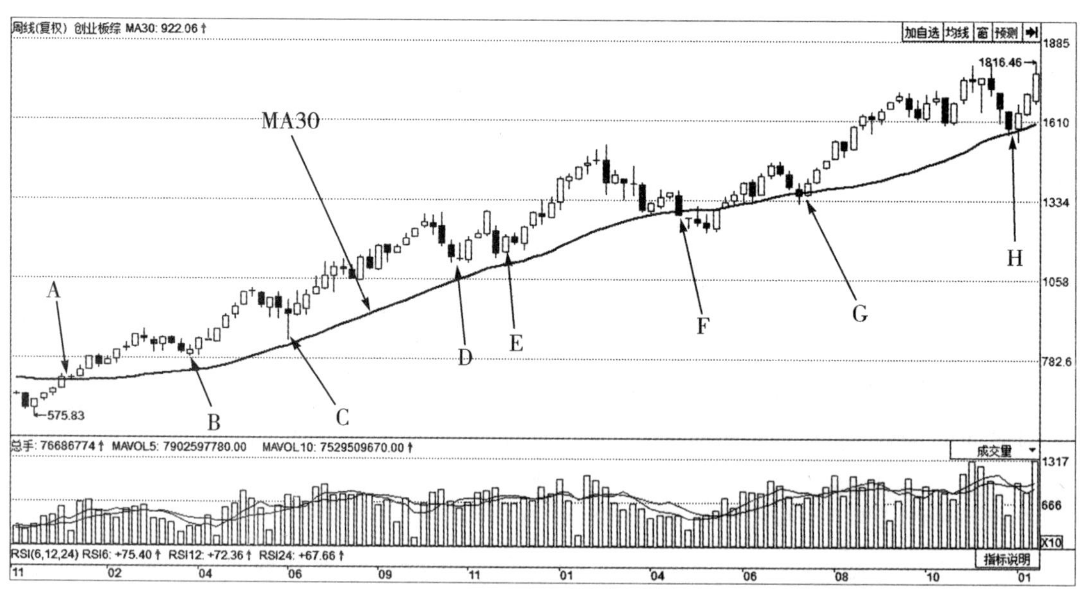

图 3－1－2　创业板综指 2012 年 11 月至 2015 年 1 月周线图

让我们跟随创业板走势继续往后看。图 3－1－2 是创业板综指 2012 年底到 2015 年 1 月的走势周线图，图中的 30 周均线就在指数运行过程中起明显的支撑作用，指数在一段上涨之后回调，到30周均线附近时受到支撑，这时候往往成交量也萎缩下来，股价调整。随后随着调整完成，量能放大，指数继续走高。图中B、C、D、E、F、G、H皆为合适的买点。

结合这两张图，我们会发现，趋势的反转也体现在均线的运行状态中。下跌趋势结束后，创业板综指在A处从下往上突破了30周均线，然后30周均线渐渐转头向上。这就非常明显地体现了均线指示趋势的作用。而30周均线转头的位置，正是最容易抓住同时成本优势较大的位置。而趋势完成反转之后，每次回调靠近30周均线时，均线都会提供一定的支撑作用，这些位置也是上涨过程中较好的买点。对于个股来说，这样的规律同样适用。

如图3-1-3，三维工程（002469）在2019年4月至2020年2月的下跌过程中，500日均线对股价产生了强力的压制作用。其中A、B、C三处，股价都未能成功站上均线，随后便跟着压力不断下滑，这三处都是比较良好的短线卖点，可以较好地了结短期的获利筹码。

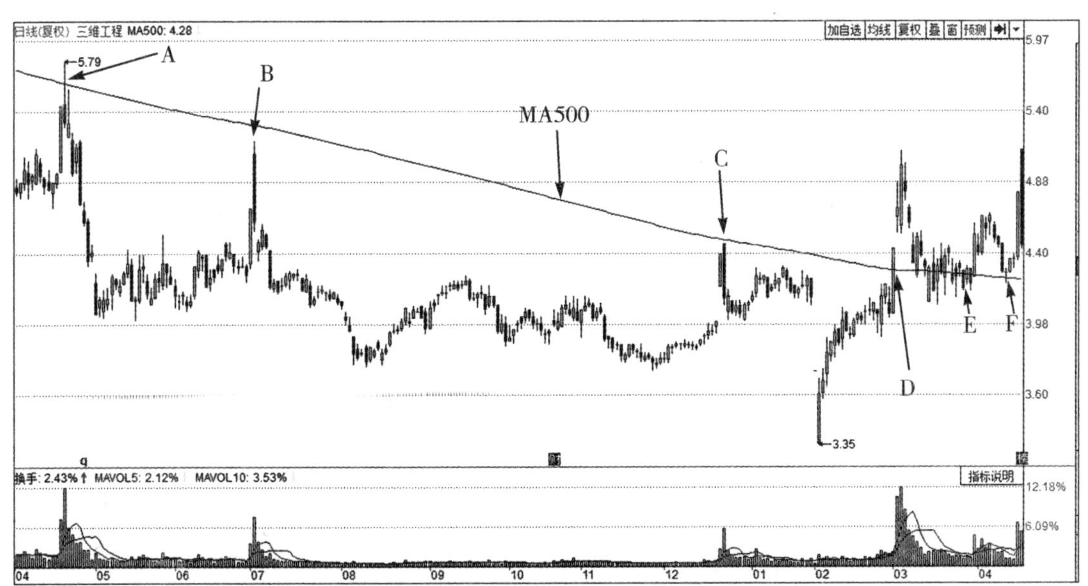

图3-1-3　三维工程（002469）2019年4月至2020年4月股价日线图

而在D处，股价用一根大阳线成功突破了500日均线的压制，随后股价回落，E、F处体现了500日均线对股价的支撑，这两处便是较好的买点。

图3-1-4中是一拖股份（601038）2019年8月至2020年5月的股价走势日线图，在2020年4月之前，股价受到750日均线的压制震荡下跌，在图中A、B、C、D四处，股价尝试突破均线，都没能成功，在这些位置，短期的获利筹码都可以选择卖出来规避短期风险。

而在E处，股价成功突破均线并且回踩站稳，这时候就应该摒弃惯性思维，重新思考个股的运行状态了。股价已经冲破了均线的压制，均线的压力转变为对股价的支撑，因此在E处回踩均线之后，股价迅速向上拉升。在回踩位置，就是一个非常良好的短线买点。

图3-1-4 一拖股份（601038）2019年8月至2020年5月股价日线图

了解了均线的支撑和压力作用，我们能更好地在一些关键位置入场，同时了解股价此时的状态，更好地处理每笔交易的止损和出场位置，换句话说，通过均线的支撑压力作用可以很好地判断买卖点。

二、通过均线助涨助跌作用寻找买点

当股价运行到均线附近时，会在某个时候选择某一个突破方向，这时候说明市场已经积累了一定的能量，这些能量释放出来，会推动股价上涨或者下跌，同时会引起市场更大的力量向着这个方向进行推动，体现在股价上就是均线的助涨助跌作用。

图 3－1－5 中，大唐发电（601991）2018 年 7 月 20 日（图中较大阳线处）在突破图中 30 日均线后，迅速放量拉高，完成一个长阳上涨。在 2018 年 7 月左右，这种情况时有发生，很多个股的股价运行到 30 日均线附近时，突然单日放量突破 30 日均线，收大阳线，我借此机会做了几次短线，小赚了几笔，此时 30 日均线的助涨作用体现得很明显。

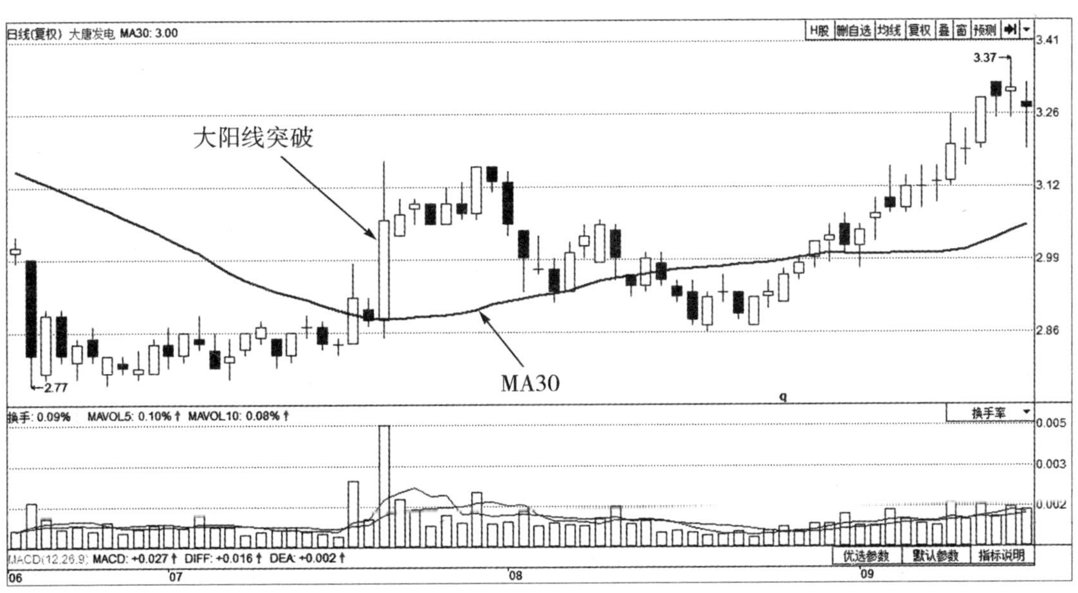

图 3－1－5　大唐发电（601991）2018 年 6 月至 9 月股价日线图

如图3-1-6，海航投资（000616）在A、B两处都出现了突破60日均线的涨停板。A处的图形可以看成一个“仙人指路”形态，在前一天试探了60日均线上方的压力之后，第二天直接选择一个高开涨停走势。

而B处的走势更是体现了均线助涨的特点，前一天股价涨停接近60日均线，第二天直接是一字涨停，第三天同样也成功封住了涨停板，从B处的启动初期到短期高点3.65元，股价的上涨幅度超过50%。

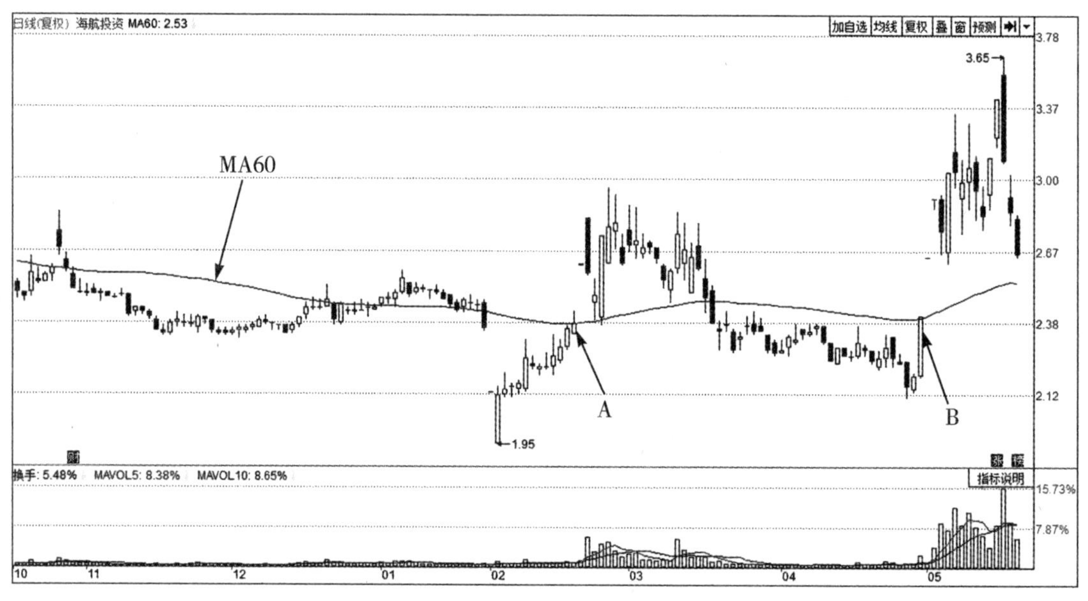

图3-1-6 海航投资（000616）2019年10月至2020年5月股价日线图

三、葛兰威尔法则的四个买点与四个卖点

谈到均线的运用，不得不提到著名的葛兰威尔法则。而了解了均线更本质性的意义之后（单位时间内买入者的平均持股成本），我们会发现葛兰威尔法则包括四个买入点和四个卖出点。

买入点1：平均线经过一路下滑后，逐渐转为平滑，经过长期的筹码沉淀，K线从下方上穿均线，并且均线有转头向上的迹象。这常常是大行情开始的前兆。

买入点 2：K 线调整到移动平均线附近但尚未跌破移动平均线，并且移动平均线依然呈上升趋势，股价也转跌为升。这种情况一般发生在股票上涨途中。

买入点 3：K 线最初在移动平均线之上，但其后的股价急剧下跌，在短暂跌破移动平均线后，忽而转头向上，并且自下方突破移动平均线，重新站稳均线上方。这种情况也经常发生在股票上涨过程之中。

买入点 4：K 线与移动平均线都在下降，K 线急速下挫，远离了移动平均线，表明反弹指日可待，这个买进讯号是很多短线交易者所喜欢的（所谓抢谷底），但切记不可恋战，并且设置好止损位置，随时准备跑路，因为大趋势仍旧是向下的，长期持有很容易套牢。

下面，我们来看四个卖点。

卖出点 1：移动平均线从上升转为平缓，并有转头向下的趋势，而股价也从上方下落，跌破了移动平均线，这是一个卖出讯号。在大行情结束的初期，往往就是这样的走势。

卖出点 2：K 线和移动平均线均很令人失望地下滑，接着 K 线自下方上升，并突破仍在下落的移动平均线后，又马上掉头下落，这也是卖出讯号。这种情况说明股价仍然处于一个下跌过程中，大的运行趋势仍然是向下的。

卖出点 3：类似卖出点 2，只是反弹的 K 线更加无力，无法突破上方作为压力线的移动平均线便掉头继续向下运行。要注意的是，卖出点 3 与买入点 1 不同，买入点 1 是移动平均线自跌转平，并有上升迹象，而卖出点 3 是移动平均线尚处下滑之中，并且对当前股价进行压制，在这个位置累积大量的套牢筹码。

卖出点 4：股价一路暴涨，远离处于上升阶段的移动平均线，股价已经明显偏离了这段时间买入者的平均持股成本，会积累大量的获利盘，很可能产生较大的调整，需防止暴跌带来的不必要的损失。

这里提到乖离的概念需要简单说明，均线偏离股价的程度一般用乖离率来表示，乖离率是计算股价与某一条均线之间的距离，以百分比为单位，以均线为基准，反映当前股价对均线的偏离程度。比如 20 日乖离率是 +10%，这说明目前股价处于 20 日均线上方 10% 的位置，换言之，就是最近 20 天持有这只股票的投资者平均获利约为 10%；以此类推，30 日乖离率是 -20%，说明过去 30 日持有这只股票的投资者平均浮亏约为 20%。乖离率绝对值较大时，股票价格偏离这段时间持有者的平均持股成本太多，这时候通常有较多的获利筹码或者套牢盘，股价往往会有向均线（平均成本）靠拢的引力，会对乖离率进行修复。此时会出现合适的买卖点。

乖离率定义中的股价与均线关系也可以广义用在短期均线与长期均线的关系中。当短期均线偏离长期均线过远，短期成本存在大量的获利盘或者套牢盘，导致短期均线会有向长期均线靠拢的引力。

了解了图形背后的逻辑，对于一些市场理论就会理解得更加透彻。

第二节　均线流的威力

青木先生在他的集大成作品《登峰之路》中创造性地提到了一种均线设置方法：均线流。我觉得很有意思，与大家分享一下个人的研究心得。

均线流，是多条均线像一股股水流一样形成的图形。具体设置方法就是同时设置时间间隔相同的数根均线，具体效果见图 3-2-1，一根根均线就像水流一样，在图中流动翻飞，汇聚分开。

图 3-2-1 是飞乐音响（600651）2014 年 1 月到 2015 年 6 月的日 K 线图，可以明显看到不同的 8 根均线（以 MA30 每隔 30 日设置另一根均线）随着时间在延伸、流动。在 2014 年初，8 根均线紧密地排列在一起，随着股价上涨，各均线开始变得发散。就像水流一样分流汇合，不断往前流动。

图 3－2－1　飞乐音响（600651）2014 年 1 月至 2015 年 6 月股价日线图

一、均线流的影响

均线流是一种很神奇的指标，它能更系统地帮助人们了解和认识均线的作用和意义，也会更清晰地显示股价目前所处的状态。下面，我结合个股系统具体地讲述均线流的特点。均线流的参数可以根据分析的 K 线时间段的长短多样化选择，接下来的所有举例都是用 30 日间隔（即取 MA30、MA60、MA90……）的均线流进行分析。

图 3－2－2 是飞乐音响 2017 年 9 月到 2018 年 7 月的日 K 线图，在 2018 年 3 月中旬的时候，股价反弹到密集均线流的位置，因为各种不同周期的均线都在那里汇集，说明各种不同时间的投资者的平均持股成本都到了这个位置，这个位置的抛压巨大，所以股价自然而然就受到巨大压力，出现崩盘式下跌。那个断崖下跌的位置，先是飞乐音响停牌（4 月 9 日）核查财务中重大需要核实的事项，然后在 4 月 13 日发表复牌公告——公司 2017 年净利润预计同比减少 80% 以上。这是巧合吗？答案显而易见。为什么刚好在那个位置附近，就曝出这样的消息？这并不是简单的巧合。

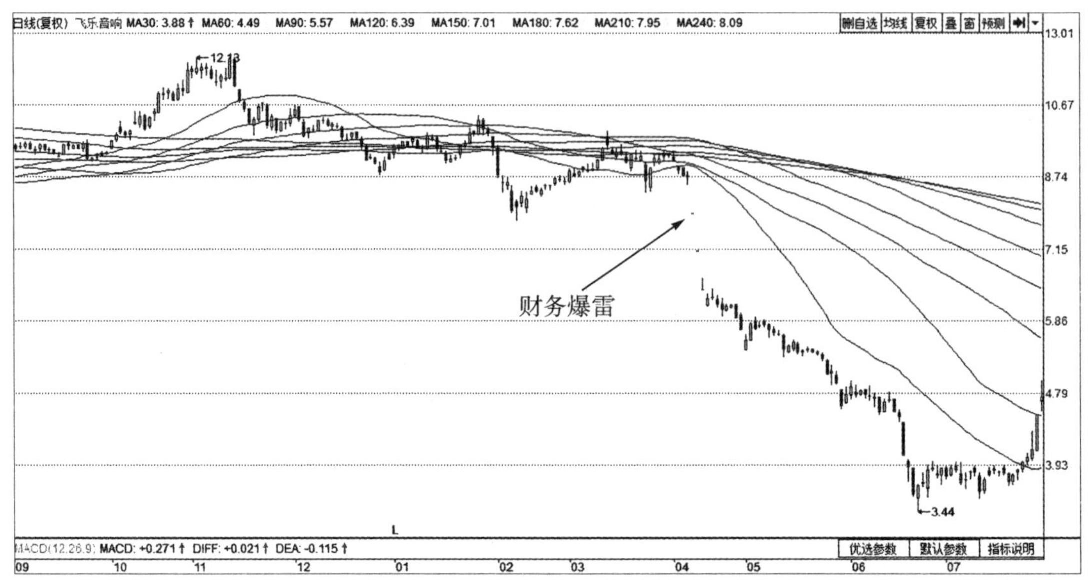

图 3-2-2 飞乐音响（600651）2017 年 9 月至 2018 年 7 月股价日线图

二、业绩不是股价运行的决定性因素

可能部分投资者认为，是因为公司财务问题，因为出现了亏损，所以股价才出现了这一段漫长的下跌。但接下来这个例子，或许可以反驳这个问题。

均线流密集的地方往往有很强大的支撑和压力，而且往往成为多空力量对抗的关键位置。一旦在关键位置发生多空转换，趋势往往就会形成。图 3-2-3 是海南矿业（601969）2017 年 9 月到 2018 年 11 月的 K 线图，可以明显看到，在第一阶段，股价在短暂冲出均线流之后，遭遇到市场的空方力量，股价向下再次沉入均线流密集处，随后空方占据绝对优势，股价跌破均线流，然后在其强大的制压作用下开始了接下来 10 个月的下跌。而在下跌初期的 A 点，即 2017 年 10 月 30 日，上市公司公布了当年第三季度报告，业绩向好，扭亏为盈。与之前飞乐音响公布的业绩情况完全相反，然而股价并没有止住这个下跌过程，股价从 14 元附近，一路下跌到了 3.8 元附近。这种例子明显说明，业绩并不是股价在这种位置下跌的决定性原因，投资者应该考虑与股价运行更有关联的影响因素。

图 3-2-3 海南矿业（601969）2017 年 9 月至 2018 年 11 月股价日线图

图 3-2-4 *ST 中孚（600595）2017 年 12 月至 2018 年 8 月股价日线图

图 3-2-4 中，*ST 中孚（600595）在 2018 年 1 月同样遇到了均线流的阻力，股价尝试性地突破了 30 日与 60 日的短中期均线（右侧最下方两根均线），遇到了

上方强大的长期均线流的压制，在上方稍微撑了几天，多头力量被磨掉，股价跌了下来，接下来股价又回到了30日与60日均线的下方，开始了漫漫下跌过程。

这种例子在这个市场上俯拾皆是。说到这里，我突发奇想，随便去找一只市场中的股票，看它的一些运行过程，是不是也满足这样的情况。

图3-2-5便是我随便选取的一只股票浦发银行（600000），从图中可以明显看出，有A、B两段较大的均线流发散的过程。在2014年7月附近，股价开始上涨，脱离均线流。经过回踩确认之后，股价一骑绝尘，从5元一路上涨到了13元附近。随后股价在上方进行长时间的筑顶，在顶部的末端上冲后，向下突破了汇聚的均线流。这个位置有一个诱多的走势，股价冲高，再向下突破强大的均线流。

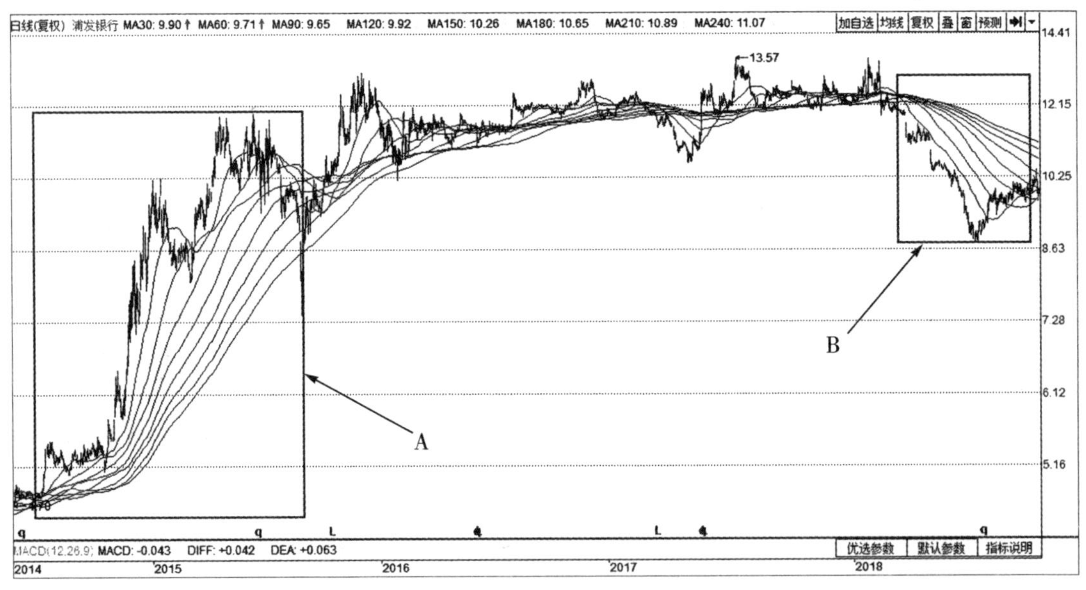

图3-2-5 浦发银行（600000）2014年6月至2018年10月股价日线图

对于诱多，我的看法是：在此处，股价上涨是为了更好地下跌，它确实有诱多的作用，而让股价更快更直接地突破均线流的支撑也是很重要。就像拳击一样，把手回缩，再打出，才能产生更大的力量。空方力量主导股价一路下跌也可以如此。

这些例子很明显展现了下跌过程中均线流强大的压力和支撑作用，当它作为压力时，就像一个巨浪，从上打下来，压得人喘不过气。无论公司放出什么消息——利好的，利空的——结果都是股价受到压力下跌。反之亦然，当股价处于上涨阶段时，均线流又具有强大的支撑作用，股价就像海浪中的冲浪者，海浪推动他们不断前进。

第三节 均线“阶梯接力”

在股价不断向上运行的过程中，往往遵循单方向的一种规律，我把这种规律叫作均线的“阶梯接力”。具体表现是：在股价向上运行的过程中回调时，其支撑均线往往随着股价的上涨而不断改变，通常而言，支撑均线的周期越变越短。此时股价运行就像踩着一步一步的阶梯，当股价每次走一轮阶段性的上涨进行回调时，股价回调到前一轮支撑均线与新一轮支撑均线黏合交叉的附近位置，股价再次上涨，前一轮支撑均线完成“交接”，由新的均线进行下一轮对股价的支撑，均线就像完成接力一样一步一步慢慢推高股价。

一、常见的“阶梯接力”情形

图 3－3－1 是酒鬼酒（000799）2011 年 6 月到 2012 年 8 月的周线图，60 周均线在股价上涨的第一阶段作为支撑均线，在 A、B 两处给了股价足够的支撑；随后股价开始加速上行，12 周均线成为股价较为贴近的支撑均线，支撑了 C、D 两处；接下来，E 处之后，5 周均线成为更有参考性的支撑均线。

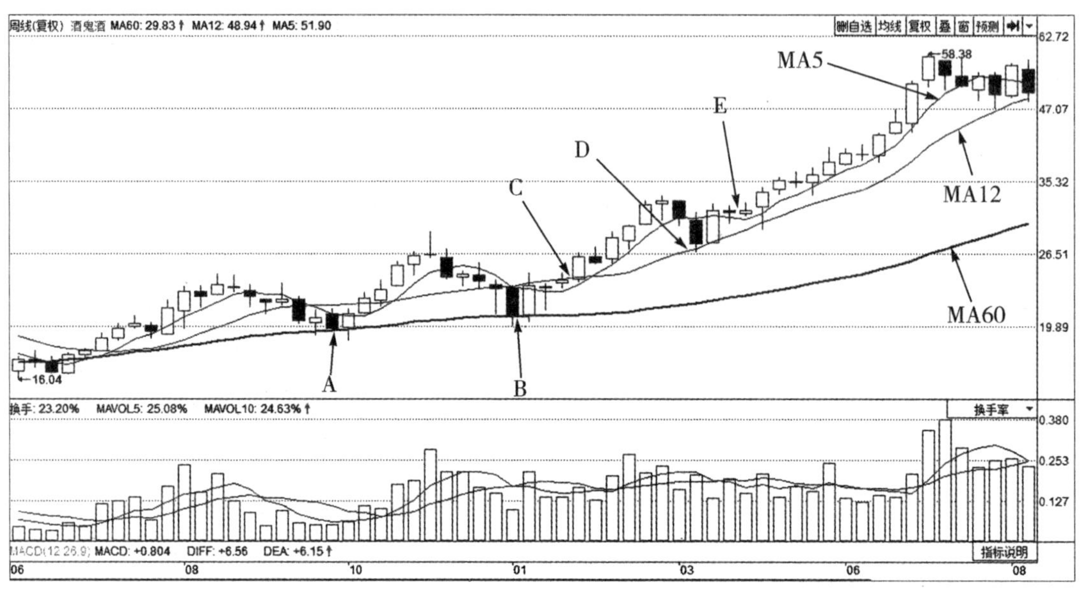

图3－3－1　酒鬼酒（000799）2011年6月至2012年8月股价周线图

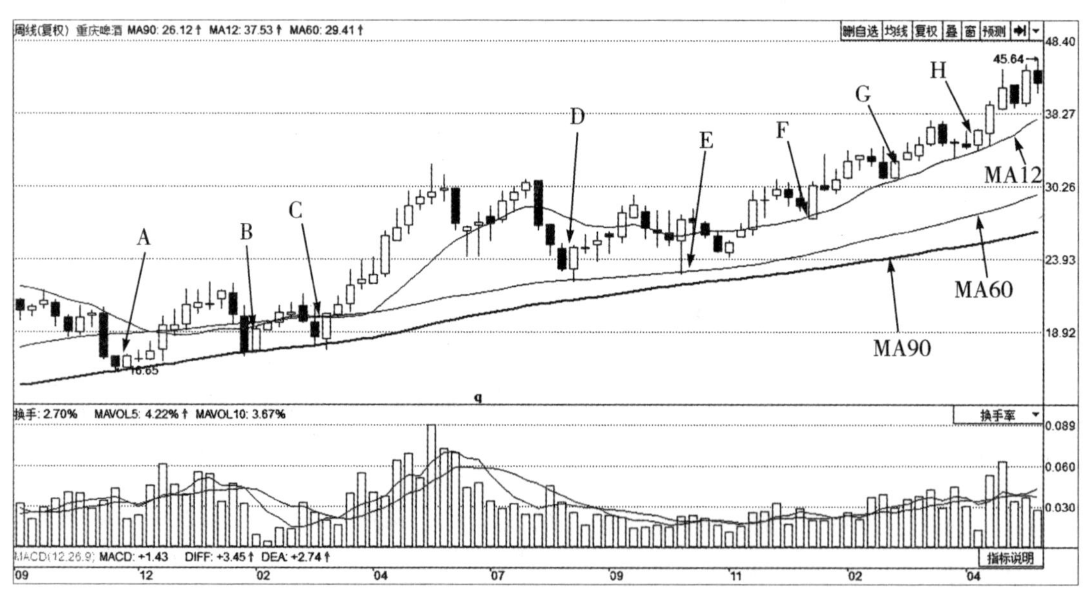

图3－3－2　重庆啤酒（600132）2017年9月至2019年6月股价周线图

图3－3－2中，重庆啤酒（600132）在2017年9月到2019年6月的上涨过程也符合“阶梯接力”的情况。图中3根均线分别为12周均线、60周均线以及90周

均线。图中股价的趋势为上涨，90 周均线作为第一段的重要支撑线，在 A、B、C 三处为股价提供了支撑；运行到 D、E 处，60 周均线接力 90 周均线，为股价提供支撑；在此之后，12 周均线成为主要的支撑线，一路为股价的上涨保驾护航。上涨趋势中，每次较短周期的均线开始接棒较长周期均线时，股价就可能迎来新的一轮上涨，因此接力的位置也是不错的买点。

接下来看 2016、2017 年的明星白马股——格力电器（000651），如图 3 - 3 - 3 所示，格力电器从 2005 年 75 元左右（后复权）的价格，波段前进，不断创新高，在 2018 年 1 月创出 8523. 44 元（后复权）的新高价格。这一轮大行情波澜壮阔，涨幅巨大，在月线图中体现得淋漓尽致。

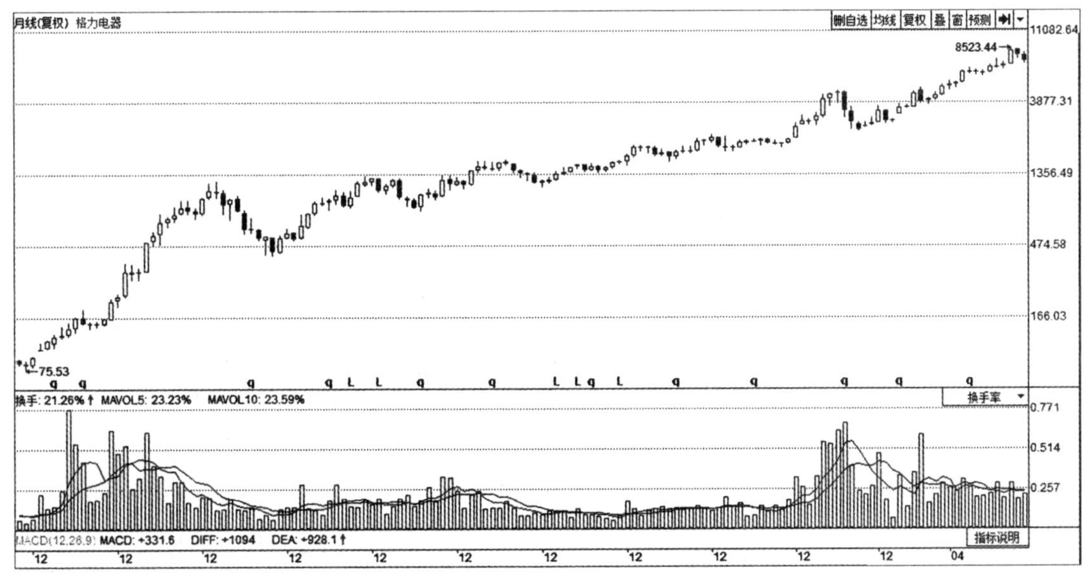

图 3 - 3 - 3　格力电器（000651）2005 年 10 月至 2018 年 3 月股价月线图（后复权）

如图 3 - 3 - 4，格力电器在这段时间的上涨存在两根重要的支撑均线——24 月均线与 48 月均线，在 A、B 两处，48 月均线为股价提供了稳定的支撑，在 C 处两根均线完成接力，之后的 D、E、F、G、H、I 处，股价都在 24 月均线附近站稳。股价在这十多年时间就用这样的方式走出了一轮超级行情。

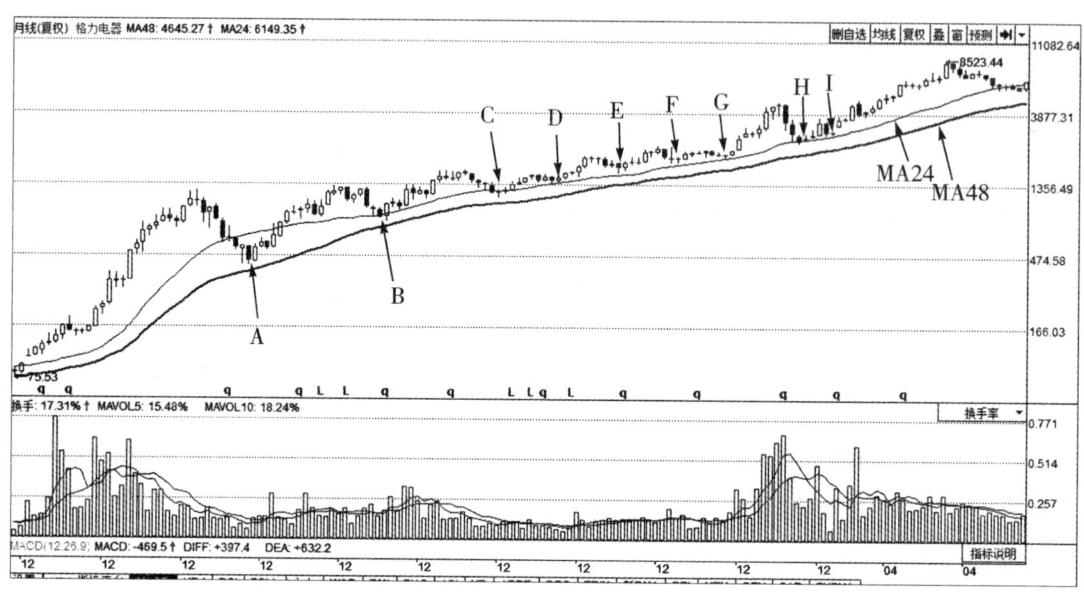

图 3-3-4 格力电器（000651）2005 年 11 月至 2019 年 1 月股价月线图（后复权）

在这一次上涨中，均线“阶梯接力”的特征贯穿整个过程。

二、“阶梯接力”的回归

在一轮较大行情结束后，均线“阶梯接力”会出现一种回归更长周期均线的行为，进行一次较大的调整。这种调整往往幅度较大，我们可以通过这个均线“阶梯接力”进行判断规避。在股价从高位往下跌落的过程中，较短的支撑均线就会被股价打破，这时候我们可以先出场观望，等股价寻找到周期更长的支撑均线站稳，再择机买进，静候股价再回头向上，进行下一轮向上的走势，观察能否寻找更短周期的均线做支撑。

图 3-3-5 格力电器的走势就出现了这样的情况。图中三根均线分别是 5 月均线、15 月均线和 30 月均线。其中 30 月均线在图中对股价产生了 3 次较强的支撑作用，分别是 A、F 和 H 处；在 A 处和 F 处之间，股价以 15 月均线为主要支撑线，B、C、D、E 四处都是股价回踩均线 15 月均线并站稳的位置，这四处的股价也呈缓慢攀升状态。在 E 处之后，股价进行了一次速度较快的上冲，上冲结束，下跌动能

较大，15月均线没能撑住股价，于是30月均线再次为股价提供了支撑。在G处的上涨段，股价基本沿着5月均线上涨，直到这个阶段性的上涨行情结束，股价重新在30月均线找到支撑。

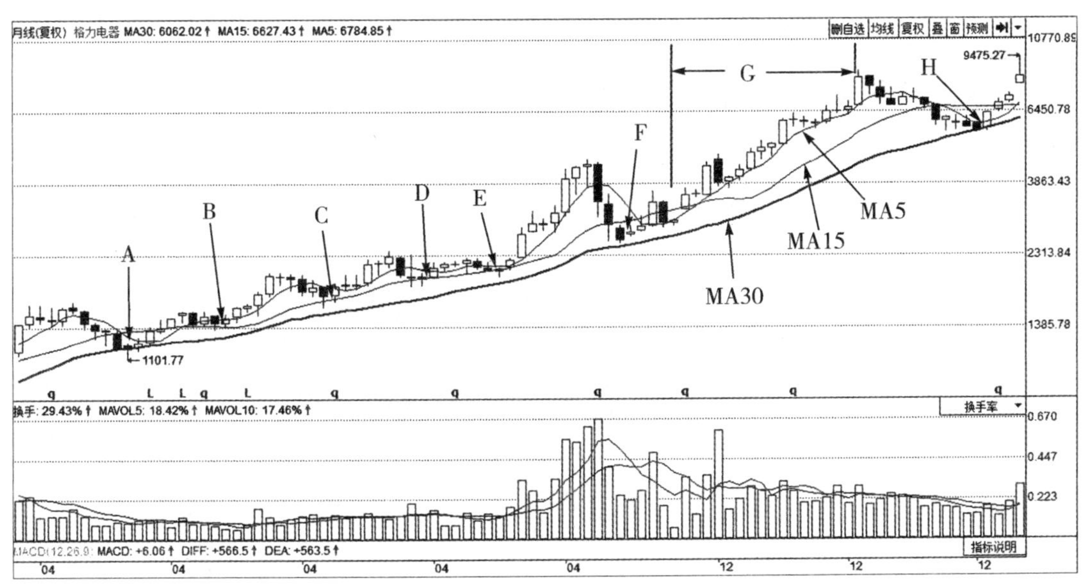

图3－3－5　格力电器（000651）2011年2月至2019年4月股价月线图（后复权）

均线“阶梯接力”往往还遵循这样的规律：股价在以不同均线做支撑的情况下，通常长周期均线支撑的时间长于较短周期均线的支撑时间。

其实在一轮较长的上涨过程中，大多数个股和指数符合均线“阶梯接力”原理。利用这个非常有用的原理，我们可以在较大幅度的调整出现之前进行规避，并且可以游刃有余地在调整的低点稳步建仓。值得注意的是，只有上涨过程大部分个股才会产生这样的“阶梯接力”效果，在下跌过程中，筹码散乱，市场情绪化严重，“阶梯接力”理论是不适用的。下跌过程中的均线仍然会对股价产生压制作用，而不会产生有规律的“阶梯型接力”效果。

均线自提出以来，就是一个被投资者广泛运用的指标，以上对其作用以及一些使用方法进行了充分的阐述，希望这些内容能让大家对均线代表的意义和一些常见的走势有更多更全面的认识。大家完全可以利用均线进行市场操作，结合本书的其他内容，在股市中达到顶尖高手的水平。

第四章 Chapter Four

以成交量的变化研判买入机会

老投资者都知道，大部分技术指标都有一个重大的缺陷，那就是忽略了成交量与股价的关联。而成交量作为股价走势参考的重要因素，在判断股价运行状态和股票内在供求关系时是不可或缺的。

打个比方，某天我去市场买苹果，但去得晚了些，市场上已经没有人卖苹果，成交量极度萎缩。如果我提高价格，10 元钱买一个苹果，如果有人拿出他之前买的一个苹果卖给我，那么这是市场上唯一的一笔交易成交，价格是 10 元一个。但因为成交量太小，所以这个价格并不能作为市场苹果价格的参考。第二天市场的苹果价格肯定是低于这个价格。这和股票市场中的有一种情况类似：当市场都看好一只股票时，卖单会急剧减少，而买单会增加，这时候，大部分买单都无法兑现，于是就提到更高的价格，在 A 股市场，当价格到达当日的涨幅限制（10% 或 ST 股的 5%），股票就涨停了。但实际上可能没有太大的成交量，这时候会出现缩量涨停的情况，目前大部分刚发行的新股都是这样的情况。所以成交量极小时，股价可以极大地偏离正常位置。

那么在股价运行的不同阶段，股价和成交量有什么关系呢?

一般来讲，在牛市时，成交量都非常大，市场热度很高；而在熊市，成交量常常萎缩到极小，市场情绪极其低落。

我记录了2018年7月30日的A股市场不同换手率的股票数量：20%以上25只，10%~20%67只，5%~10%238只，3%~5%305只，2%~3%335只，1%~2%791只，0.5%~1%847只，0~0.5%750只，停牌或准备上市146只。可以看出，绝大部分股票的换手率低于2%，说明这个市场当时的热度很低，同时上证指数的成交量也处在较低的水平，大部分股票成交量极度萎缩，市场处于磨底的阶段。

很多投资者在股票投资进行到一定阶段时，都会开始重视成交量的变化。对于股票市场，成交量往往代表着市场情绪的热度，在市场行情非常好时，股票市场中的成交量与活跃资金量往往非常大，同时也会有非常多的投资者带着资金进入这个市场；当市场行情非常差时，成交量稀少，对于某些流通盘较小的股票，可能会出现几分钟甚至十几分钟都没有一笔成交的情况，市场中活跃的资金量很小，大部分投资者选择撤出股票市场，或者因深套的股票蛰伏不动。

成交量在股票市场中通常有三种表达方式：成交手数、成交金额与换手率。通常大家用得最多的是成交手数，在大部分情况下，成交手数的变化确实能体现市场热度的变化，但对单只个股做纵向对比时，成交量会随着股本的扩大而增加，从而影响到投资者对股票真实成交量的判断。在对比同一只股票不同时间的成交量时，换手率才是比较能够正确反映股票的参考数据。而对于大盘指数来说，往往成交金额才是判断成交情况的最好数据。

第一节　把握入场节奏：股价上涨阶段的成交量变化

我们研究市场成交量，无非是为了判断市场当前处于什么样的状态，股票本身的上涨能量有没有积聚足够，最终判断股票未来的走势以及选择自己入场的时机，下面请看案例。

一、中国中冶上涨阶段成交量分析

以图4－1－1中国中冶（601618）这一段上涨行情为例，由于是纵向对比，所以我把下方成交量的表达方式设为换手率。从2013年6月至2014年9月，股票价格一直处在相对较低的位置，在1.2元～1.8元左右的区间内震荡运行，这段时间持续了一年多，直到2014年9月放量完成了突破，这段走势可以看成一个较长的

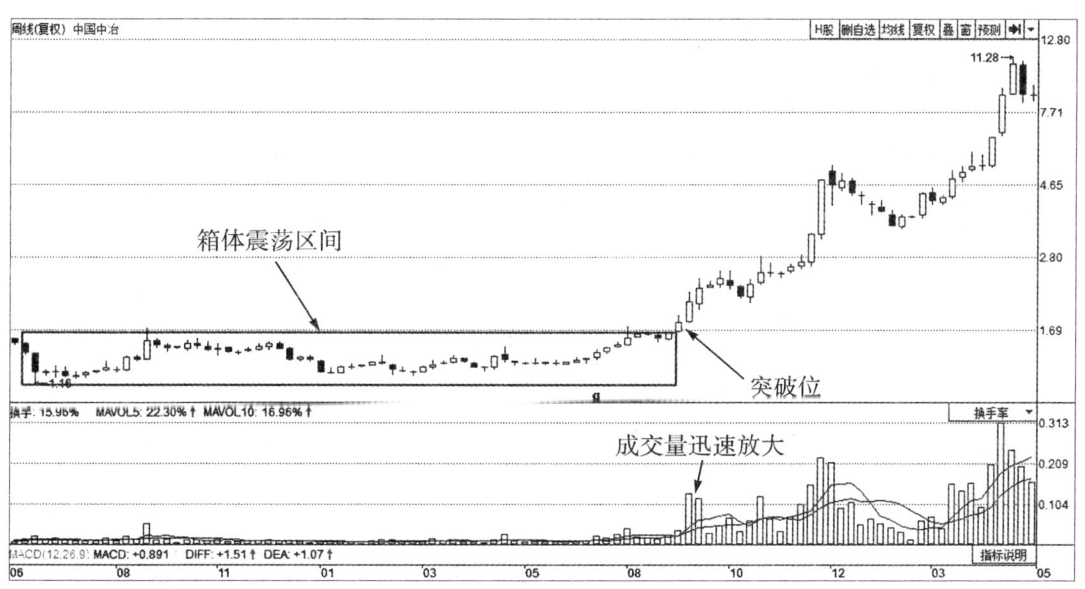

图4－1－1　中国中冶（601618）2013年6月至2015年5月股价周线图

箱体震荡；如果结合前后两个平台走势，这段图形就是一个大型的W底。不管这段走势如何变化，它都有几个明显的特点：1. 成交量较小；2. 股价整体相对较低，震荡幅度小；3. 经历的时间长。

突破箱体震荡区间之后，我们可以明显看到，上涨过程中的成交量相对于之前箱体震荡区间迅速放大。鉴于这种成交量变化，我们可以在股价突破平衡态势向上运行的第一时间买进，然后随着上涨趋势增加自己的盈利。我就曾在2014年10月股价调整阶段买进，短期出现过套牢情况，但不久之后便迎来了巨幅的上涨。

股价在底部时的成交量通常都较小，这说明这只股票的市场热度不高，买卖双方都较为消极，双方维持在力量较弱的动态平衡；在另一方面，换手率低说明股票在这个时候的“熵值”较小，筹码稳定，股票具有上涨的潜力，如果有较大的力量介入，可以很轻松地让股价冲到这个平衡区域的高点。但由于股价在之前一轮的大涨过程中产生了大量的散乱筹码，所以刚进入底部区域时，尽管单位筹码的价格较低，但有序性较差。从热力学角度上此时的股票更接近气体的状态，而相同分子数量、同样温度的气体熵值是大于液体或固体的。如果股票要进一步地完成熵减过程，单位筹码的有序性一定要增加，对应的就是会在底部产生长时间的筹码整理过程。

进入底部区域后，股价相对较低，震荡幅度小，此处的相对风险更小，即使出现下跌，可能的下跌空间也远远不如处在高位的一些股票。如果要寻求较为稳定的投资标的，或者进行市值配置申购新股，这类股票是一个不错的选择。震荡幅度较小，也说明了市场中多空双方力量在这个位置都比较弱，并且在震荡价格区间内形成相对平衡，市场对这个价格区间形成了认同。

这段走势经历的时间较长，说明市场中投资者对这个价格区间的认可不是短期的，而是长期并且较为稳定的。走势时间较长的另外一个效果就是将长期均线拉下来，市场成本重心下降，经过足够的换手，股票持有者的长期平均成本也开始向这个区间靠拢。如果成本在上方，那么上涨过程中就要在相对高价位面对大量解套盘的压力；等待成本下降到股价附近稳定之后，上涨过程需要解放的套牢盘成本就在相对较低的价格了，并且因为长时间的稳定，价格可能在很低的位置用较小的成交量就完成对均线的突破。这种低位的震荡拖得越久，越长周期的均线就会越接近股价，等待放量突破时，未来的支撑就越稳定。

如图4－1－2，有了较为稳定的底部，中国中冶在2014年7月开始小幅放量成功突破多重均线（图中A处），然后在2014年9月一鼓作气再次放出较大的成交量突破箱体的高点（图中B处）。此时60周均线（年线）以及更短周期的均线基本已经转头向上，上涨趋势已经非常明朗。这种长周期下跌附带一个较长底部的走势，通常是因为之前的股价过高，所以需要较长的下跌或调整过程。这个过程在止跌之后，筑底完成，在上涨的初期通常会进行一次成交量稍微放大的上涨，但这个上涨幅度较小，量能也不是特别明显，上涨得特别自然。可能是一部分投资者在对股价上方的压力进行试探，是股价突破上涨之前的一次尝试。

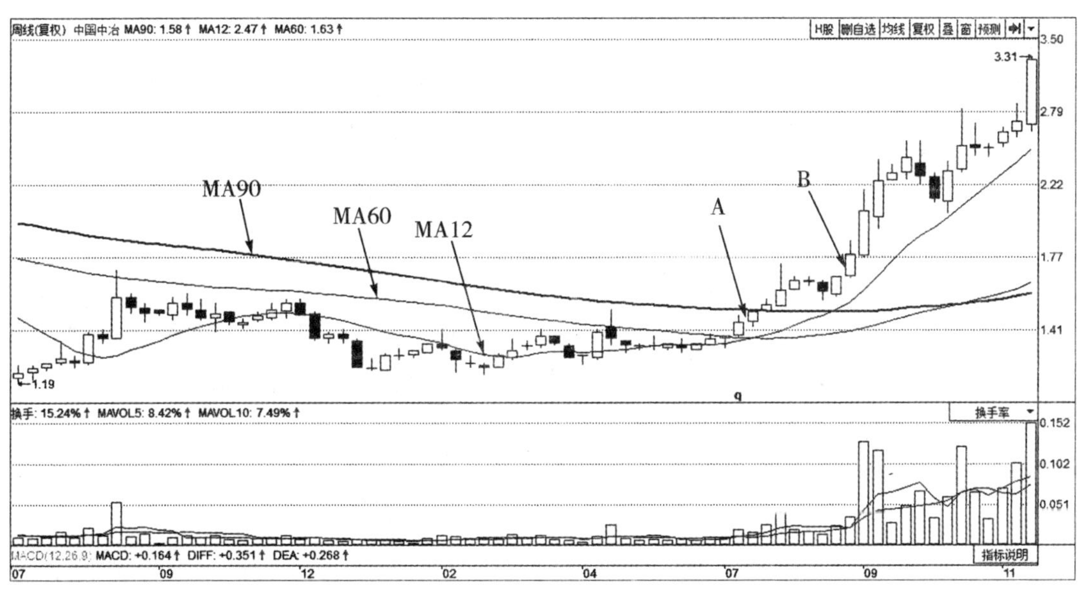

图4－1－2　中国中冶（601618）2013年7月至2014年12月股价周线图

经过这次尝试之后，有一部分投资者发现上方的压力较小，突破之后上涨的可能性很大，所以就在试探之后增加资金买入。这时候股票确实具有了上涨的潜力，在资金的推动下完成了对前期压力位的再次突破，之前的底部弱平衡被打破，股价开始一路走高。

如图4－1－3，中国中冶在突破完成后，股价进入了一个较为标准的上涨过程，可以很明显看到，A、B、C、D四处每一次突破上涨，下方的成交量都有较为明显的放大，这是中国中冶之前漫长的下跌过程导致的——下跌中不断会有投资者买入并套牢，要突破前期的价格位置，就会受到这些套牢盘的压力，必须要有比这些套牢盘以及一部分获利抛盘更大的买入力量才能把这些浮动的筹码再次稳定住，使股价冲到更高的价格。所以在突破上涨时，会放出较大的成交量。同时在上涨途中的调整里，成交量会快速萎缩，说明大部分持有者认可当前价格，不愿意抛出手中的股票，向下的动能很小，等到大部分浮动筹码再次被坚定看多的买入者收走，股价调整进入末端，多空双方再次用微弱的力量形成相对平衡，直到股票重新放量突破前期高点。

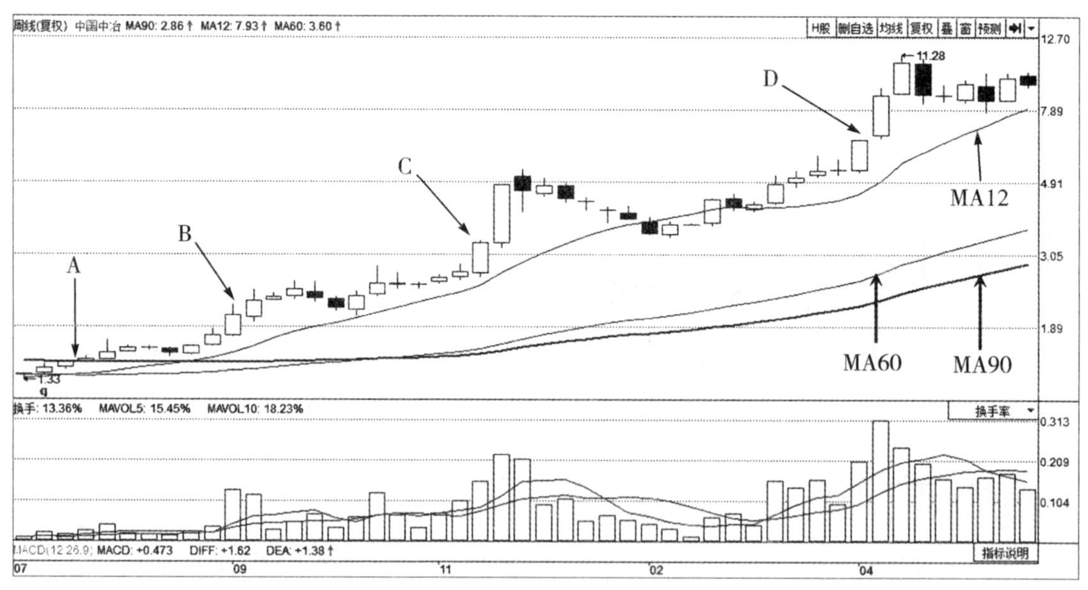

图4－1－3　中国中冶（601618）2014年7月至2015年6月股价周线图

没有只涨不跌的股票，即使是一段较大的上涨行情，也会出现各种各样的下跌调整。在上涨途中的短期调整，就像冲拳之前缩回来的拳头一样，先要“退”，才能更好地“进”。在一段上涨行情中，这样的调整十分常见，并且调整的低点常常会倚靠着一些关键周期的均线。之前提过，调整的作用之一是缓和涨势，使持有者的平均成本提高，为下次拉升做准备。

图4-1-4中，中国中冶在2015年4月进入这段行情的顶部，创出新高11.28元之后，股票开始在高位滞涨。2015年6月至7月初，股票在A处跌破60日均线，紧接着又在B处跌破120日均线，随后出现反弹。对比之前调整阶段的量能，可以发现很明显的不同：从高位下跌到相对低点时，成交量缩减幅度没有之前明显；在下跌之后，股价在2015年7月发生了反弹，反弹的幅度仍然在之前高位的平台压制之下，但成交量却与高位平台相近。尽管股价在之后形成反弹，重新回到120日均线上方一段时间，但却未成功冲破60日均线的压力，此时60日均线已经转头向下，之后一轮反弹在C处短暂地突破60日均线之后，又迅速下破60日均线和120日均线，基本宣告这一轮上涨趋势的结束。在D处股价迅速下破250日均线，这个信号可以说完全扼杀了继续上涨的可能性。

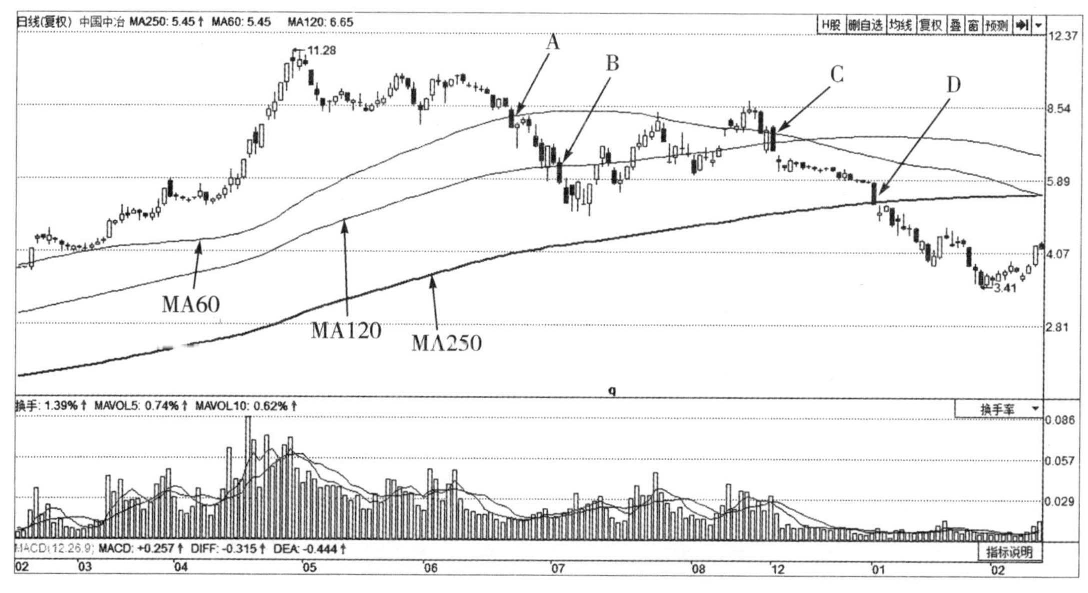

图4-1-4　中国中冶（601618）2015年2月至2016年2月股价日线图

一般来说，股票在高位放量滞涨，很可能是因为有较大资金开始出逃，这个位置的状态是买卖双方以较大的力量形成的动态平衡。既然形成了平衡，就说明股票在这个位置同时具有较大的向上和向下的力量（同时具有两种，而不是只存在其中一种，否则无法形成平衡）。换句话说，在这个位置同时具有比较多的买盘和卖盘，已经有一部分大资金开始卖出手中的获利筹码，又因为价格处在高位，这样的换手造成的小型反弹振幅很小，就更有可能是因为主力出货造成的走势了。

对于流通股本相对较小的股票来说，有时候上涨过程比较迅速，成交量变化的周期也会缩短，但整体上仍然遵循上涨放量、调整缩量的规律。

图4－1－5中是北京君正（300223）2017年11月至2020年5月的走势周线图，北京君正在这段上涨过程中的股本大约在1亿股左右，属于小盘股。可以明显看到，在这段上涨走势中，股价每次突破新高都伴随着成交量的增加，而在股价调整回落的过程中，成交量迅速减少。最终股价在这样的运行节奏中用一年多的时间从16元左右上涨到140元左右，涨幅惊人。

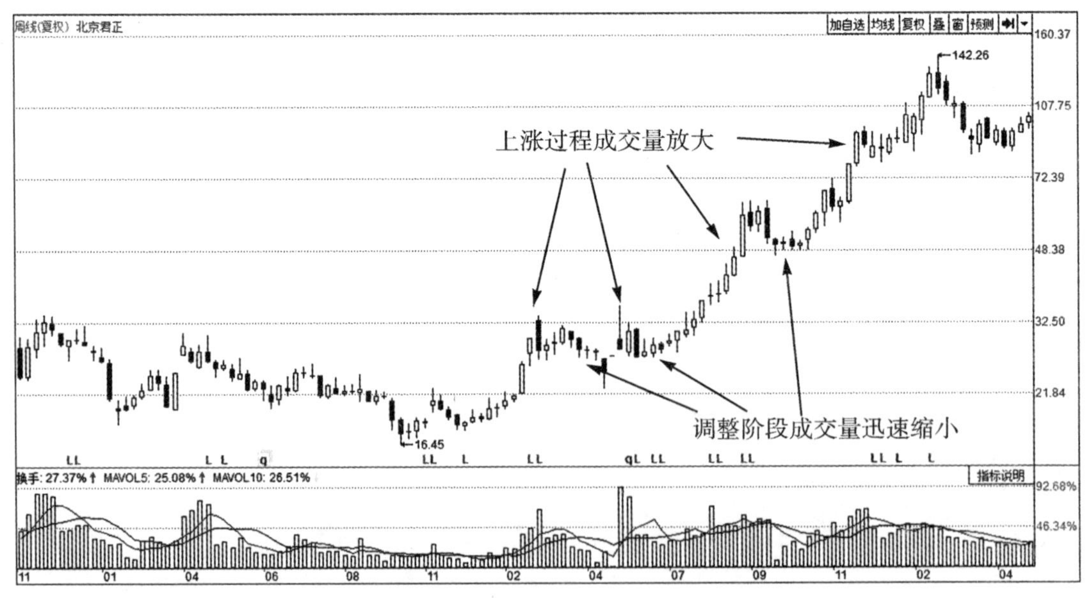

图4－1－5　北京君正（300223）2017年11月至2020年5月股价周线图

二、顾地科技上涨阶段成交量分析

股价走势要结合成交量来看，同样成交量的变化也要考虑股价的走势以及位置。比如前述中国中冶这段放量滞涨，如果不是在高位而是处于低位，那么这段走势就很可能是主力在低位不断买入的过程，也是我会在第六章进行详细解读的低位熵减过程。

在图4－1－6中，顾地科技（002694）在相对低位的放量滞涨就说明了这一点。股票从2012年上市之初一直到2014年底，长期处在低位的箱体之中，最高涨幅只在1倍左右。在箱体震荡过程中，除了上市初的换手，A、B两处也出现了较为明显的换手情况。在这样一个相对低位出现巨大的换手，极有可能是大资金在收集低价筹码。经过一段时间的整理后，股价构筑出一个较长的底部，开始缓慢上涨。

由于底部成交量较大，在上涨突破箱体的过程中，股票同样放出巨大的成交量。突破完成后，股价进行了一次回踩，股价回落到之前箱体的上方，成交量迅速成倍缩小。这样的成交量锐减说明股票在突破之后的回踩过程中，大部分投资者对于突破之后的价格有足够的认可，并不愿意在这个位置卖出股票，之前股价的涨幅并不大，大资金并不想在这个位置卖出自己低价收到的筹码。2014年12月29日，顾地科技因重大事项停牌。2015年3月17日公司股票复牌，宣布股份转让协议，股票连续4个涨停板突破前期高点，创下当时的历史新高。随着大盘行情的走高，股价一直上涨到了55元左右的价格。2015年6月中旬，顾地科技受到大环境的影响，股价也从高位回落。从图中可以看到，在回落下来的过程中，股票的成交量并没有缩小，量能基本与2015年6月的高点维持相等。最终股价在500日均线附近稳定住，而且在后续的震荡过程中，成交量仍然保持一个相对较高的水平。2015年9月，股价开始一轮较大的反弹过程，从22元附近启动，至2016年1月，股价上涨了接近一倍，然后随着熔断行情迅速下跌，再次回到500日均线附近稳定住，这时候的成交量开始锐减，维持着一个短暂的平衡。在这之后，股价的平衡被市场的力量打破，股价开始缓缓向上运行，稍许放量，重新冲上原来的高点，并且创出了新高。

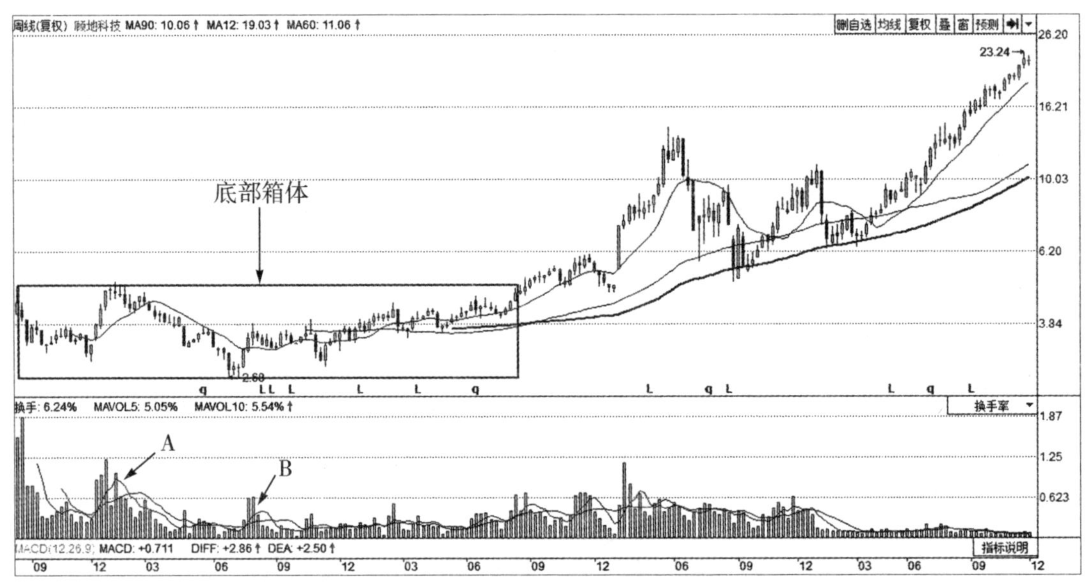

图 4-1-6　顾地科技（002694）2012 年 8 月至 2016 年 12 月股价周线图

从图中可以很明显地看到，这只股票在上涨过程中的换手率远远不如股票处于底部时以及 2015 年大跌时的换手率，这只股票中的大资金显然十分有耐心，从 2012 年的底部就开始囤积股票筹码。直到 2016 年初，大资金仍然在不断吸筹。2016 年 3 月之后，股票的低量能上涨基本说明了股票筹码的稳定。只有股票筹码保持稳定的时候，股价才会在很低成交量的推动下上涨。对比 2016 年 7 月与 2015 年 6 月两处相近位置的换手率，可以看到，股价在换手率远低于之前高点的情况下轻松创出了新高。这个位置的浮动筹码基本已经被之前的买入力量消除，所以空方力量完全不能抵抗，股价的上涨过程也没有消耗太多的资金成本。

我们研究上涨途中成交量的变化，主要是为了在上涨过程中对股票进行识别，了解股票所处的状态，以及股票未来上涨的动能，从而达到我们买入盈利的目标。

三、成交量必须考虑股价所处的位置

前面讲过，股票的成交量必须结合股价所处的位置来分析，对于股票来说，脱离了价格，成交量也没有太多意义。我在讲解均线时提出“阶梯接力”，随着股价的上涨，支撑股价的均线周期越来越短。体现在股价上，表明股价的上涨是一个加速过程。这是因为随着其价格越走越高，市场热度也变得越来越火热，对应的想要买入的散户投资者也会越来越多。更高的股价意味着主力在高位维持股价需要的资金成本更高，特别是在股价上涨的中后期，主力需要派发筹码出去，手中持有的股票会越来越少，派发之前稳定持有的筹码，意味着市场上浮动的筹码会越来越多。股价在高位的时间越长，市场累积的成交量就越大，需要的资金成本也会更大。所以主力在高位想要长期稳定地维持股价，需要非常多的资金和筹码。而在高位，很多主力并不会再追加买入，而是不断地找机会卖出股票，资金和筹码根本不足以维持股价在高位的长期稳定。所以主力会在高位采取速战速决的办法，股价最后一段上涨，常常是大阳线甚至涨停板。这其中有市场情绪的影响，同时也是主力采用的一种用较少资金来拉动股价的办法。尽管这样拉升，当天的成交量也会远远超过其他涨幅较小的交易日，但与完成这样涨幅所需的累积的成交量相比，这种拉升方式累积的成交量就小了很多，相应地，主力付出的资金量也少了很多，所以对于主力来说，这样拉升股票无疑是最快且最好的办法。

一旦错过较好的出货时间，市场的情绪可能并不能支持主力完成出货过程。之前提到的一些在高位没能成功完成出货的主力，他们就是过于乐观地判断了当时的市场形势。尽管股票的筹码大都集中在自己手中，但市场基本没有足够的买入力量了，股价想要再上一个台阶，需要有很大的力量来克服卖出的阻力，而主力已经没有足够的资金和意愿来推动股价上涨了。

通常来说，在股票的上涨过程中，上涨放量，调整缩量，是一个比较明显的特征。所以对于一个较为确定的上涨趋势，我们只要在股价进行调整、成交量缩减的位置入场，就可以在接下去很长的一段时间里保持较低的成本。不必去苛求一个调整的极限位置，在股票市场中，往往做得不那么完美才是真正的完美。通过对成交量的判断，我们可以更从容地选择位置进场，而不是在股票正在进行一轮上涨的末期选择追高进入。如果在一小段上涨的中后期买入，那么调整过程中很可能让我们的成本高于股价，并且在后续的调整中陷入一段时间的等待，增加我们的时间成本。

第二节　寻找反弹机会：股价下跌阶段的成交量变化

经历了一轮上涨之后，顾地科技在高位构筑了一个平顶，然后进入下跌段。下面，我们继续对顾地科技后面的跌势进行分析。

一、顾地科技下跌阶段成交量分析

图4－2－1中，顾地科技在经历了之前漫长的上涨过程之后，由于没有了新的多方力量而出现了下跌。通常来说，经过一轮大幅上涨之后的股票，第一段下跌过程都是较为“惨烈”的，成交量维持较高水平，下跌的阴线都是实打实地往下踩。顾地科技的第一段下跌有一点例外，主要原因是股票在高位有一个较长的顶部，并且在第一轮下跌之前公司停牌，空方的力量在停牌的这段时间里不断积聚，最终公司公布利空消息，造成了持有者的恐慌，所以这个位置就产生了踩踏式下跌，出现了连续的跌停板。

第一轮下跌之后，股价在A处出现了第一次下跌途中的反弹，很明显，股票的换手率再次放大，超过2016年初熔断行情之后的大部分时间的状况。这就说明主力在选择用相对不那么高的价格卖出手中已经开始下跌的筹码了。在这个位置，有部分激进的投资者开始抢反弹。在这次微弱的反弹之后，主力开始不计成本地（由于是较低位置拿到的股票筹码，所以实际成本较低）卖出手中的股票。所以在接下来的一段走势中，股票极少有较为明显的反弹，直到2018年6月，股价跌到第一阶段主力吸筹的箱体上轨时（接近大资金的成本位置），才在 B 处再一次出现幅度不错的反弹，反弹高度约为 50%。

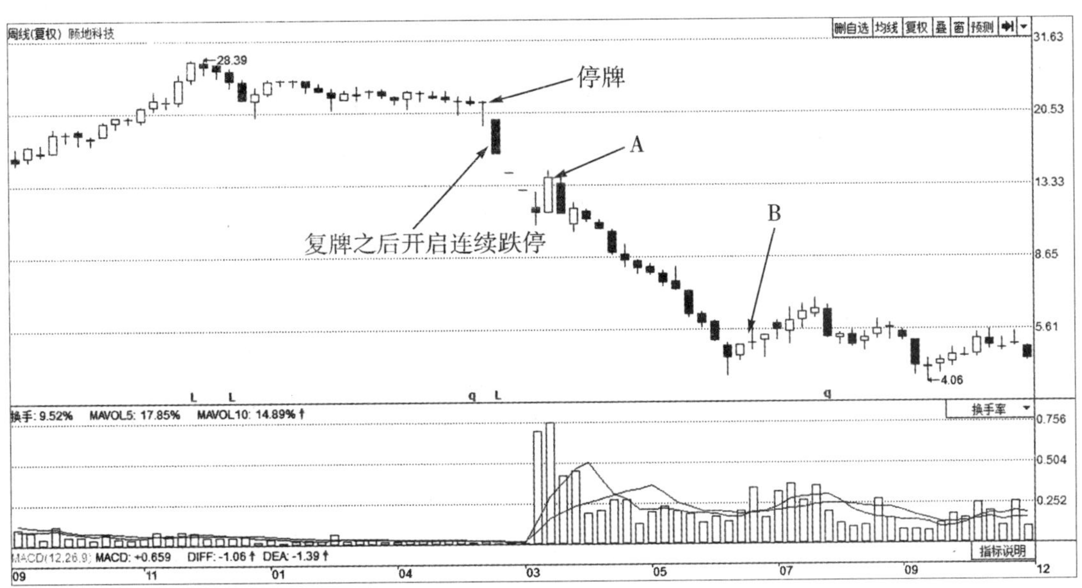

图 4-2-1　顾地科技（002694）2016 年 9 月至 2018 年 12 月股价周线图

与上涨过程相反，顾地科技这段下跌带着较大的成交量，和第一段下跌过程相同，同样属于一个较为不寻常的走势。之前提到过，股票上涨是一个熵增的过程，如果这只股票的熵值超过一定程度，那么这只股票就基本算完成了一次上涨的熵增过程，之后上涨的高度可能还会增加，但一旦这一轮上涨过程在此完结，出现一次较大的下跌（如 2015 年 6 月很多股票的那种下跌），那么在较短的时间内也很难重新站上高点。如果一轮上涨的熵增过程不足，股票的熵值并没有突破那个界限，那么它在较短时间内仍然具有上涨的潜力。这个熵值决定于股票本身的性质以及底部的成交量情况等，而增加股票熵值的过程包括股价的上涨和上涨途中成交量的释放。

顾地科技就是超越熵值过多，上涨幅度过大，主力对后市过于乐观。当熵值过大时，市场就会出现使其变小的力量，即使股价因为筹码集中而继续低成交量上涨，也会在之后因为市场的力量而跌落。

二、下跌阶段不要轻易博反弹

图4-2-2是上证指数在2005年至2009年的走势，下方柱状图是成交金额。对比2006年至2007年的上涨段与2007年至2008年的下跌段，可以发现在上涨阶段，成交金额总体呈持续增长的趋势，在下跌阶段，成交金额是反弹放量、下跌缩量的走势，越接近底部成交金额越小。

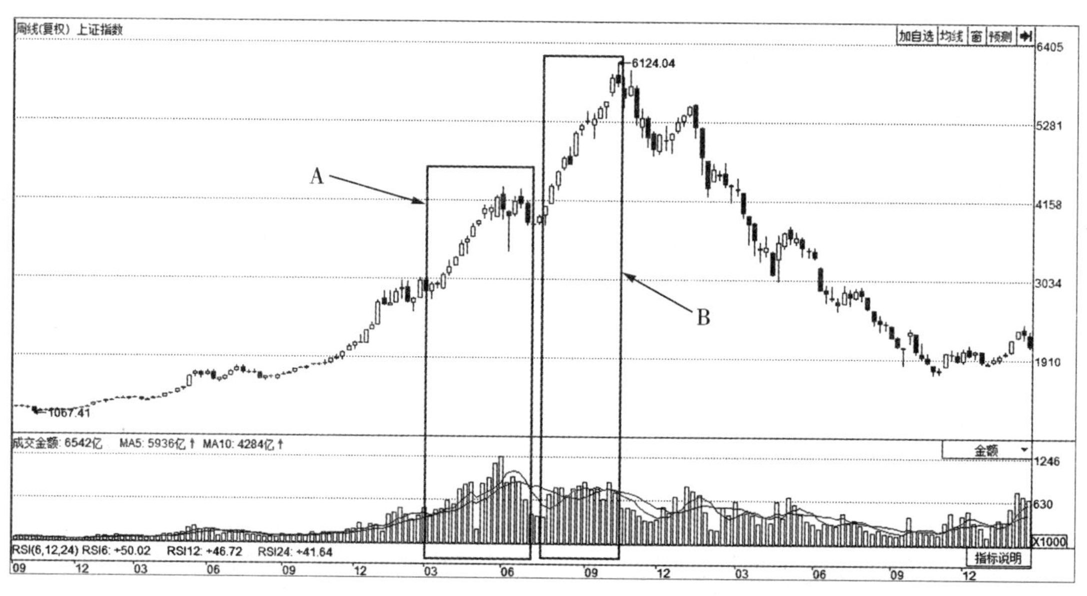

图4-2-2　上证指数2005年9月至2009年2月股价周线图

对比图4-2-2中上涨段的A、B两处，B处的成交金额反而不如更低位置的A处，这是为什么呢？

在上涨过程中，股票的筹码应该越来越散乱，浮动筹码越来越多，导致成交量越来越大才对。但需要注意的是，这里的图形是代表指数，指数并非个股，它受到多方面的影响。经历过或者细节复盘过2007年7月之后上证指数那一轮上涨的投资者应该知道，在上证指数从1000点附近上涨到4000多点的途中，绝大部分股票都是呈上涨的趋势，按照一部分投资者的说法就是："猪都能飞到天上去。"几乎 A 股所有的股票都经历了一轮不错的上涨。而到了 2007 年 7 月之后，很多股票止住了上行的脚步，开始停滞不前。而还有一些股票经过六七月份的调整，维持原来的走势继续上行，个股出现了分化，而这一部分上涨的股票大部分都是对指数贡献较大的大盘股，有一部分小盘股票并未跟涨，而是在 2007 年 6 月位置附近震荡。一部分滞涨的小盘股开始缩量，而大盘股票仍然在放量上行，所以体现在指数上就是指数仍然上涨，但总体成交金额下降。

股票上涨的过程中，其市场热度一直在不断增加，会有越来越多的投资者想要买进股票，也会有自底部开始持有的投资者卖出手中获利的股票，中途买入的投资者将浮动筹码稳定住，也为之后的上涨提供浮动筹码，股票的上涨幅度越大，市场的热度越高，浮动筹码也越来越多，所以通常股票在上涨过程中成交量会不断放大。

在上涨完成后，股票筑顶，然后进入下跌段。下跌段的成交量分布通常与上涨过程不同，在刚刚进入下跌段的第一段下跌过程中，成交量常常比较大，这一般是大资金在高位卖出股票引起的下跌，此时股票的市场热度尚未减退，所以会有较多的买入力量在这个位置买进，由此产生了较大的成交量。第一段下跌进入尾声时，股价常常处在重要均线附近，由于短期累积了大量的套牢盘，所以在这一段下跌的末期成交量会快速下降。此时市场中还存在对股票未来看好的投资者，股票的市场热度仍然存在，短期内股票会出现买盘多于卖盘的情况，于是股票就产生了第一次反弹；如果出现顾地科技那种大资金不计成本地在高位卖出的话，第一次反弹就会很无力，甚至到很低的位置才出现第一次反弹；除此之外，大资金在充分上涨之后配合着消息将筹码大量卖出，在高位长期横盘，然后股票停牌，在停牌期间消息对多方不利，众多投资者手中的抛盘也会像大资金不计成本地抛出一样，让股价出现第一波大幅下跌的情况。

通常来说，主力在上涨过程的中后段就开始派发筹码，在极度热闹的行情中把仓位降低。但即使是主力，也不能准确地预料到未来行情的走势。2015 年 6 月的很多股票就是出现了这样的情况，让很多主力手忙脚乱，特别是一些持仓量大、还没有完成出货的大资金量的投资者。如果出现不利的情况，市场就容易出现踩踏下跌。对于资本市场，其实这是一种较为正常的下跌走势（很多个股都有这样的走势），但对于国家以及政府，大批量的踩踏下跌不利于很多个人投资者，这往往会波及社会的安定，所以在2015年下跌之后，监管层实施了一系列的救市行为，这种救市行为在中国股市出现过不止一次。但2015年下跌之后的救市行为并没有引起很多散户的好评，很多散户认为监管部门在讲空话。实际上，救市的确把很多踩踏型的下跌走势用真金白银撬开了板，让投资者可以自行选择离开，而不是被关在里面，看着资金缩水无能为力。

整体的踩踏下跌过程中，监管部门为了维持市场的稳定，会采取相应的救市措施，但对于少部分个股，是不会进行干预的，所以我们应该尽量避免买到这样的股票。不过，考虑到第一轮的下跌力度大，往往在长时间的下跌后，会有一定的反弹，散户可以选择用较少的资金去博取短期反弹。

三、火中取栗——怎样在下跌阶段寻找反弹机会

图4-2-3中，重庆啤酒（600132）在2008年见底之后，向上走出了一段不错的行情。经历了两轮上涨，股票已经有了很大的涨幅。2010年11月至2011年11月，股价在高位进行宽幅震荡长达一年时间。在这一年时间里，重庆啤酒利好不断，乙肝疫苗的研究进行得如火如荼。而主力趁着这个时间不断地卖出股票，11月股票停牌，最终利好破灭，大量的投资者都认识到了这个位置股价的巨大风险，同时受到公司利空消息的影响，股价直接踩踏下跌，直到20元附近才开始第一轮反弹，这时股价已经跌了接近75%了。

图 4-2-3　重庆啤酒（600132）2008 年 9 月至 2012 年 9 月股价周线图

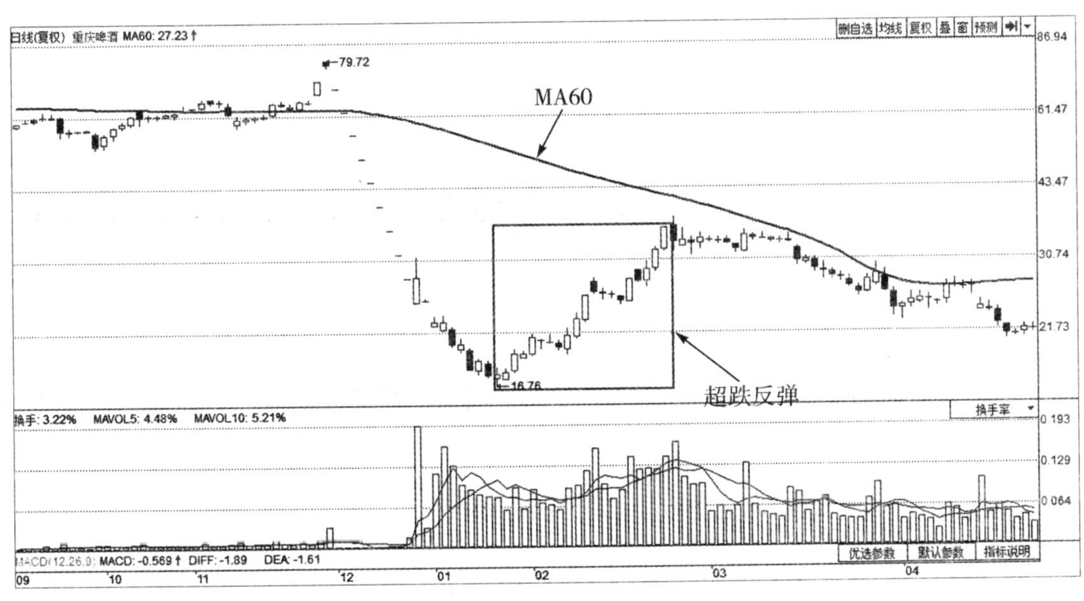

图 4-2-4　重庆啤酒（600132）2011 年 10 月至 2012 年 4 月股价日线图

但同时因为股价的第一轮下跌幅度大，速度快。所以股价的第一轮反弹的幅度也不错，如图 4-2-4，从 2012 年的 1 月下旬至 2 月下旬，重庆啤酒股价从 17 元左右反弹到了34元左右，涨幅高达100%。反弹至这个区间之后，股价在一小段时间内窄幅震荡，直到60日均线从上方向下靠近股价，股价无力上行突破并在60日均线的压力下继续下跌。

我一直认为，在下跌过程中抢反弹是一种“火中取栗”的操作。作为投资者，我们应该在这种情况下轻仓操作，特别是在第一轮下跌过程中，反弹的高度与未来可能下跌的幅度相比差距太大。相当于我们用可能亏损70%的风险去博取20%左右的收益，这种炫技式的交易方式并不适合大部分股票投资者，更加不宜用重仓位甚至加杠杆进行赌博。

我们必须要认清，我们是投资者，而不是股票市场里面的赌徒。我们不需要破釜沉舟，从容应对市场的变化才是我们应该做的。这个市场我们能够参与的投资，其涨跌很多并不那么确定，很多股票看起来万事俱备，但仍可能会发生一些“黑天鹅”事件导致股价暴跌，所以作为投资者，我们在“进”这个市场之前，首先要想到“退”——在买入一只股票之前，要做好买入之后股票走势和自己预期不符的准备。大部分投资者进入股票市场目的都很单纯，都是赚钱。包括我，进入这个市场的时候也没有带着其他目的。但在买卖股票、研究股票的过程中，我体会到了乐趣，研究股票所处的状态以及它们的性质和未来可能的走势让我感觉快乐，赚钱似乎不是那么重要的事情了，然后我就渐渐开始赚钱了。

对于第一波快速下跌，我们可以轻仓介入，在避免过大风险的同时做好一笔磨炼自己的交易。对于第一轮反弹，通常来说，如果第一轮下跌是放量下跌，我们应该选择缩量后买入；如果第一轮下跌是缩量下跌，我们应该在放量之后买入。当然，抢反弹时，除了股票成交量方面的因素，我们还需要考虑其他几个重要的条件。

在下跌过程中寻找反弹机会也需要用到上一章介绍的均线。在下跌过程中，股价开始较大幅度远离均线，股价与均线的乖离率以及短期均线与中期均线的乖离率过大，市场就像遵循物理学中的楞次定律一样，会对股价进行修正。如果之前的第一轮下跌时放量，并且导致股价远离上方作为压力线的中短期均线，同时成交量缩小到一定程度，那么这个位置很可能发生一次反弹，反弹的高度可以用中短期均线（MA20、MA30、MA60 等，视情况取其中最具参考意义的一根）来估算。反弹到靠近之前取的参考均线位置附近时，即可止盈卖出。理想情况下，这就是一次标准的反弹。

在一轮下跌开始时，我们就应该看好股票未来可能会在哪些位置上出现反弹，通常来说，上涨和下跌存在一定对称性，在股票上涨时出现的压力位置的 K 线密集成交区在下跌时同样具有支撑作用，在下跌途中股价也很容易在附近位置产生反弹。这个特征出现最早，稳定性也很好，不仅可以在下跌途中寻找反弹，而且可以在上涨过程中寻找支撑位置。

第一轮下跌常常幅度较大，速度较快，后续的反弹幅度也较大。第一轮反弹完成之后，股票会继续之前的下跌趋势。所以在博反弹的时候，我们应该及时止盈，否则很可能很快将盈利亏完，甚至威胁到我们的本金。

后续的反弹中，我们依然可以遵循三个参考条件：

1. 股价离均线过远。

2. 成交量对比之前明显缩小。

3. 在股价附近有前期的密集区支撑。

如果是由于消息面影响而从高位缩量下跌，第一轮下跌的幅度通常会更大，一部分的密集成交区会被直接下穿打破。同时第一轮反弹的位置也更加难找，反弹的高度也会更高，反弹的涨速也会很快。这种反弹更需要参考更多的指标因素，对于普通投资者来说，这种反弹最好用轻仓去操作。更大的波动意味着更大的风险，里面的规律更加复杂，对于大部分投资者来说，这样的行情可远观，不可参与，因为我们很难在这种行情里寻找到较为稳定的机会。在这种情况下投入较多资金进行操作，不像是股票投资，更像是一场付出筹码的赌博。

除了以上几个条件，股价的反弹还与市场的消息面密切相关。但作为普通投资者，我们获取消息的方式和渠道远远比不上一些机构投资者，当我们听到消息之后，股价可能已经处在一个反弹的较高位置或者已经无法买进了（涨停或停牌）。

而且市场中鱼龙混杂，很多消息的真实性难以判断，所以我个人并不鼓励个人投资者根据消息面来进行交易。在股票市场，慢一步，常常是致命的。市场的反弹机会不像上涨趋势，很多时候反弹行情买入的机会都是稍纵即逝，对于一个慢半拍的投资者来说，在下跌过程中根据消息面抓反弹是极其危险且不可靠的。

我们最应该记住的一点，是在反弹过程中保持警惕，对与自己的预期不同的走势不要钻牛角尖，更不要优柔寡断，果断止损是最好的方法。大的趋势向下，我们如果不及时撤出，很可能被压倒在滚滚潮流之下。股票市场中，没有任何一种分析方法得到成功的结果是100%，在确定发生之前，这个市场没有什么绝对。

第三节　稳健擒获黑马：底部成交量分布分析

有一部分股票在一定时间内似乎默默无闻，无人问津，然后在某个时间突然直冲云霄，走出惊人的涨幅。这样的股票就像赛场上的黑马选手，起初不惹人注意，但后来一鸣惊人，此类股票也被投资者称为“黑马股”。

黑马股往往在前期不被人看好，就像路边的野草一样，大家路过也不会对它们产生太多兴趣。有相当一部分投资者的注意力是放在一些“明星股票”上。按我经常的说法，你去追星，做了很多事情，人家可能连理都不愿意理你；而当你给一个正处于低谷的人帮助的时候，他可能会记住你一辈子。在股票投资中“追星”，可能会在短期获得不错的收益，但对于大部分投资者，“追星”买股票常常会遇到一些具有潜在问题的股票，就像2011年爆炒“乙肝疫苗”的重庆啤酒、转型造车的乐视网和“财务算错300亿”的康美药业一样，最终跌得一片狼藉。

还有另外一部分个人投资者更喜欢关注自己的一亩三分地，对于自己持有以及买卖过的股票如数家珍，有的甚至连上市公司董事长的家庭情况都摸得一清二楚。但对于不是自己的股票，并不关注它们现在是怎样的状态。

作为想要在这个市场中长期稳定盈利的投资者，我们应该去关注更多股票，了解更多股票，通过观察学习市场中股票的走势和形态，使我们对这个市场有更加深刻准确的认识。

“秋水时至，百川灌河；泾流之大，两涘渚崖之间不辩牛马。于是焉河伯欣然自喜，以天下之美为尽在己。顺流而东行，至于北海，东面而视，不见水端。于是焉河伯始旋其面目，望洋向若而叹曰：‘野语有之曰，“闻道百，以为莫己若”者，我之谓也。且夫我尝闻少仲尼之闻而轻伯夷之义者，始吾弗信；今我睹子之难穷也，吾非至于子之门则殆矣，吾长见笑于大方之家。’”这段出自《庄子·秋水》的文章告诉我们，做人要谦逊，人外有人，天外有天。但同样，没有见到海的河伯并不知道海的存在，就像我们很多投资者看到股票的某种走势会觉得毫无头绪。而杰西·利弗莫尔说过：投资就像山峰一样古老。很多走势其实都曾经在一些股票中出现过，只是大部分投资者更关注眼前的波动和手中的持仓，对于过去发生的事情，他们漠不关心。这样会导致投资者错过很多学习的机会，股票学习不光是大而空的理论，更多的学习是在市场中，在历史中。

一、从坚实的底部寻找黑马股

寻找黑马股，必须要从它在构筑坚实的底部开始，所以我们的眼界要放开，把目光从当日的分时图移开，把关注点放到之前更长的走势上。

这里我仍然使用以换手率作为成交量参考的纵向对比。图4－3－1中是重庆啤酒（600132）2008年4月至2020年5月的月线走势图，重庆啤酒经历了黑天鹅事件，在跌入底部的过程中，出现了2011年之后的第一次放量。而在2015年的牛市中，重庆啤酒的涨幅在两倍左右，明显低于平均水平，在这个阶段，重庆啤酒的成交量再次累积，为接下去的上涨奠定了坚实的基础。

从2016年2月到2020年5月，重庆啤酒的涨幅已经达到了6倍左右，而在这段上涨过程中，下方的成交量并没有非常明显的增加，仅在2018年年中冲破30元时略微放大，使2015年的部分筹码解套。这个位置的换手率和2015年的换手率对比起来看，就说明大部分套牢筹码似乎并不认为30元是这轮走势的顶点。果然，在接下去的走势当中，重庆啤酒继续向上，越走越高。

重庆啤酒能这样走高的基础，便是之前的两次集中放量。这两处放量位置的筹码能够在上涨阶段稳住阵脚，没有在解套时出现大量抛售的情况，是重庆啤酒近年来走牛的重要原因。

图4－3－1　重庆啤酒（600132）2008年4月至2020年5月股价月线图

如图4－3－2，在香江控股（600162）1998年至2004年的这段走势中，以上市的价格为基准，六年时间，股价最大的上涨幅度是1倍左右，最大的下跌幅度在50%左右，这期间还经历了2000年的牛市行情。所以香江控股这个位置很明显是没有足够的涨幅。

我们再观察成交量，在图中低位几次有较大换手率的位置，我都进行了标注。A处时间是1999年6月至9月，B处时间为2000年1月至8月，C处时间为2001年3月至6月，D时间为2002年5月至7月，E处是相对位置非常低的一处放量，时间为2005年6月至11月，F处在上涨初期，时间为2006年2月至9月。F处放量之后，出现了短期的缩量调整，然后股价放量上涨创历史新高。

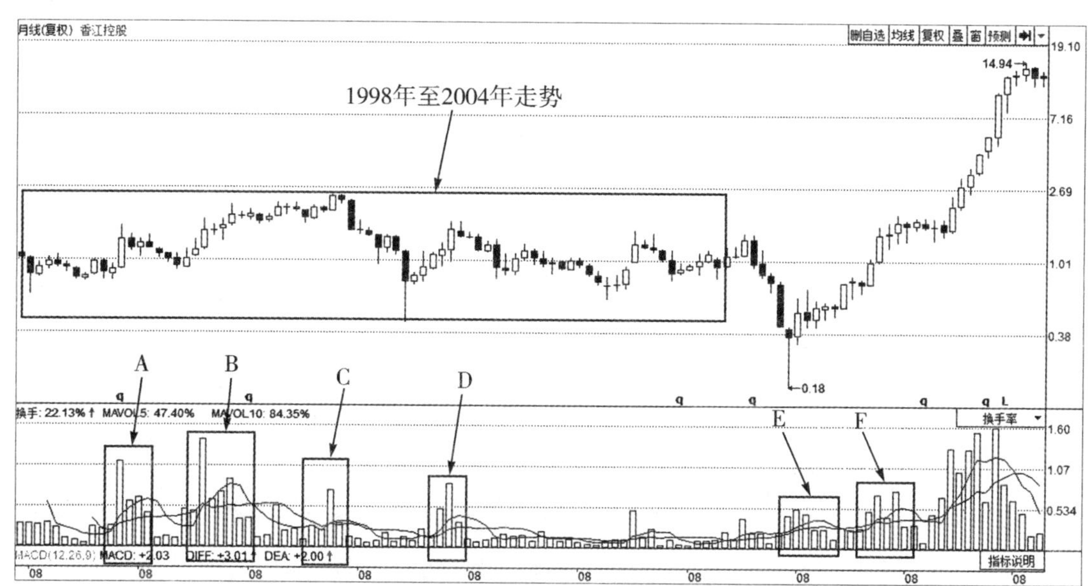

图 4－3－2　香江控股（600162）1998 年 7 月至 2007 年 11 月股价月线图

图 4－3－3　香江控股（600162）2005 年 7 月至 2006 年 3 月股价日线图

如图 4－3－3，2005 年 3 月至 6 月，股价向下突破之前的震荡区间并快速下跌，在 2005 年 7 月 18 日创下了香江控股的历史最低价格 0.18 元，在下方稍停几日后，股价快速反弹到0.6元附近。在这段下跌的末期以及反弹站稳的过程中，下方放出密集的成交量，并且走出一个标准的阻尼振动走势。

之后，该股步入上升趋势，且后续不断放量突破之前的高点，创出历史新高，最终从最低0.18元上涨到了14.94元，涨幅巨大！

对于这样的股票，我总结出一个结论：在涨幅不大的震荡中，有较大的成交量出现，后续如果突破上涨创出新的高点，那么之前的震荡区间都是这轮上涨的底部。这个底部成交量越大，时间越长，未来上涨的动能就越大，股价可能的高度就越高。

所以，我们看股票时要用动态的眼光来观察，同时也要放眼全局。很多投资者看的K线就是手机屏幕中默认显示的几十根，根本难以判断股价真正所处的位置及其所处的状态。但有意思的是，有相当一部分个人投资者都依靠这很少的K线来进行交易。这样做，短期内可能会获得一定利润，特别是在大环境较好的情况下，更容易让自己对自己的判断方式产生自信，觉得自己在初入股市时就能凭借自己的判断盈利，所以牛市时大家都是“股神”。一旦进入熊市，这样的分析方法常常吃大亏，各种各样的办法似乎都不再像之前那样能赚钱了，最终陷入静默，不再谈论让自己伤心的股票。

二、底部时间越长，股票上涨幅度越大

上证指数从最开始不到100点走到现在几千点，整体上一直是处于不断发展的状态。很多个股也同样走出了这样的态势，上海电力（600021）就是一个典型的案例。

从图4-3-4中可以明显看到，上海电力每一轮大行情之后的低点都在不断升高，行情的高点也同样越来越高。除此之外，再仔细观察，大家能不能发现股价每次涨幅与对应的底部的关系？

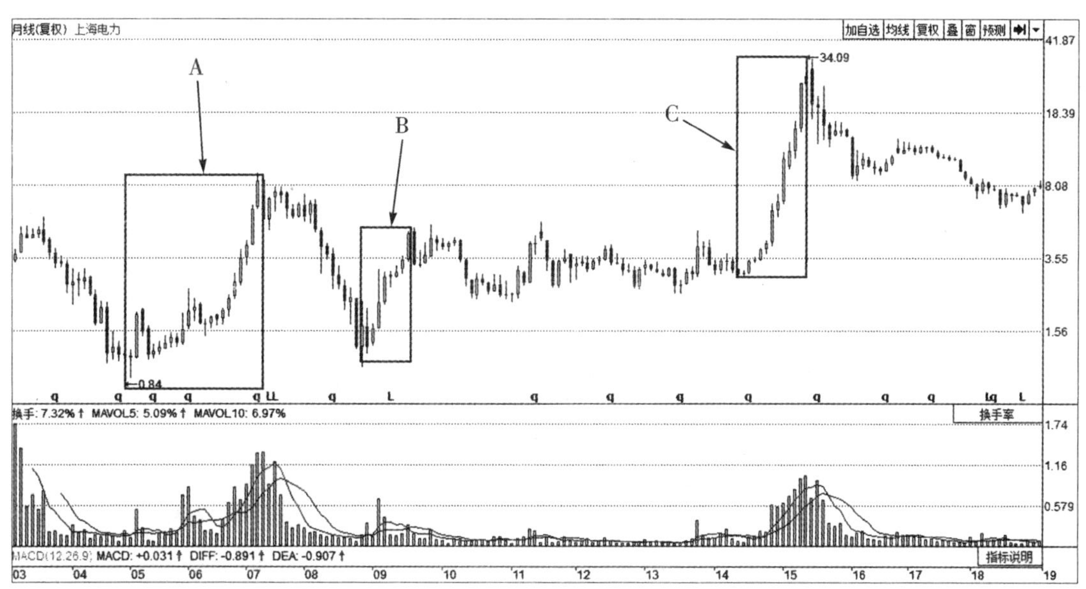

图 4-3-4　上海电力（600021）2003 年 11 月至 2019 年 1 月股价月线图

图中有三次幅度较大的上涨，分别是 A 处 2005 年至 2007 年的一轮上涨、B 处 2009 年至 2010 年的一轮反弹以及四年后 C 处 2014 年启动的一次幅度最大的上涨。股价的第一轮较大幅度的上涨之前，股票经历了上市以来的第一轮下跌，接着股价在底部进行了较短时间的震荡，又重新转头向上。2005 年至 2007 年产生了第一轮上涨，之后股价从高位跌落下来，在 2009 年开始反弹，自此股价运行就进入一个箱体，时间长达 5 年。就是这段超长的底部给了 2014 年这轮行情坚实的基础，这一轮行情股价上涨的幅度最大。

其实，从底部阶段性换手的大小来对比，2010 年至 2014 年这段震荡的箱体走势里的换手率小于 2005 年、2006 年这两年底部的换手率。但 2010 年至 2014 年这段走势的时间更长，累积的成交量以及所有投资者的筹码稳定程度高于第一次的底部。股票此时的状态更加适合上涨，最终股价也在 2015 年成功创下当时的历史新高，把之前的所有价格踩在脚下。上方不再存在套牢盘形成的压力，股价进入成交量放大的加速上涨阶段。

统计类似的股票，我们会发现，当股票的底部越长，相对的成交量越大，股票在这之后的涨幅就相对较大。如果股票在较短的时间内已经完成了一轮涨幅较大的行情，那么下一次整体行情火爆的时候，股票上涨幅度常常远远低于之前没有大涨过的股票。所以我们寻找黑马股，就要在底部寻找涨幅相对较小，而成交量巨大的股票。如果一只股票在一个较低的价位附近震荡了很长的时间，并且在这个区间内有足够的成交量释放，那么在下一次行情启动的时候，股价很可能走出巨大的涨幅。股市有一句流传的俗语叫“横有多长，竖有多高”，这种说法就是在讲述超长底部对未来涨幅的促进作用。

个人投资者相对于大资金主力仅有几项优势，其中一项就是资金量小，在买卖中出入方便，不会像大资金买卖时会引起股价一定程度的波动。所以要充分利用大资金的这个特点，在市场的走势中去寻找主力的蛛丝马迹，当我们在红红绿绿的K线图中能够一眼看出大资金主力的动向时，那些黑马股也就能够很容易被发现了。

第五章 Chapter Five

九层之台，起于累土：K线的积累

在讲成交量时，我提到了时间的重要性。大家肯定也遇到过很多单日放出巨大成交量，随后又归于沉寂的股价走势。对于很短期的行情，特别是由于游资或者消息面引起的短期波动，当我们意识到时基本就已经晚了。所以投资者应该更多地去追求一些较为长期的盈利，或者是在股价运行的关键位置进行短期操作。

第一节　太短的K线走势并不可靠

一位著名的操盘专家曾经说过，短线高手对于长线走势也一定有深刻的见解。实战中，很多个人投资者的目光都太近，常常把视线放在几天之内，对于股价之前的运行趋势毫不关心。今天公司放出一个利好消息，股价出现了一定的涨幅，他们就开始分析行业背景、消息的引申含义，或许觉得不错，就选择买进。但一些事实已经无数次证明：当股票处于大的下跌周期时，绝大部分的利好消息都会被淹没在滚滚的浪潮之中。在下跌途中追逐消息而亏损的不占少数，这些投资者并不关心股价所处的状态，仅仅凭着心中对于利好消息的憧憬就大胆买进股票，长期做下去，绝大多数都会出现较为严重的亏损，其实这也是他们短视的恶果。

一、让K线积累起来

举个很简单的例子，见图5-1-1。

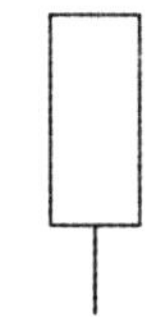

图5-1-1　光头阳线

当我们看到这根K线时，我们仅仅能通过它知道当天的走势。股票目前处于什么位置，是一个怎样的状态，在这根K线完全没有办法看出来。我们在市场中观察这样的K线，也会发现后续的走势五花八门。

在一轮上升趋势中，股票会发生调整；在一轮下跌趋势中，股票也同样会发生反弹。在调整或反弹的区域，K线一段时间的走势也会出现与股票大趋势相反的情况，如果以中途的修正走势来判断股价未来的走势，可能会出现极大的偏差。见图5-1-2。

图5-1-2中的这段走势，股价处于一个下跌过程。在相对高点，市场成交量较大，在相对高位形成了一个短期的凸起。在这之后成交量缩减，市场进入一个缩量的平衡状态，较短时间之后，股价继续走低，并且成交量小幅放大。

图 5－1－2　某只股票的某一段走势日线图

根据以上走势我们能得到什么结论？从相对成交量上判断，基本上可以排除股价处于大型上涨的顶部这个可能性。如果股价处在一轮上涨的相对顶部，图中那个凸起部分的成交量一定是极大的，并且成交量柱的高度与其他部分有明显的不同。所以这里的走势可能出现在底部区间或者下跌途中，也可能是上涨过程中的一次调整。所以股价当前究竟处在什么状态，未来怎么走，仅通过这一部分的 K 线图基本没办法判断。

图 5－1－2 实际上是焦作万方（000612）2006 年 6 月至 8 月股价走势日线图的一段，从图 5－1－3 可以看出，图 5－1－2 中这一段走势就是图 5－1－3 中缩量的一部分，可以明显看到，图 5－1－2 部分的走势就是焦作万方上涨途中的一次调整。所以观察走势总是要看全貌，管中窥豹常常会使人陷入干扰中，对于判断股票大的趋势并没有好处。

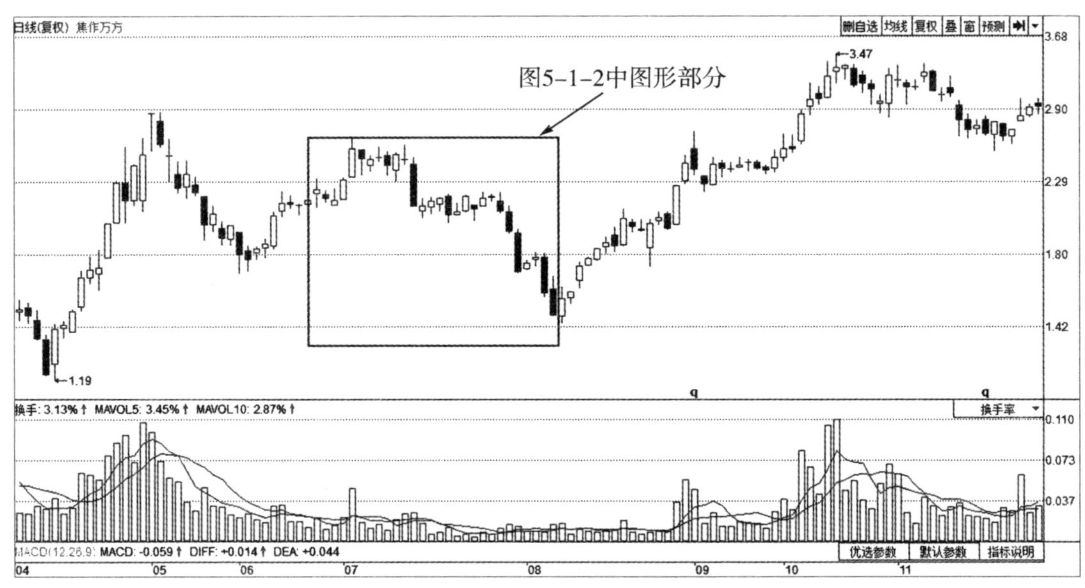

图5-1-3 焦作万方（000612）2006年4月至11月股价日线图

当我打算研究一只股票时，我会把它上市以来的所有走势都翻出来看看。了解它的前世今生，我常说，选股票就像识人一样，要了解这个人的性格，才能判断他在一些情况下可能做什么事情。我们如果对一只股票的性质有足够的了解，那么它的一些走势也是可以通过分析预判到的。把眼界放开，太短时期的K线走势很难让我们判断一些重要的信息。

二、次新股的滑铁卢

现在新股上市之后，往往会先进行第一轮上涨，之后股票会因为不同的情况而出现分化走势，除去股票本身的性质，上市初的一段走势会对股票未来很多年的走势产生巨大的影响。但仅仅凭上市初期一段走势，我们无法判断股票接下去的走势。

大部分新上市的股票在经历了第一轮连续的涨停板上涨之后，常常会从高位持续下跌，如果在大盘环境不好的时候，股价可能还会破发。

如图5-1-4，上海银行（601229）是一只典型的破发股，该股在2016年年尾上市，股价仅仅一周就完成第一轮上涨，然后从高位持续下跌，2017 年六七月份股价出现一定幅度的反弹，但最终仍然没能创出上市后的新高价格。到 2017 年底，冷清的市场氛围无法支撑这只新股的股价，最终股价只能破发，进行筹码大整理。

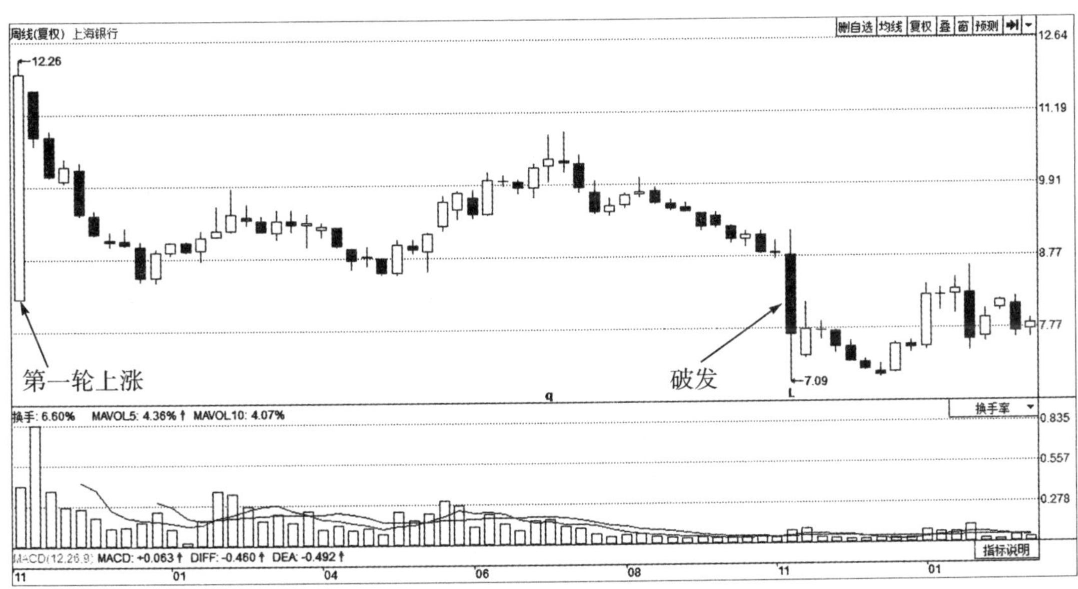

图 5－1－4　上海银行（601229）2016 年 11 月至 2018 年 3 月股价周线图

上海银行上市之后的第一轮上涨相对于很多 2015 年后发行的新股来说不算太高，这个有上海银行本身的原因，但同时也是受当时悲观的市场环境影响。当大环境不好时，新股的第一轮上涨也很可能幅度很低。

如图 5－1－5，由于华宝股份（300741）上市价格较高，当时的大盘环境也不够乐观，所以在它上市之后出现了较为极端的情况，第二天就开板，不久之后，股价破发，并且还一路下跌，破发之后仍然不断创新低。新股的下跌空间往往都比较大，从风险收益比来看，持有次新股其实并不是一件很明智的事情。

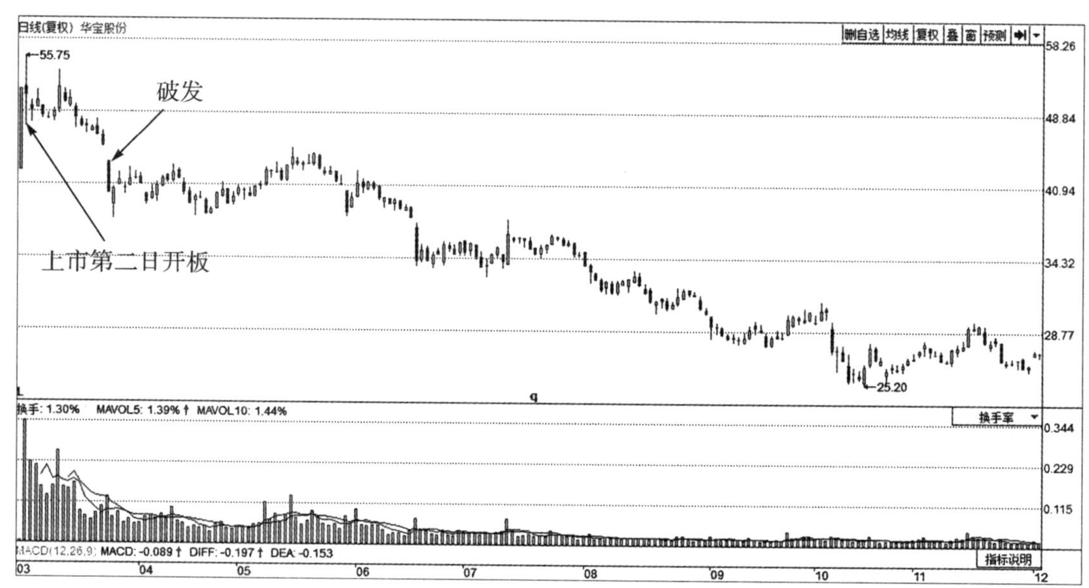

图 5－1－5　华宝股份（300741）2018 年 3 月至 2018 年 12 月股价日线图

华宝股份是一个比较极端的例子，在 2018 年上市的股票，很多也出现了这样很快开板并连续下跌的情况。但市场中仍然有很大一批投资者热衷于炒作次新股，这与之前有段时间的次新股火爆行情有关，除此之外，次新股的股价震荡幅度大也是很多短线投资者喜好它们的原因。

三、明星次新股的幕后黑手

如图 5－1－6，贵州燃气（600903）就是 2017 年次新股开板后上涨的一个典型例子。股票从 1.84 元的发行价格连续上涨到 8 元附近，之后出现了回调，回调之后，股价再次从低点一往无前地连续创出新高。这只个股在当时冷淡的市场行情中就像一颗闪亮的新星，吸引了相当一部分投资者进入。但高位接盘就像击鼓传花，总会有那么一部分投资者在高位没办法将筹码转手出去，只得以较低的价格售卖，随着高位筹码的不断累积，股价的抛盘最终会远远大于买盘，所以最终会产生崩盘型的走势。

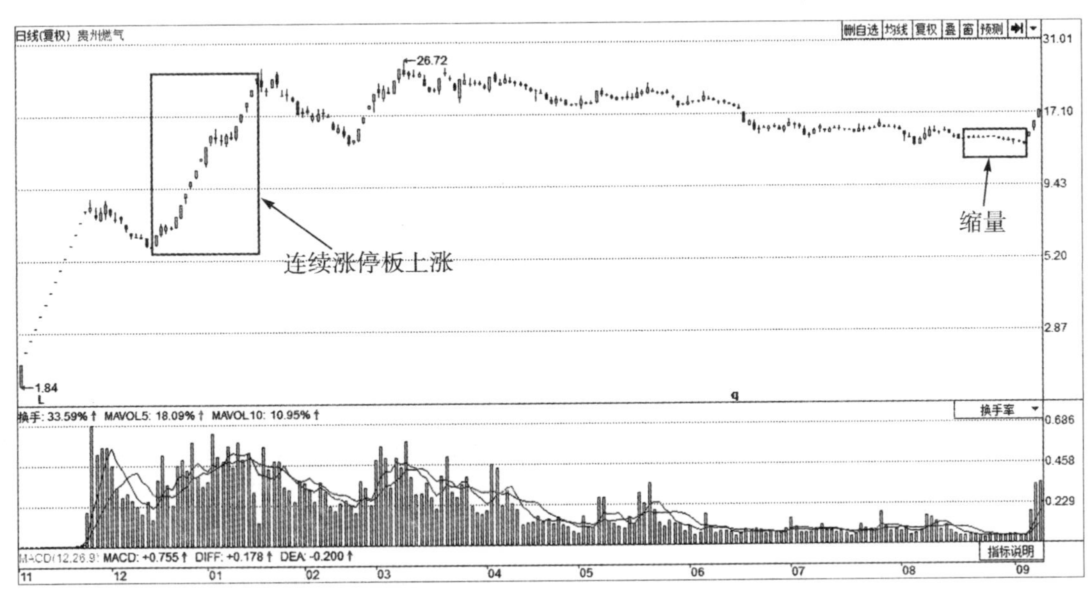

图5-1-6　贵州燃气（600903）2017年11月至2018年9月股价日线图

贵州燃气所处的位置很高，但与很多次新股不同，高位震荡经历的时间长，有较大的震幅，所以有相当一部分投资者对这个价格产生一定认可度。2018年3月创下历史高点之后的下跌过程，成交量有很明显的缩小，在2018年八九月份缩量到一个相对很低的程度（换手率5%左右），之后成交量再次放大，又进行另一轮反弹。但必须要注意到，在这短短不到一年的时间内，股票已经产生了一轮高达十多倍的涨幅，对于一只在非牛市中产生的牛股，这个涨幅算是十分惊人了。所以对于想要长期在市场中稳定盈利的投资者来说，这种股票我们需要尽量避开。高位的股票就像不断推高的浪潮，但很多人只看到了潮头的风光，却没有在意脚下的风险，而这种风险，一次就足以重创许多投资者的投资生涯。

这种新股开板之后再次连续涨停板创新高的股票，在2017年初的次新股行情中经常出现，很多这种走势的股票都是因为幕后的游资进行违规操控。贵州燃气这种走势很明显就是有游资在里面翻江倒海，之后的证监会处罚决定证明了这点：

上交所官网于2018年3月披露《关于对孙煜名下证券账户实施限制交易纪律处分的决定》，该处罚决定中指出，2018年1~2月，投资者孙煜名下的证券账户在交易贵州燃气、天华院股票过程中，多次以盘中大额申报封涨停等方式炒作股价，严重扰乱了证券市场的正常交易秩序，已被上海证券交易所采取书面警示、盘中暂停账户当日交易等自律监管措施。上交所在监管函件中已明确告知，如其继续从事异常交易行为，将对其采取限制交易等纪律处分。2018 年 3 月 8 日，该投资者在交易贵州燃气股票的过程中，再次出现以盘中拉升方式炒作股价的异常交易行为。其实在证券监管部门对市场进行规范时，有很多散户投资者对监管层有误解，认为是他们过分监管导致股票下跌，大家并没有明白这其中的道理。试想，如果不是监管层对这种游资进行打击的话，股价可能更高，但相对地，未来的下跌空间也会更大。游资不是慈善机构，如果在更高的位置让他们盈利出货，最终会导致更多的散户出现更大的亏损，而游资会赚得盆满钵满全身而退。

最近几年，监管部门对证券市场的监管力度增加，对一些市场违规行为实行巨额罚款，张家港行（002839）就是一个典型例子。

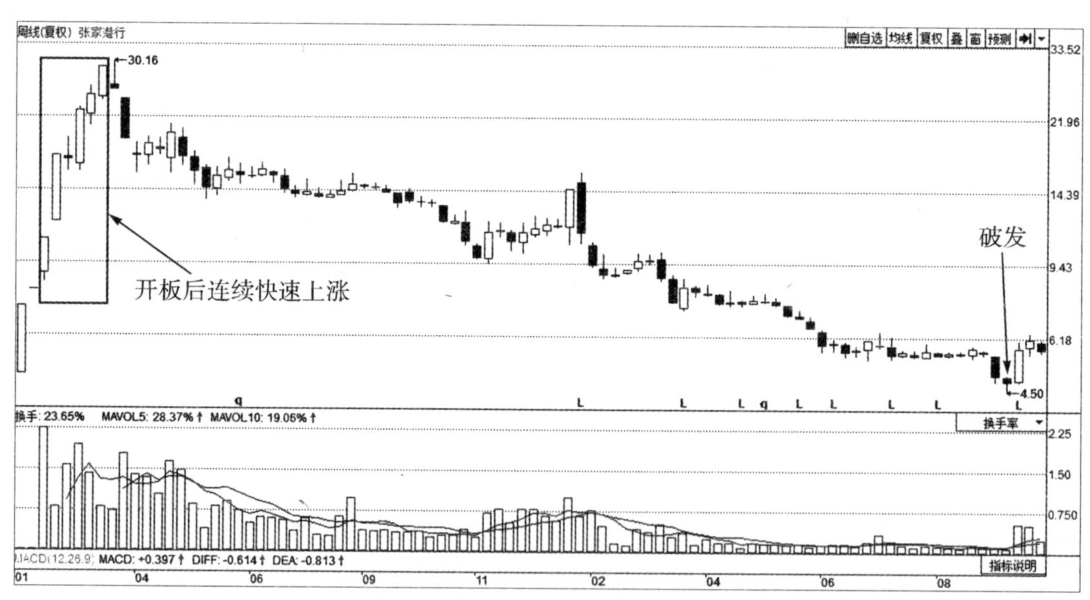

图 5-1-7　张家港行（002839）2017 年 1 月至 2018 年 11 月股价周线图

对很多近几年入市的投资者来说，张家港行这只股票应该非常熟悉了。在 2017

年初的次新股行情中，张家港行出尽了风头。由于张家港行上市时间刚好处在一个较为悲观的市场行情中，如图 5－1－7，其前期涨幅并不大，上市后第三周就结束了连续的涨停。但股价并没有像一些新股一样从高位回落破发，而是经过短暂的休整，继续连续涨停不断创新高，在 30 元附近完成最后的上涨转头向下。最终的结果在图中也可以看到，热炒之后，一地鸡毛，股价在 2018 年 10 月完成破发，有一大部分投资者承受了巨大的损失，而罪魁祸首“北八道集团”获得巨大的利润。

后来证监会通过查证，发现厦门北八道集团用多个账户、运用杠杆资金操纵多只次新股，包括张家港行（002839）、江阴银行（002807）、和胜股份（002824）等，其间获利累计超过 9 亿元。证监会在 2018 年初做出决议，对厦门北八道集团进行“没一罚五”的顶格处罚，总计罚款约 55 亿元。这一次的处罚很好地起到了杀鸡儆猴的效果，市场上想要复制这种炒作次新股的游资都会有所忌惮。在此之后，市场上就很少出现新股开板之后再连续涨停板向上大涨的情况了。

但那一轮次新股行情让很多投资者尝到了一点甜头，很多人对次新股青睐有加，统计 2018 年下半年发行的次新股，我们其实很容易就可以发现，很多股票在开板一两天就走到了价格的顶部，即使有部分新股开板之后还有上涨空间，但最终下跌的幅度远远大于开板之后的涨幅。这种情况，说明很多人对市场的认识不足，没有把眼界放开，没有去了解市场上同类型股票的走势。或者是没有风险意识，听到一些消息，就带着冒险精神去买股票，却没有意识到风险远远大于可能的收益。最终的结果就是出现亏损，如果舍不得在下跌途中止损卖出，又会承受更大的亏损了。

第二节　K 线的生命周期

宇宙万物都有自己的生命周期，一些树木春天开花，秋天结果，一年一个轮回，人也有生老病死的生命周期，而很多股票同样具有类似的轮回周期。

一、几个市场谚语的验证

市场中有一个说法，叫作“五穷六绝七翻身”，指的是市场行情在5月会走得很差，在6月会令人绝望，到了7月股票走势又起死回生。这个说法可以追溯到20世纪的香港股市，当时的经济分析员在参考历年香港股市的走势后得出这样的结论，在华尔街，也有“Sell in May and go away”① 的说法。

那么，上述说法在A股市场准确吗？答案是否定的。见表5-2-1。

表5-2-1 上证指数1991年至2019年5、6、7、9、10月单月涨跌幅

涨幅 年份	5月涨幅（%）	6月涨幅（%）	7月涨幅（%）	9月涨幅（%）	10月涨幅（%）
1991	0.78	19.79	4.54	1.4	20.83
1992	177.23	-3.52	-11.68	-14.69	-27.78
1993	-31.15	7.65	-12.51	-0.6	-8.47
1994	-6.12	-15.63	-28.85	0.74	-17.21
1995	20.8	-9.98	10.3	-0.2	-0.71
1996	-5.51	24.95	2.27	8.1	11.56
1997	-7.79	-2.72	-4.84	-10.13	7.56
1998	5.04	-5.1	-1.66	8.06	-2.06
1999	14.13	32.06	-5.21	-3.47	-4.21
2000	3.17	1.77	4.95	-5.49	2.68
2001	4.49	0.17	-13.42	-3.78	-4.29
2002	-9.11	14.32	-4.68	-5.1	-4.69
2003	3.6	-5.72	-0.62	-3.86	-1.38
2004	-2.49	-10.07	-0.93	4.07	-5.45
2005	-8.49	1.9	0.19	-0.62	-5.43
2006	13.96	1.88	-3.56	5.65	4.88
2007	6.99	-7.03	17.02	6.39	7.25
2008	-7.03	-20.31	1.45	-4.32	-24.63
2009	6.27	12.4	15.3	4.19	7.79
2010	-9.7	-7.48	9.97	0.64	12.17
2011	-5.77	0.68	-2.18	-8.11	4.62

① 意为：在五月卖出股票并远离股票市场。

续表

年份 \ 涨幅	5 月涨幅（%）	6 月涨幅（%）	7 月涨幅（%）	9 月涨幅（%）	10 月涨幅（%）
2012	-1	-6.19	-5.47	1.89	-0.83
2013	5.63	-13.97	0.74	3.64	-1.52
2014	0.63	0.45	7.48	6.62	2.38
2015	3.83	-7.25	-14.34	4.78	10.8
2016	-0.74	0.45	1.7	-2.62	3.19
2017	-1.19	2.41	2.52	-0.35	1.33
2018	0.43	-8.01	1.02	3.53	-7.71
2019	-5.84	2.77	-1.56	0.66	0.82
合计	165.05	0.67	-32.06	-2.98	-18.51

从表 5-2-1 中，我们可以看到，上证指数从开市以来到 2019 年，“五穷六绝七翻身”这种说法并不成立；同时，市场中另一个广为流传的“金九银十”也无从证实。

但市场为什么会有这样的谚语流传下来呢？我们把时间放近一点，从 2007 年开始计算，似乎有些符合这谚语了。见表 5-2-2。

表 5-2-2　上证指数 2007 年至 2019 年 5、6、7、9、10 月单月涨跌幅

年份 \ 涨幅	5 月涨幅（%）	6 月涨幅（%）	7 月涨幅（%）	9 月涨幅（%）	10 月涨幅（%）
2007	6.99	-7.03	17.02	6.39	7.25
2008	-7.03	-20.31	1.45	-4.32	-24.63
2009	6.27	12.4	15.3	4.19	7.79
2010	-9.7	-7.48	9.97	0.64	12.17
2011	-5.77	0.68	-2.18	-8.11	4.62
2012	-1	-6.19	-5.47	1.89	-0.83
2013	5.63	-13.97	0.74	3.64	-1.52
2014	0.63	0.45	7.48	6.62	2.38
2015	3.83	-7.25	-14.34	4.78	10.8
2016	-0.74	0.45	1.7	-2.62	3.19
2017	-1.19	2.41	2.52	-0.35	1.33
2018	0.43	-8.01	1.02	3.53	-7.71
2019	-5.84	2.77	-1.56	0.66	0.82
合计	-7.49	-51.08	33.65	16.94	15.66

大家都知道，2007 年诞生了一轮超级大行情，上证指数从 1000 点附近上涨到了 6000 点上方，指数上涨了 5 倍，部分个股的涨幅更加惊人。这段时间进入市场的投资者很多，所以很多人对于市场的认识是从这个阶段开始的。上面所说的规律从 2007 年往后是有些符合的，但最好仅仅是作为参考。虽然市场会重复之前的走势，但同时市场也是不断变化的，不能仅仅依靠之前走出来的结果去断定尚未走出的行情。

二、个股的生命周期

市场谚语中的这些周期是投资者通过亲身经历总结出的，但我这里要讲的，是另一种更加准确针对个股的生命周期。

每一只股票，从它上市，走到第一轮较大的上涨行情，然后进行第一轮大型的下跌，下跌末端又构筑一段带着成交量的底部……我把这种经历不同状态的时间，称为个股的生命周期。

图 5 -2 -1 是江西铜业（600362）2002 年上市至 2018 年的股价走势图，我们该如何分辨它的生命周期呢？

从它上市到 2004 年 3 月第一轮上涨结束，可以算作第一轮较小的生命周期，这一轮上涨幅度约为 1 倍，从最低 4. 15 元（后复权）上涨到 9 元以上，之后又跌回 4. 33 元。这一轮下跌的末尾，是另一轮巨大上涨周期的开始，股价从 4. 33 元，一路水涨船高，最终涨到了 96. 81 元的高价，上涨幅度有 20 多倍。而后一轮上涨对应股票的生命周期则很长，可以说，从股票 2002 年上市以来至 2005 年的走势，均是后一次上涨的底部。而后一次上涨幅度过于巨大，导致后续的下跌调整过程也极其漫长，从 2008 年至 2014 年，股票总体上处于调整过程。先是在 2008 年 3 月至 10 月经历一轮快速且大幅的下跌，然后在 2008 年底市场顽强的反弹力量的作用下发生反弹，这段起伏走势用了近两年时间，随后股价在 50 元附近短暂运行。在 2010 年 12 月，股价开启了一轮幅度一般但时间漫长的下跌，成交量也在这一轮下跌中持续缩减。直到 2014 年底大盘行情走好，股价才反身向上，从 17 元左右的价格上涨到了40元附近。但这段涨势并没有多高，一倍左右便上涨无力，从高位跌了下来。从2015年至2018年这一轮震荡走势或许是给上一轮巨大上涨行情进行收尾，同时为下一轮上涨行情构筑坚实的底部。

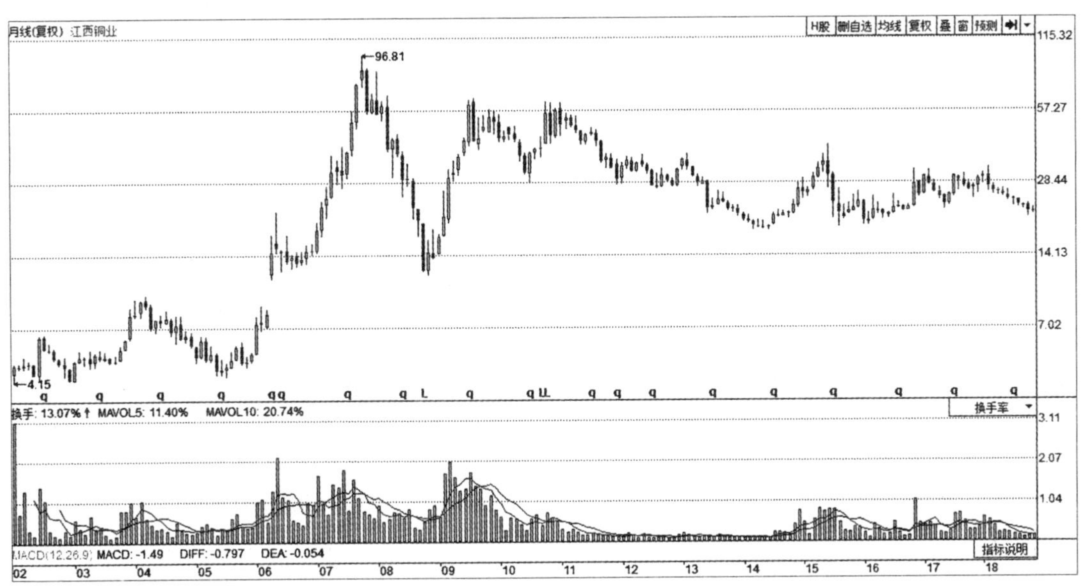

图5-2-1　江西铜业（600362）2002年1月至2018年11月股价月线图（后复权）

所以，江西铜业在上市之后到2018年可以算作是走出一轮的行情走势。2002年至2005年的第一轮筑底，2006年至2007年走出这轮行情的上涨走势，2008年至2014年是一轮时间较长的调整过程，一个轮回周期完成。或许是2014年至2018年再次筑底，下一轮行情的上涨根基即将构筑完成。对股票进行这样的生命周期分析，我们就可以很容易地确定股价所处的位置和未来的走势了。并且根据生命周期的长短，我们也可以确定持有股票的长短。

例如，在江西铜业2002年至2005年那段底部走势的末端，我们可以在较短期确定股票正处于阶段性的底部。当股价从底部进行上涨，然后突破前高创下历史新高之后（2006年4月至2007年2月），短期处于一个调整或者筑顶（未知之后走势）的过程，之后股价再次向上创新高确定涨势之后，之前的那一段小的轮回就是这一段大行情的底部。波浪理论中，大型的浪里会有较小的浪，和这个是相似的道理。只有等级相近的生命周期是能够明显区分开的，所以体现在江西铜业上，不太久的将来也很可能出现一次爆发性的行情，走出很高的涨幅，可能会走到前高附近或者更高的位置。但这也只是我们根据之前江西铜业的走势分析判断得出的结论，这个结论具有较大的可能性，却没办法确定。

大致能够确定的是，江西铜业经历了之前漫长的下跌过程之后，成交量缩减再放大，再经历几年的震荡，股价都没有再创新低，说明此时江西铜业正处在一个较大型轮回走势的筑底过程，既然是筑底过程，说明股价再往下也很难有太大的跌幅。

买股票，买的是一个大概率的可能性，除去股票一些特殊的风险（如与公司相关的大利空），最好确认盈利的空间要比亏损的空间要大，并且下行的空间不能太大。否则如果发生下跌，这笔交易就会有亏损过大的问题。

投资者都是追求的低买高卖，但很多人都买在了高点。其实化繁为简，我们只需要去认真了解自己要买的股票所处的生命周期，在较大型的上涨前中期买进，等待上涨过程走到接近尾声时卖出即可。或者在筑底过程中买入，然后耐心等待股票经过筑底的周期走到上涨，这中途可能会经历好几年的震荡，投资者会付出一定的时间成本。在这段时间内，投资者必须有足够的忍耐力，可能会忍受长期的浮亏以及多次由盈转亏，由亏转盈。但一旦熬过这段艰难的过程，股价成功走入上涨的道路，坚持持有股票的投资者会拥有不错的成本优势，可能在一轮行情结束之后的下跌末期，之前低点买入的投资者仍然处于盈利状态。

在前一节，我对次新股的走势做了解析。在新股发行新规之后，新股上市基本都是一路涨停了。这个情况导致了股票在上市初期就经历了一轮幅度不错的上涨，这些新股上市就处在一轮上涨周期，经过第一轮上涨，股价很可能完成第一轮的筑顶，进入顶部区域，然后进入长时间的下跌周期，很多新股在这个下跌过程中破发。而前面分析的江西铜业，由于之前的市场环境，在上市初期基本没有出现巨大的涨幅，股价也处于相对低位，所以它上市初期是在相对的底部位置，3 年之后才能走出那样的行情。而新股的第一轮涨幅在上市初期，根据熵值原理，股价很难在短期再次产生一轮不错的行情，所以对于2014年发行新规之后上市的股票，大家应该等待它们的第一轮下跌完成，在低位构筑一段坚实底部之后，再考虑入场。我们现在更应该考虑的是一些底部构筑基本完成的股票，然后买入并耐心等待。

佛教认为，一切有生命的东西，如果不寻求“解脱”，就永远处在一个轮回中。植物从种子到发芽、开花、结果到消亡的过程，就是一个大的轮回。而很多植物春天生长开花、夏天枝繁叶茂、秋天结果落叶、冬天枯萎休眠的过程，就是一个相对较小的轮回。对于个体的人，从生到死，只有一次。但对于群体来说，有无数的人在不断进行着这个轮回，也逃不开这样的规律。而对于股票，更像是植物春夏秋冬的变化——从萌芽到昌盛、收获再转为衰败，再重新进入一个新的轮回。

三、多次“轮回”的飞乐音响

飞乐音响（600651）是在上海证券交易所最早上市的股票之一，由于上市时间长，所以它走过的“轮回”也比一般股票多。第一阶段是股票1990年上市至1996年，在上市初期，监管部门对股价涨跌幅限制很大，股价的走势如图5－2－2所示。

图5－2－2是飞乐音响上市初期几年的股价周线走势（后复权），在图中A、B两处的上涨段股价日K线常常出现一字板。这是因为在1992年5月21日之前，监管部门对股票的涨跌幅有很大的限制，最开始是每天5%，到后来每天的涨跌幅度限制为1%，后来又限制为0.5%，甚至出现涨幅过大盘中临时停牌的举措。现在看来，这样的政策令人匪夷所思，但当时股市刚刚开办不久，最初的探索者们都是战战兢兢，如履薄冰，不希望因为股市而产生较大的社会问题，关于资本的讨论在当时一直是难以避开的话题。也正是由于政策的影响，社会上有一大批想要进行投资的闲散资金，因此最初的几只股票上市初期就广受热捧，在1991年8月之后，股价走势就是一路向上，几乎每天1%的涨停板向上涨到后复权1471元的价格。

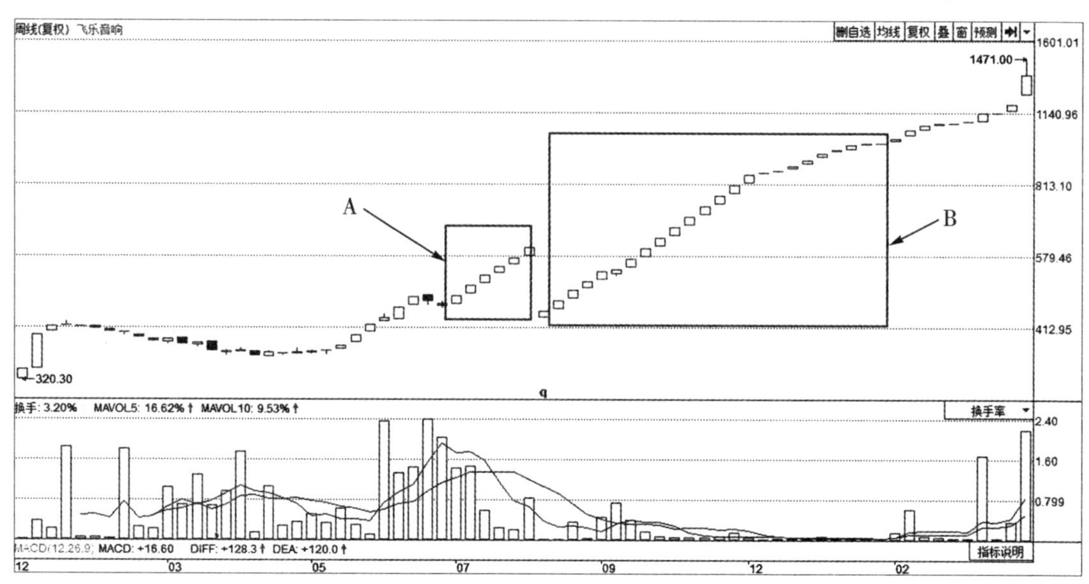

图 5-2-2 飞乐音响（600651）1990 年 12 月至 1992 年 4 月股价周线图（后复权）

在 1992 年 5 月 21 日，市场全面放开股价，没有涨跌幅限制，上证指数上涨幅度超过 100%。如图 5-2-3，飞乐音响（600651）由于处在一个阶段性的高点，所以在这个位置并没有出现过大的涨幅，之后股票经过几次幅度较大、时间较长的震荡上行过程，并且在 1993 年至 1996 年股价筑顶完成，最终走完一个较大的轮回过程。1993 年股价阶段性见顶之后，在 1993 年底至 1996 年走出了一个长达三年的顶部，顶部建立完成。与江西铜业不同，股价并没有从高位回落下去，而是在这一次的顶部以放量震荡的方式对筹码进行大换手，以这一次的顶部作为下一轮行情的底部。这种调整方式在现在的一些白马股上经常看到，飞乐音响走出这样的走势，除了企业本身的优秀之外，也和当年市场的体量有关。当年的股票数量不多，可供选择的投资标的也少，“老八股”上市时都是经历过一轮大涨的，充分说明了社会的投资需求，也证明了开办股市决定的正确性。

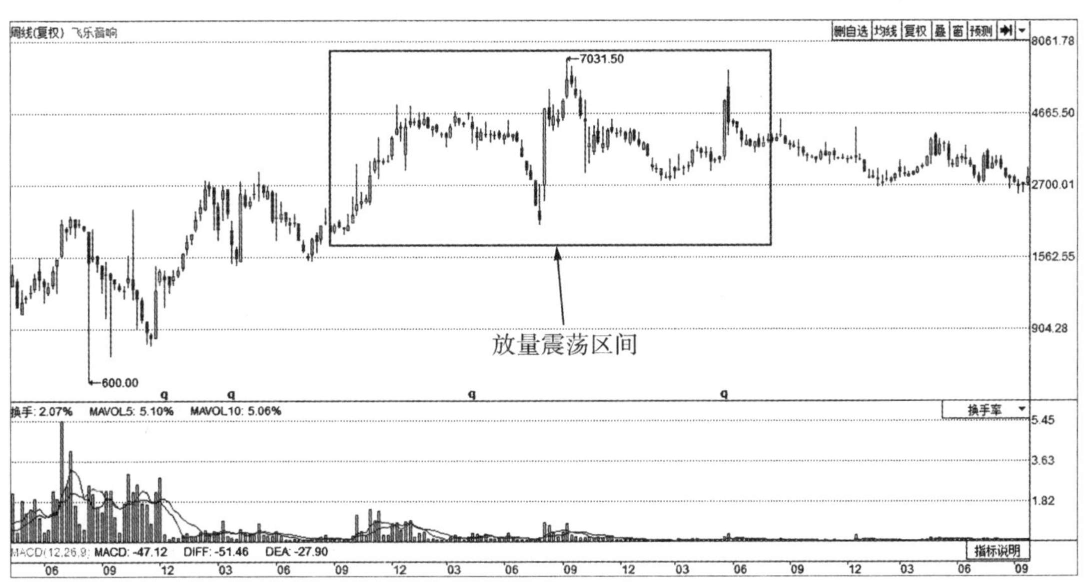

图 5－2－3　飞乐音响（600651）1992 年 4 月至 1996 年 9 月股价周线图（后复权）

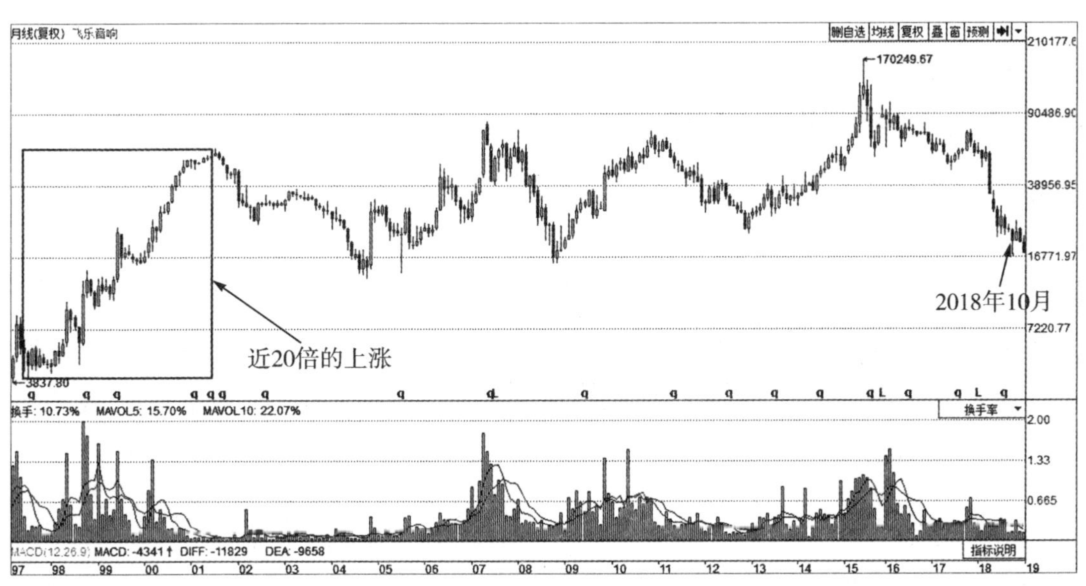

图 5－2－4　飞乐音响（600651）1997 年 3 月至 2019 年 1 月股价周线图（后复权）

如图 5－2－4，从 1997 年至 2001 年这段时间里，股价上涨了接近 20 倍。这一轮大的涨幅完成之后，股价一直跌到了 2004 年底。在此之后的两次运行周期，都用了约4年时间——两次的最大上涨幅度均接近3.5倍。2012年11月至2015年6月，股价的涨幅超过5倍。这段涨幅之后的下跌过程同样惨烈，到2018年10月，最大跌幅已经接近90%，这一轮周期到2018年10月基本走了6年左右，股价所处的位置在2018年10月也基本到达一个长阶段的底部区域。按照飞乐音响股价的运行特征以及时间、涨幅以及成交量关系的估算，在这个位置股票很可能开始筑底，后续的走势证明这个位置也确实就是这一轮下跌的底部区域。

2018年10月11日、12日、15日、16日，股价以连续阴线下跌，但很快便在附近的位置站稳脚跟。这是一个很微妙的信号，在很多股票的下跌末期，都会有这样的走势出现。这种走势是恐慌情绪的最后释放，也是对于市场情绪杀伤力巨大的一次下跌，股价在低位等待均线靠拢时再次向下破位，造成股价仍处在一个明确的下跌通道的错觉，很多人被市场情绪所影响，会在这个位置卖出股票，而一部分聪明的资金就开始稳稳接盘，股价也就很快在这个位置附近稳住。参考之前飞乐音响几次构筑尖底的方式，飞乐音响果然也在这里开始了底部的构筑阶段。

四、上证指数的生命周期

上证指数的整体走势也同样拥有自己的生命周期，通常我们可以把一轮较大的上涨和下跌过程看成一个轮回。所以，如图5-2-5，1990年至2005年这段走势可以分成五个运行周期A、B、C、D、E：1990年12月至1992年11月（95.79点~1429.01点~386.85点）、1992年11月至1994年7月（386.85点~1558.95点~325.89点）、1994年7月至1996年1月（325.89点~1052.94点~512.83点）、1996年1月至1999年4月（512.83点~1510.17点~1047.83点）、1999年4月至2005年6月（1047.83点~2245.43点~998.23点）。

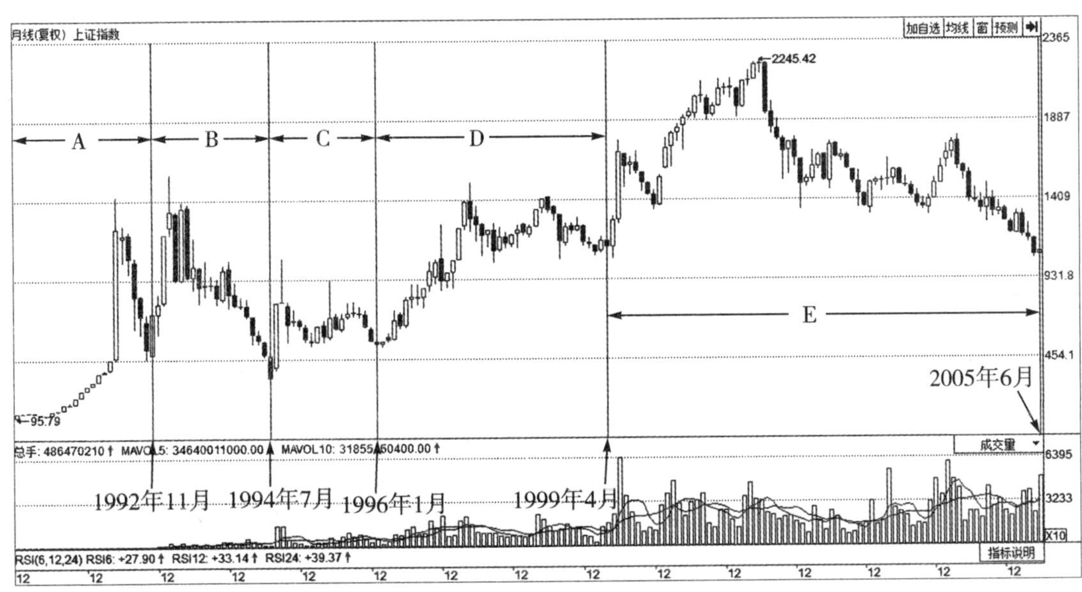

图5-2-5　上证指数1990年12月至2005年6月月线图

通常来说，一个市场的体量越大，那么它的运行周期就越长。这个其实从生活当中就能看出来，越重的汽车，加速、转弯、掉头以及刹车等操作需要的时间越长，这一点在股市中同样适用，对比A股和美股的运行周期以及美股指数运行周期就能很明显地看出来。A股市场相对于很多成熟的证券市场来说，还相对年轻，20世纪90年代初，中国才刚刚开放证券市场，至今也不过30年左右。2000年之前，A股市场经历了一个迅速发展壮大的过程，股票数量迅速增加，很多投资者涌入。当时的股票市场流通市值较小，相对的成交量也很小，所以有一个很明显的特征：上证指数运行的周期时间为2~3年（涨幅的不同略有变化）。但从1999年之后，市场的体量开始变大，走完一次轮回的时间也变得更长。

从图5-2-6可以看出，2005年之后，上证指数总共运行了两个轮回：2005年7月至2014年5月（998.23点~6124.04点~1991.06点）、2014年5月至2019年1月（1991.06点~5178.19点~2440.91点）。

图 5－2－6　上证指数 2005 年 5 月至 2019 年 2 月月线图

如果说 2000 年之前 A 股市场是处在一个快速增大体积的过程，那么 2006 ~ 2007 年的行情就是给这个“体积”增加“重量”的一次上涨。很多股票上涨的幅度巨大，之后的下跌过程也极其惨烈，产生了一大批的套牢筹码，也形成了很长的下跌过程和一些超级大底。很多股票在这一轮上涨之后直到 2015 年牛市来临仍然无法缓过气来，在大环境向好的情况下，涨幅不如人意。

五、“大小年”效应

其实，生活中很多事情都可以联想到股票市场，对于 A 股市场来说，常常会出现一些和果树“大小年”一样的情况，这个“年”对于果树是一年的循环，而对于 A 股市场是一个运行周期的循环。果树出现“大小年”情况，通常是“大年”时耗费了果树太多的营养，在之后的一年果树营养跟不上而导致减产；股票市场在循环中出现“大小年”情况，通常是因为之前一次的涨幅太过巨大，消耗了太多的上涨动能，股票的熵值增长到了一个很大的数值，需要长时间来恢复。而一些之前涨幅较小或者流通盘较小的股票会在较早的时间恢复到有条件上涨的状态，这一类的股票积累较多，市场就可能再次诞生一轮不错的上涨行情，但由于一些熵值过大的股票还没有把前一轮上涨破坏的有序性通过下跌调整回来，所以只能在火热的市场环境中发生一次幅度一般的反弹，在市场热度消散后，股票也同样会随着大盘下跌。等到下次这一批熵值过大的股票因为长期下跌开始变得具有上涨潜力时，这批股票就会和一些调整速度快的股票一起上涨，市场又会出现“大年”的现象。

2007 年那一轮上涨之后，市场就开始有了一些分化情况，很多股票的生命周期并不跟着大盘的走势来运行。

如图 5-2-7，獐子岛（002069）就是其中一个典型，对比它与上证指数的同周期情况，主要体现在 2009 年至 2010 年这段反弹，以及 2015 年的大型行情中。獐子岛于 2006 年 9 月上市，至 2008 年 1 月的高点位置，涨幅约为 2 倍。之后上证指数经历了从 6124 点下跌的过程，獐子岛在这段时间也随着大流不断下跌。直到 2008 年底股票才触到底部。很快，市场产生了一轮很大的超跌反弹，而獐子岛也跟着这一次反弹行情走出了一轮上涨，直接创下了上市 10 年的历史高位。在这个位置，獐子岛就与上证指数出现了分化。在上证指数总体反弹的情况下，獐子岛走出了一轮实打实的上涨行情，涨幅超过 7 倍。

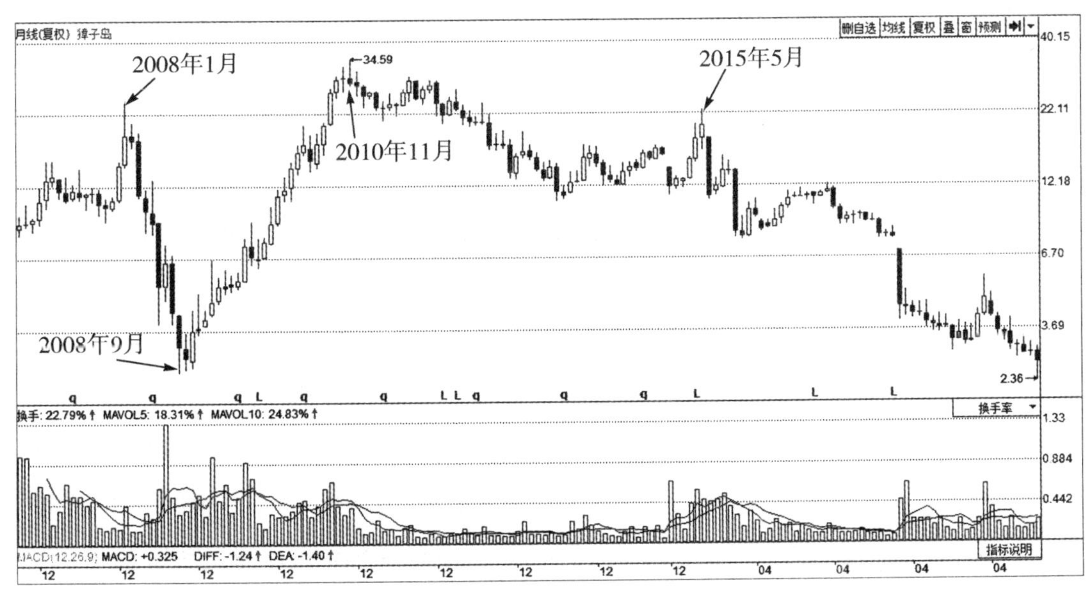

图 5-2-7　獐子岛（002069）2006 年 9 月至 2019 年 1 月股价月线图

也正是由于獐子岛在上证指数下跌反弹的过程中走出上涨，在之后上证指数2015年大行情时，受“大小年”效应的影响，獐子岛却只是发生了一次小小的反弹。它的运行周期已经与大盘错开，2015年时，獐子岛正处在2009年至2010年的巨大涨幅之后的下跌过程中，当它本身不具有太多上涨动能时，如果没有足够的资金推动，股票很难走出一轮上涨行情。很快，随着大盘下跌，獐子岛也下跌到比2014年还低的位置，更是在2018年初配合利空杀跌，股价逼近之前的最低点。而到了这个位置，这只股票的风险也许基本释放殆尽，接下去只需要等待它完成筑底，新的市场力量就可能推动它再次上涨。它的运行周期受上证指数影响，但并不与上证指数相同。

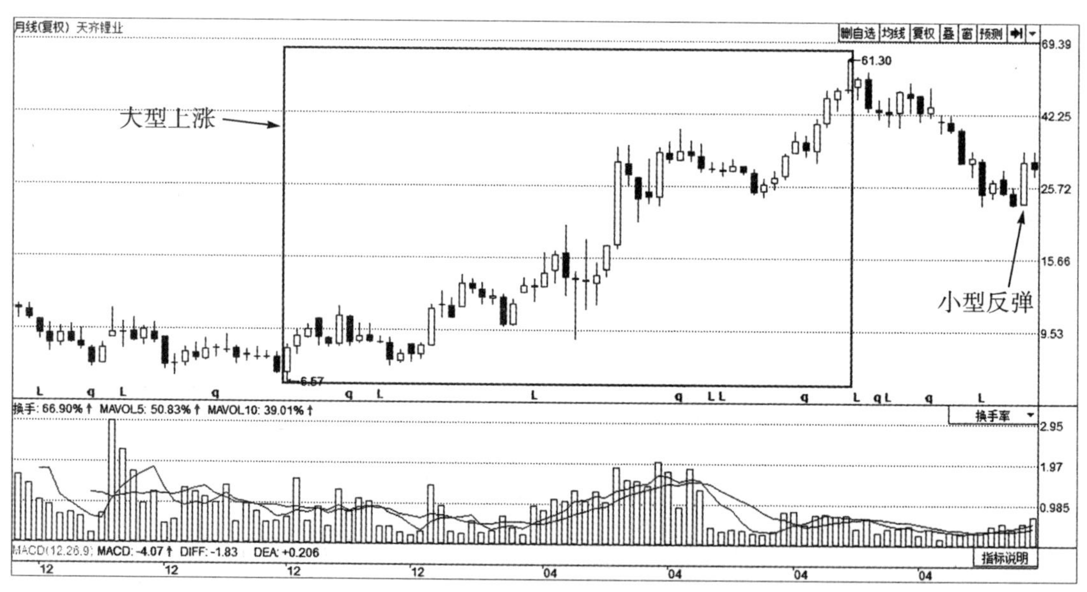

图5-2-8　天齐锂业（002466）2010年10月至2019年3月股价月线图

如图5-2-8，天齐锂业在2014年至2017年走出了一个很长的上涨周期，而大部分的股票在2015年就见顶回落了，但天齐锂业仍然保持了后续的强势上涨，一直到2017年才见顶回落。而进入2019年初，很多股票已经见底回升，但天齐锂业却处在下跌周期，仅仅随着大盘反弹了一下，然后又继续下行创下近期新低。如果接下去股市有一轮较好的上涨，那么天齐锂业可能也只能进行一次幅度较小的反弹了，等到一部分股票经历一轮完整的上涨过程之后，天齐锂业股价或将重新见底。到时候“大年”又会重新来临，天齐锂业会再次走出一轮不错的行情。所以在短期内我们不需要再参与这只股票，去寻找市场中更好的上涨机会，特别是即将进入“大年”行情的个股。

了解不同股票的生命周期，不光可以让我们可以在很多时间找到不同的潜力股，同时规避很多大的风险，更重要的是可以培养我们对于股票认知的眼光，不会拘泥于短期的波动，让我们拥有更广阔的视野和长远的眼光。

第三节　学会等待：时间是“毒药”，也是“解药”

著名的投资大师沃伦·巴菲特在 2014 年致股东的信件中提到：“人们应该拥有几十年的长远眼光，他们的重点应该放在——在整个投资生涯中获得可观的收益和购买力，而并不仅仅在股市波动或者经济危机时。”

巴菲特在自己的投资生涯中的确是这样做的，1988 年投资可口可乐，他直到今天，仍然一股未卖。巴菲特的高明之处在于他能够把眼光放得很长，这与 A 股市场里的很多投资者完全不同。A 股的很多投资者都缺乏耐心，不要说 30 年这么长的周期，就连 3 个月都很难拿住。

当下跌进入末期，股价通常就不再创新低了。这时股票在底部价位附近开始有较大的成交量放出，并且成交量伴随着反弹。很多人喜欢在这样的位置做高抛低吸，却经常找不准节奏，高抛低吸变成高吸低抛，资金就会出现亏损。特别是不成熟的短线交易者，交易的亏损常常在股价这样的浮沉中积少成多，造成相当大的亏损。在上涨途中买入，如果眼光太短，同样也会遇到这样的问题。在上涨的趋势追进之后，股价在一定时间发生调整，心急的投资者看着一些正在猛涨的股票，会觉得自己手中的股票对比起来就跟没涨似的。

其实，很多时候投资者手中的股票也在不断上涨，但市场中常常会有涨幅更大的股票，它们的热度很高，就像一颗颗耀眼的星星，让投资者眼红心跳，开始懊恼没有买到，有点想买但是又怕追高，在这样的心态中度过一段时间，最后终于忍不住想要买进。俗话说：这山望着那山高，到了那山没柴烧。买进之后新的持股开始进行阶段性的调整，而原来的持仓股票因为调整完成而开始连续上涨，投资者于是又开始懊悔。一来二去，投资者开始觉得这个市场就盯着他手中的一点小钱在走，无论怎样做都是亏损，他们就开始“怀疑人生”。很多人都没有发现自己总是踏错节奏的原因，常常把交易失败归结到一些客观原因上，认为市场总是针对他。

罗马不是一天建成的，A 股市场那些涨幅巨大的股票也很少有一天涨完的，即使由于一些重大重组利好而上涨的股票，基本也是经过漫长的停牌筹备阶段。我一直认为，投资者在这个市场中能够赚到多少钱，除了取决于市场，还与投资者本身的素质相关。如果没有足够的耐心、长远的目标，投资者也很难赚到只有长期持有才能赚到的利润。

在 A 股市场，有很多的短线投资者，他们由于各种原因，习惯于短线拼杀。实际上由于短期市场走势的不确定性，很多短线投资者的胜率不超过 5 成，算上交易的佣金，长期交易的结果就是“给券商打工”——交易没有多大的亏损，但交易佣金花了很多。

一、牛市的思维惯性让投资者套牢

除去少数短线高手，大部分投资者更适合中长线交易。上涨途中，短线投资者往往是一段一段地在截取盈利，幅度常常不如把一只股票从底部直接拿到顶部。在下跌段，短线交易者想要火中取栗，也很容易被牢牢套住，特别很多所谓的“短线投资者”一旦出现浮亏，就容易把短线拿成长线。这种短线操作在上涨途中屡试不爽——持仓只会被短暂套住，也很容易解套，然后盈利。这样的过程出现次数越多，投资者对这种方式越深信不疑。形成思维惯性之后，即使股票走势转为下跌，但由于之前有了在上涨段被套之后拿住就能解套的经验，投资者在下跌过程中被套也按照以前的操作思路进行交易。但此时股价已经越走越低，再拿住手中浮亏的持仓风险更大，最终可能遭受更大的亏损。

如图 5－3－1，云南铜业（000878）2006～2008 年曾经走出 97.82 元（前复权）的历史高位。在此之前，股票从最低 1.57 元的价格开始上涨，在 2006 年和 2007 年 10 月之前的长期上涨过程中买入，投资者只要在被套时坚持持有，等待股价再次上涨即可完成解套，获得盈利。

但从 2007 年 10 月之后，这一切都发生了变化。尽管当时市场情绪极其乐观，很多人都在鼓吹上证指数要到 10000 点，但之后走势却让大部分人大跌眼镜。云南铜业也在 97.82 元之后不再创出新高，股价一路走低。尽管股价已经见顶，但市场的热情丝毫没有减弱，不少人仍然大量地投身其中，买入热度极高，想着“要涨到两三百元”。但在高点买入的投资者在之后就没能解套了，股价开始进行调整，从最高点算起，到 2007 年 12 月，股价已经腰斩，之后云南铜业出现了一次反弹，从 46 元附近反弹到了 70 元左右，一些人认为这是股票再次上行的前奏。但后续的走势没有按照他们的想法，而是继续向下越走越低。

图 5－3－1 云南铜业（000878）2005 年 1 月至 2011 年 2 月股价月线图

经历牛市，市场中很多投资者已经习惯“拿住就能解套赚钱”的交易方式了，但随着股价越走越低，投资者却被套得更深。这时候，投资者可能认识到，股票已经不能像之前那样拿住就能解套赚钱了，但心中的期望让他们仍然舍不得手中的股票，“等它再反弹一下，解套了我就卖”，这是大部分套牢者的真实想法。另外，股价仍处于下跌区间，大部分投资者这时候又会发生心态变化：悔恨，但又不想在这个位置割肉。“都亏了这么多了，放着吧。”这时候投资者基本抱着破罐子破摔的想法了。结果很明显，直到 2018 年，在最高点买入的投资者仍然没有解套，在牛市学习到的“赚钱法则”使他们在下跌段行情中遭遇巨大亏损。这就是在一轮牛市中后期进场的大部分新投资者的写照。

长线持股不应是因为短线操作失误而抱残守缺，真正的长线持股，是一开始就看好准备买入的股票，抱着想要长期持有的心态进行的投资。很多短线做成长线的操作，都是投资者不愿意接受之前交易失败的亏损而产生的，而这个操作造成的结果，往往就是更大的亏损。

2008 年之后的云南铜业，从高点一路下跌到了 6 元附近，这段走势造成了很多人账户资金的巨额缩水。出现巨大亏损的除了从最高点一直拿住而摔下去的新“韭菜”，还有一批抄底抄到半山腰的老投资者。

二、熊市的思维惯性让投资者恐慌

进入股市较早的投资者相对于新进入的投资者，对于风险有了初步的认识，知道“山顶”的风险太大，在一些风险过高的位置会保持轻仓。但在下跌的过程中，一些投资者就被不断下跌的价格所吸引，开始渐渐买入股票进行布局，还一些投资者也在下跌过程中寻找反弹机会。

股票的底部不是猜出来的，是实打实走出来的。很多投资者抄底的时机过早，在股票处在下跌中段的时候就开始大举买入。而抢反弹的投资者依据的常常是一些技术指标，如均线、MACD、KDJ、RSI 等，但没有任何一个指标能够百分之百预测到股价接下去的走势。所以在整体下跌的趋势中，这些投资者也会出现被套的情况。有的投资者选择坚持持有，并且在更低的位置补仓，把持仓成本拉低；有的则选择止损卖出，等待下一次买入机会。由于整体趋势下跌，在下跌过程中买入的大部分投资者或多或少都会承受一定的浮亏。有的投资者仍然会采取由短线转变为长线的投资策略，一部分投资者会在股票走势不妙的时候离场，也会存在一些快进快出的投资者止损离开。当股票真正见底之前，股价常常有一次“黎明前的黑暗”，会在关键的位置再次杀跌，让人绝望。这个位置的恐慌杀跌可能幅度并不是特别大，和股票第一轮下跌的幅度相比就是“小巫见大巫”。但由于市场长期下跌，市场情绪已经极度低迷，这时候再来这样一轮破位下跌，甚至还配合一些消息面上的利空，让很多投资者都恐慌离场。但恰恰经历了这一轮恐慌杀跌，市场开始走好。很多坚持持有的套牢盘开始浮盈，这时，会有比底部杀跌时更多的筹码卖出，这就叫作与股票同“艰苦”而没能同“富贵”，经历了最黑暗的行情，却倒在了太阳初升前的地方。这之后股价走高的过程中，投资者最终常常只能看着卖出的股票一路飞涨，或许投资者也会在中途寻找合适的机会再次买进，但买入的成本和之前持有的价格已经相差很多了。

东方通信（600776）是近年来有名的一只妖股，它从 2018 年 10 月的最低点 3.64 元上涨到 41.82 元的高点，只用了半年不到的时间，是当时 A 股市场最为闪耀的明星股。

而我的一个朋友曾在 2017 年用 8 元左右的价格买入这只股票，在接下去的一年多时间里，我常常听到他在抱怨，说这只股票跌得很厉害，亏了很多。在市场没有完全见底的时候，我也曾劝他卖出股票，等市场不再下跌的时候再买进来，但他始终舍不得割肉，一直拿着没有动，并且在 6 块多的时候补了仓。

2018 年下半年的时候，在一次聚会上，他的神色有些黯淡，悄悄问我：“东方通信这个票还能不能拿？加上补仓的部分我现在都亏了快 50% 了！”我那时候因为他的缘故，也时常关注这只股票，便宽慰他，让他继续持有。他还是有些害怕，对我说：“现在中美贸易关系这样不好，我怕未来跌更多。”尽管当时我对中美贸易关系的未来走向并不了解，但我仍然让他持有，我隐隐感觉市场即将发生转变。

后来东方通信就成了妖股，在上涨到6块钱左右的时候，那个朋友打电话问我要不要卖出。我对这只股票的走势也感到非常诧异，对他说我也拿不准，让他自己决定买卖。

东方通信后来继续猛涨，他又问了我几次，我还是给了他相同的回答，让他自己把握。到10块多的时候，他打电话对我说："兄弟，我把东方通信卖了，感觉最近要调整了，我赚了40个点，哈哈！"后来东方通信继续猛冲，我那个朋友也没有再买回去了。后来每每谈起这只股票，他都后悔不迭。

投资者多种多样，但也有相同特点的群体。这个市场就有那么一群投资者，股票被套住之后就拿得很稳，一旦解套开始赚钱，每天都想着怎么去落袋为安，所以会有很多人像我这个朋友这样倒在黎明前。

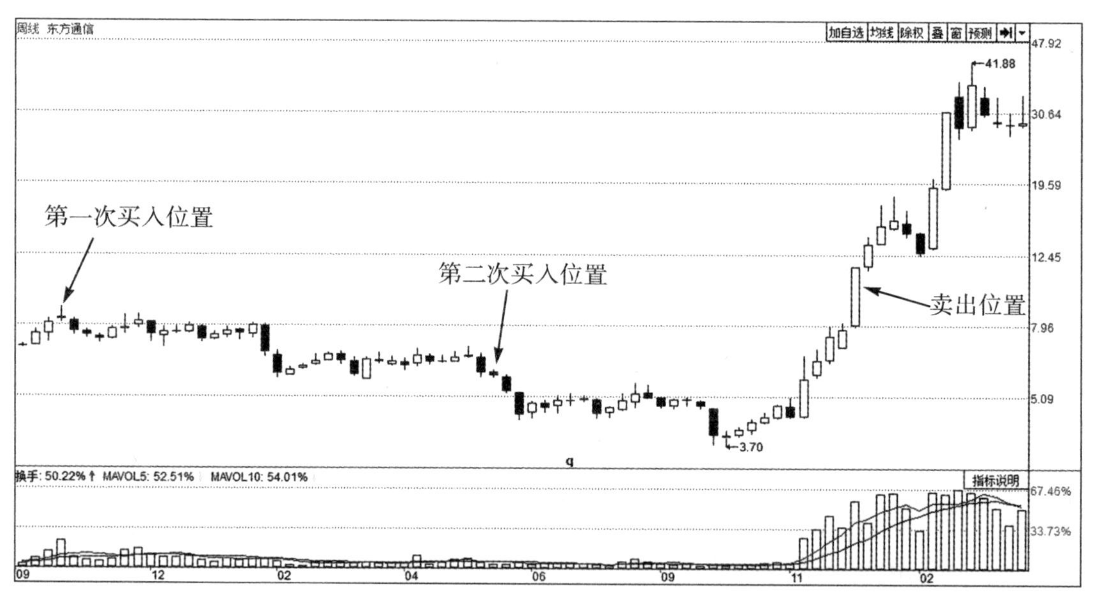

图5-3-2 东方通信（600776）2017年9月至2019年4月股价周线图

无论是长线投资者还是短线投资者，都一定要做到等待合适的时机以及让持仓增长的时间。在股价从一个阶段运行到另一个阶段的过程中，会走出很多根K线，花费大量的时间，特别是在长期下跌之后构筑底部的过程，在这期间，时间对于很多投资者就是一种“毒药”，把他们的希望和耐心慢慢消磨掉。但也还会有一些投资者，能够经得起这种考验，并且在曙光初现时看到未来的光明。在这之后，时间就变成了“解药”，不光让投资者收获之前浮亏的资金，还让他们在漫长的等待中获得更多的利润，更重要的是，这样的经历会更加巩固他们的投资信心，强化他们的投资认识和心态——曾经沧海难为水——未来的一些风浪，他们也能够从容应对了。

三、长期投资的一个思路

本章第二节，我曾分析过股票的生命周期。其实，如果大家去复盘，会发现大多数股票的生命周期在 3 ~ 10 年，根据股票流通股本的规模不同会发生一定的变化，通常股本较大的股票的生命周期较长，有的甚至超过 10 年。如果我们在下跌的中后期、筑底的初期买进股票，到达顶部的时间大概是 1 ~ 5 年，所以一个人的一生会有多次这样的机会。虽然等待的时间相对漫长，但收益相对稳定。用分散投资的方式消除股票偶发的爆雷风险，并且在大环境不好时寻找错周期股票，我们可以在几轮行情中获得足够的资金收益，并且在这期间我们也要不断地磨炼心态，继续深化自己对市场的认识，在盈利中不断进步，为以后赚取更大的利润打下基础。

这种投资方法很简单，如果大家仔细去思考，也会发现其中的道理。我们不必买到最低点，只要在相对的低位买进，然后在相对的高点卖出，这笔交易就是一次很成功的投资。但大多数投资者被市场消息面左右，在消息面的影响下随波逐流。作为投资者，真正要做的就是寻找一种稳定可靠的盈利方式，并严格地去执行。投资者想要在市场中稳定获利，必须经受住时间的磨砺。时间的磨砺，不光是时间对股价的修整，对市场筹码的筛取沉淀，更重要的是对投资者自身的历练。处于底部的股价会在时间的作用下走向高位，而投资者也会在时间的磨砺中成为一个投资高手。

如图 5 －3 －3，2019 年 3 月的时候，北京君正（300223）突破了 3 年均线，同年 5 月，回踩 3 年均线和 4 年均线，短暂地跌破之后迅速回升，我便在它复牌之后[①]用 30. 73 元的价格买入。经历了一段时间的震荡之后，这只股票再次上行，在 2020 年 2 月创下了 142. 26 元的历史新高。我在 2020 年 4 月 17 日卖出了这只股票，卖出价格是 93. 05 元，中途我没有进行任何买卖操作，总共盈利 200% 左右。

这就是时间的力量，我认为很多日常生活中的道理都能够运用在股市中，买卖股票就像种地一样，我们只需要在合适的时间播种，然后等待种子开花结果，我们在收获的季节去采摘即可。长线持有股票的过程中我不习惯高抛低吸，因为如果整体是上涨过程，在这段时间内卖出之后股价上涨的概率是要大于下跌的概率的，让人得不偿失。

图 5－3－3　北京君正（300223）2018 年 4 月至 2020 年 4 月股价周线图

① 2019 年 5 月 9 日，北京君正曾因资产重组相关事项停牌，同年 5 月 17 日复牌。

第六章
Chapter Six

K线熵值理论

在热力学中，有一个表示物质状态的参量，叫作“熵”，其物理意义是指体系混乱程度的度量，通常熵用字母S表示。

在经典热力学中，熵值的变化可用状态函数 $dS = (dQ/T)_r$，其中 T 为物质的热力学温度①，dQ 为熵增过程中加入物质的热量，下标r是指加热过程所引起的变化是可逆的。

熵值的人小从微观角度来看，体现在运动粒了的无序性。因此，当温度丌高时，粒子热运动越剧烈，混乱度就越高，与之对应，系统的熵值就增加了。粒子的无序性除了体现在运动的速度外，还与粒子的排列方式有关，我们知道，同一种物质，固体状态下粒子的排列最为紧密，液态次之，气态的粒子间距相对较大，排列

① 又称绝对温度，单位为开尔文，简称开，符号为K。

最为松散，无序性最大。因此当其他条件相同时，同样物质的固态、液态和气态熵值的大小依次增加。

在热力学中，有一个熵增原理，熵增原理指出，孤立系统的熵永不自动减少。如果我们要减少一个系统的熵值，只有通过外部作用才能实现。

看到这里，可能有些读者觉得莫名其妙：股票究竟怎么能和热力学上的概念扯上关系呢？然而，我可以肯定地告诉大家，股票的运行方式与热力学系统中的熵值变化情况有着极其相似的原理。

从微观角度来看，影响一个热力学系统的因素就是粒子的运动速度和排列方式。我们定义股票的熵值，可以把每一股看作组成物质的原子，每一手股票可以看成原子结合在一起产生的分子，分子的运动速度和排列方式直接影响股票的熵值大小。

那什么是“股票分子”的运动速度和排列方式呢？在热力学概念中，分子的运动速度与温度有关，温度升高，单个分子的能量就会增加。而热力学上的温度增加对应的是股票的价格上涨，单个分子能量增加对应的则是每一手股票的市值增加。而“股票分子”的排列方式可以理解为股票筹码的稳定性，筹码越稳定，股票的熵值就越低。

据此我研究了市场多只股票的运行方式，总结出了 K 线的熵值理论。

在熵值理论中，首先定义股票是一个相对独立的系统，这个系统拥有一个状态值——也就是这只股票的熵值。关于股票熵值的具体数据，因讲述繁杂在这里不做定量介绍，但各个影响因素与股票熵值的关系，本章我将进行详细讲解。

第一节　K 线熵值的基础影响因素

与热力学中的熵值相同，K 线的熵也是一个状态函数。研究 K 线的熵值，主要是研究它的变化情况。通过判断其变化情况了解股票发生的具体变化，判断股票所处的状态，推断未来股票可能的走势。

一、基础影响因素 A：价格

引入熵值概念，主要是因为股票市场与热力学系统有极为相似的特点。一个相对独立的气缸，里面有许多气体分子，就像是一只股票拥有很多筹码一样。股票的上涨过程就与气缸气体升温过程类似，分子温度上升，其分子运动的速度加快，熵值增加。相同点是，在股价上涨过程中，股票筹码的运动速度也同样加快，股票的熵值同样增加。所以很明显，单只股票的熵值与这只股票的价格变化正相关。

价格相当于系统的温度，也是单位筹码具有的能量，所以价格越高，系统的熵值也越高。[①]

二、基础影响因素 B：筹码分布情况

在一个独立系统中，温度相同的情况下，分子越无序，其熵值越大。同样，对于一只股票，筹码分布越规律，其熵值越小；筹码分布越散乱，股票的熵值越大。

根据以上两个基础影响因素对股票熵值产生影响的占比情况，我在股票的一轮大的运行周期内截出了四个区间：机会区间、第一段价格影响区间、高风险区间、第二段价格影响区间。与之对应，每轮周期都会产生四个临界点，我把它们称为混乱点 M_a、M_b与有序点 O_a、O_b。

三、混乱点与有序点

在股票运行的过程中，在某些因素的影响下，股票会进入高风险区间与机会区间。在高风险区间，股票已经不可逆地进入了最后的筹码配发阶段，在这个阶段，即使未来还有一定的上涨空间，也应该果断地卖出手中的持仓。而进入高风险区

---

① 这里讨论的价格，是单只股票的相对价格，主要研究单只股票的熵变过程。但不同股票熵值大小不能简单通过对比价格进行判断，还需要考虑股本大小、成交量分布等情况。

间，需要突破一个临界点，在K线熵值系统中，这个临界点之上，股票的换手率大增，筹码的混乱程度急剧增加，这个临界点，我把它称作混乱点M；同样，进入机会区间，也要突破一个临界点，这个临界点之下，筹码渐渐开始变得有序，筹码的稳定程度成为熵值的主要影响因素；这个临界点之上，价格的变化更大，对熵值的影响更加明显。这个临界点，我把它称作有序点O。相邻的混乱点与有序点之间的部分，价格因素对股票系统的熵值影响较大，我把它称作价格影响区间。通常，股票的一轮完整轮回周期会产生两个有序点O_a、O_b和两个混乱点M_a、M_b。

在图6-1-1中，航天晨光（600501）经历了一个完整的轮回周期，图中两个有序点分别为O_a、O_b，两个混乱点为M_a、M_b。在月线图中，我们可以很清晰地看出，O_a之后，下方出现成交明显放大的情况，一直到O_b处，股价都处在一个相对较低的位置。O_b处之后，股价开始加速上涨，但初期的换手率不如O_b处。股价上涨一段时间后，M_a点换手率明显放大，一直到M_b点之前，股票连续在高位换手，这个区间风险非常高。之后，大资金基本完成了出货，下跌过程中的换手率明显低于M_a和M_b之间的高风险区间。

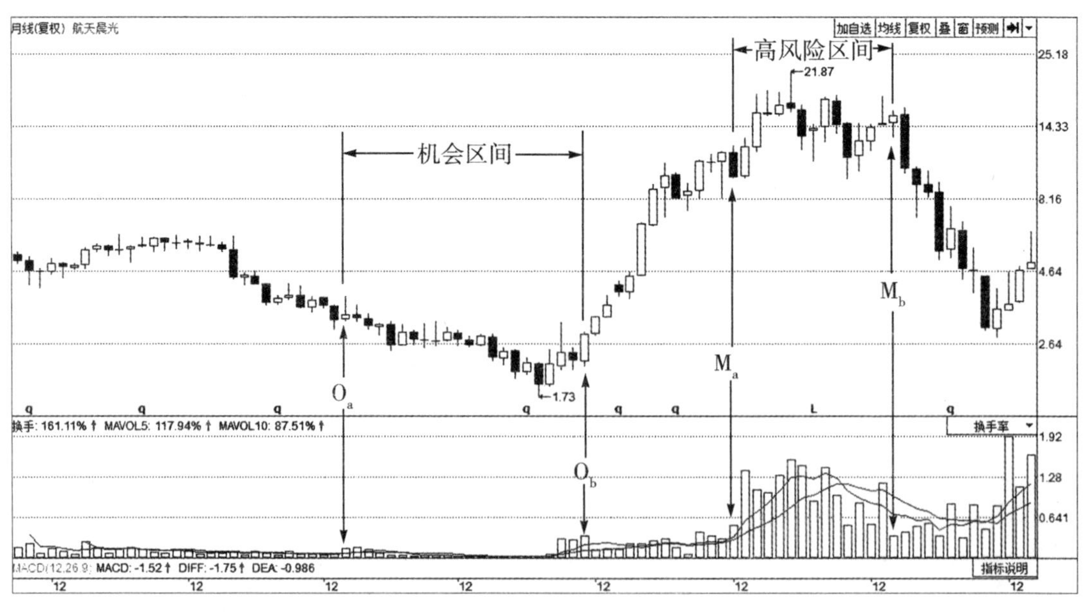

图6-1-1　航天晨光（600501）2001年9月至2009年2月股价月线图

O_a与O_b之间的机会区间是长线投资者较好的入场机会，大资金长线投资者在这个区间买进锁定筹码，随着越来越多的筹码被锁定，股票的熵值迅速减小。O_b与M_a之间是广大投资者最爱的主升段，股票价格上涨，同时市场热度不断增加，股票熵值也随着股价水涨船高。M_a与M_b之间，市场情绪火热，聪明的大资金开始离场，股票换手率迅速增加，股价整体呈震荡状态，实际涨幅不大。M_b之后，股价开始走低，买盘相对于卖盘较少，股票熵值随着股价的下跌而降低，但筹码依旧散乱，直到进入下一个周期的机会区间之后，股票筹码才会随着大资金长线投资者的介入而渐渐锁定，使熵值进一步降低。

在股票主升段，熵值的变化主要受股价影响。而在机会区间和高风险区间，筹码的变化情况主导股票熵值变化。机会区间时间长，筹码的集中常常是通过较长一段时间的温和量能来完成的；而高风险区间的时间短，筹码的重新分配要利用短时间狂热的市场情绪，所以通常需要连续的巨量来完成短期的筹码换手。

通常来说，由于机会区间的筹码分布向着有序的方向运行，所以同一周期的O_a的熵值要大于O_b；而风险区间的筹码分布是向着无序的方向运行的，所以M_a的熵值要小于M_b。

同一周期O_b与M_a之间的阶段，是股票运行周期的第一个价格影响区间。通常在这个区间，股价的筹码分布情况变化不太大，而价格随时间的变化较大，所以价格是股票熵值在这个区间的主要影响因素。很明显，M_a的熵值远大于O_b的熵值。

整体来看，股票的同一个轮回周期的四个点的熵值大小排序通常是：$M_b > M_a > O_a > O_b$。

我之所以提出股票的熵值理论，是因为股票的特点完美相似于热力学中独立系统的熵值理论。而在现在的股票市场，没有人结合股票筹码有序性和价格运行走势对股票的熵值进行系统性的解释。有人曾提出熵值法在评判股市多指标中的应用①，但内容生涩难懂，运用复杂且作用不明显。

① 柯蓉曾著《熵值法在综合评判股市多指标中的应用研究》。

我的股票熵值理论，结合热力学系统的特点，将股票的单位筹码作为热力学系统的分子，股价作为热力学系统的温度。热力学系统中，温度越高，分子热运动的速率越快。这一点与股票的运行特点完美重合，在同一轮周期内，股价越高，筹码的换手速率也会相对加快。温度越高，分子的能量越大，同样，股价越高，单位筹码的能量也越高。正是由于这些相同特征，所以股票的运行特点与热力学系统的变化有诸多相似之处，这也是我提出股票熵值理论的基础。

值得注意的是，有些股票由于筹码集中度过高，筹码稳定性非常好，即使价格已经上涨了很多，仍然具备上涨的潜力。这类票的上涨幅度有时非常惊人，比如中潜股份（300526）。

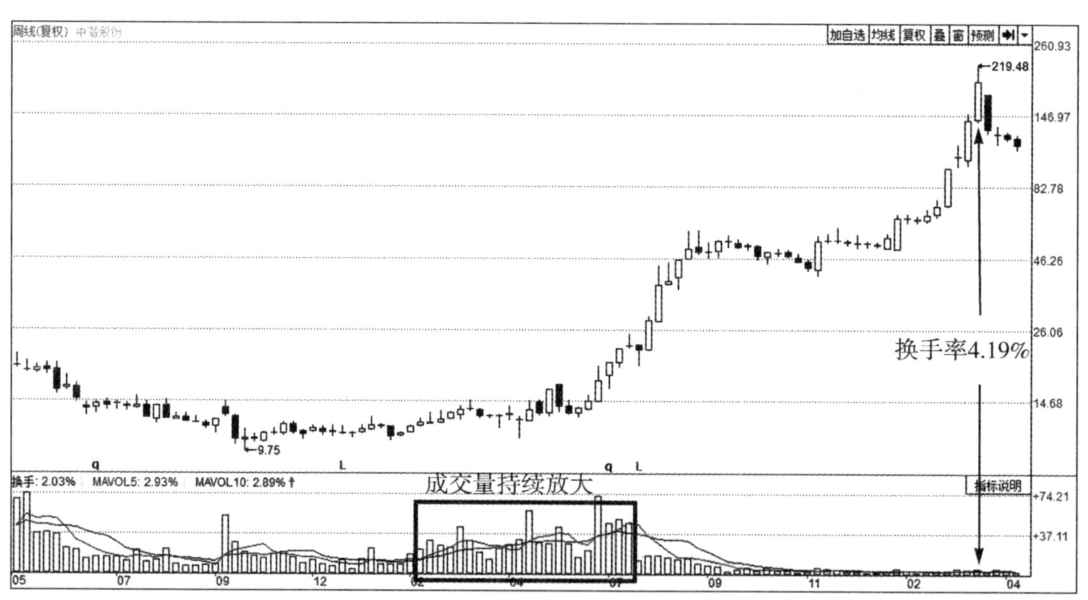

图 6-1-2　中潜股份（300526）2018 年 5 月至 2020 年 5 月股价周线图

如图 6-1-2，中潜股份从 2019 年 2 月开始一直到 2019 年 7 月（图中矩形框内），成交量持续明显放大。主力完成吸筹之后股价开始拉升，股价从最低点 9.75 元上涨到了 219.48 元的天价，而图中最高价位的那根周 K 线的换手率仅有 4.19%，平均单日换手不足 1%，这对一只上涨了 20 倍的股票来说，是非常少见的。唯一的解释就是有大资金将这只股票的大部分筹码都拿到了手中，使这部分筹码保持高度的稳定性，而外部散落的股票筹码很少，只需要很少的买单就可以把股价拉升到涨停。

第二节　K 线熵值的间接影响因素

除了之前提到的两大基础影响因素，K 线的熵值还与很多其他因素有关，如成交量、市场情绪和时间等，这些因素通过影响两大基础要素来影响股票的熵值，我把它们归类为股票熵值的间接影响因素。

一、间接影响因素 A：成交量

基础影响因素中的筹码分布情况出现变化，最直接的体现就是成交量。就像一块大石头扔进水中，一定会掀起波澜。在底部，这样的变化很明显，在长期下跌的过程中，市场情绪变得极其低落，市场成交量也变得惨淡。此时，如果市场成交量在底部急剧放大，股价将随之反弹。

图 6－2－1 重庆啤酒（600132）O_a 与 O_b 之间的走势就是很明显的放量整理筹码的过程。股票经过有序点 O_a 之后，价格的波动开始变小，成交量迅速放大，而股票的价格在这个过程中缓慢增长。尽管股票价格在上涨，但由于筹码的有序性迅速增加，所以股票的熵值在这个过程中其实是减小的。在这之前的下跌段，成交量已经极度萎缩，浮动的筹码已经大量减少，这一段小幅上涨对股票进行再一次筛选，浮动的筹码已经降到很少的数量。第一段上涨过程完成之后，股价在 20 元附近震荡了很久，O_b 之后，股票的换手率再次缩减下来，这就说明此时市场的浮动筹码已经处在一个较低的水平，少有人卖出，股价自然就在这附近支撑住了。这个震荡区间，就是两个有序点 O_a 和 O_b 之间的机会区间，随着接下来的进一步放量上涨，股票进入主升段。

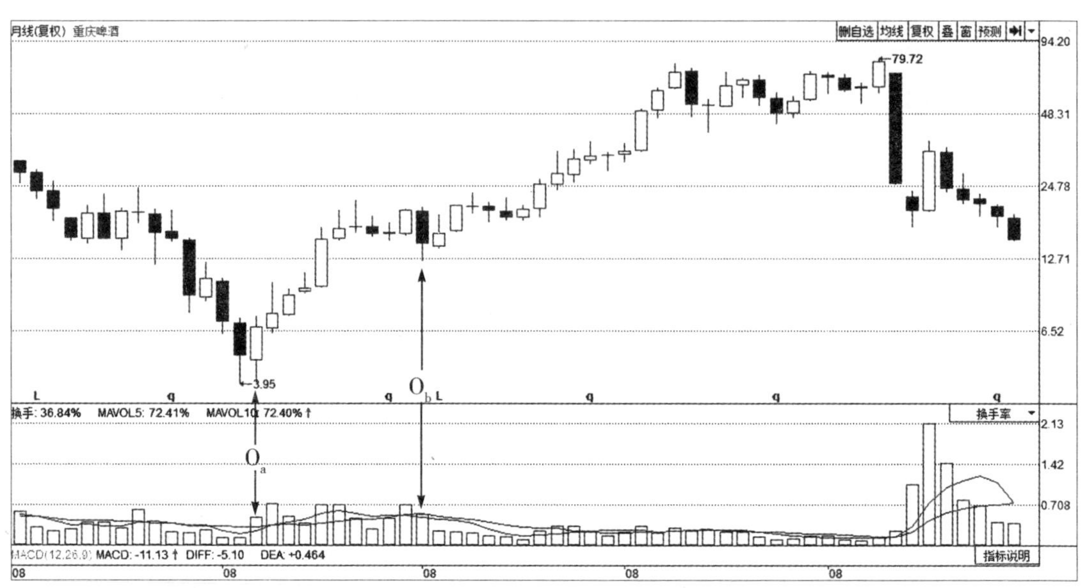

图6－2－1　重庆啤酒（600132）2007年8月至2012年7月股价周线图

第一段价格影响区间通常对应的是股票一轮周期的主升段，在这个区间，股票的熵值随着股价快速上涨，筹码也渐渐变得活跃松动起来。股价处在价格影响区间时，往往会继续维持之前的趋势，在这个过程中，价格是影响熵值大小的主要因素，而筹码分布变化较小。

在图6－2－2中，O_b与M_a之间的走势，对应的就是航天长峰（600855）这一轮的上涨区间，在这段走势中，价格主导股票熵值变化，因此这个区间也叫作价格影响区间，O_b之后，股价快速上涨、成交量放大，将之前底部区域的套牢盘解套。2006年4月至6月，股价涨速骤然加快，随后进入调整区间，调整结束后，换手率迅速增大，股价上涨，到达M_a处进入高风险区间。

图6－2－3是香江控股（600162）2007年行情的高风险区间，两个混乱点分别是M_a和M_b。在这个区间内，股价走出了一个标准的高位顶背离图形：图中A、B、C三处股价不断创出新高，而对应的RSI值不断降低。第一章第三节我对RSI指标进行了详细的介绍，RSI顶背离其实是由于股价涨速不断下降，减速上行而产生的。随着股价上涨的速度放缓，一些均线也开始走平，到达均线交会的位置时，多

空力量基本处于一个平衡状态，之后股价选择了方向，均线也随之反转，其作用也由支撑转变成了压制，股价进入下跌趋势，一路走低。

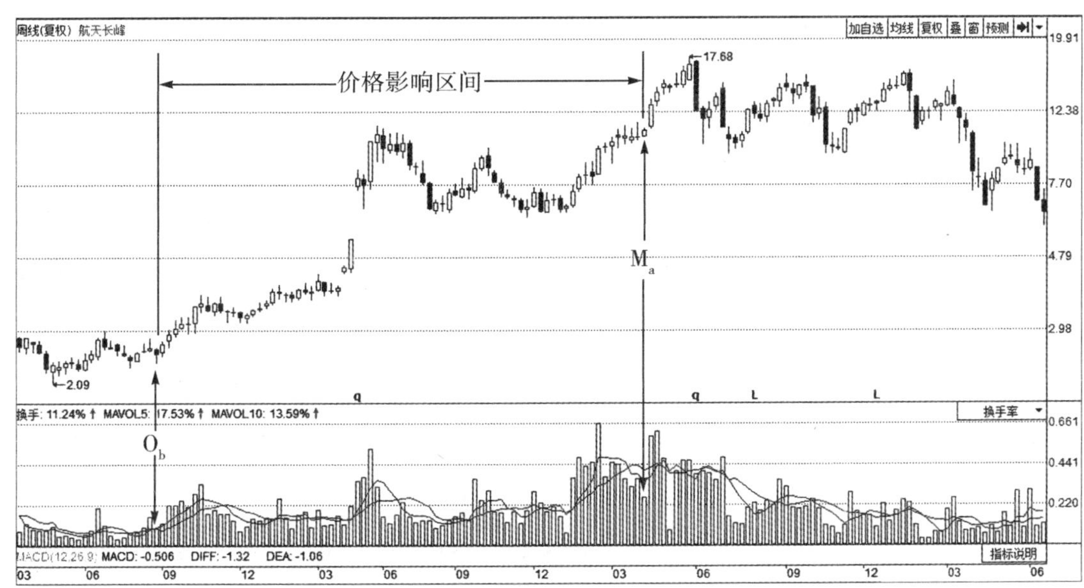

图6-2-2　航天长峰（600855）2005年3月至2008年6月股价周线图

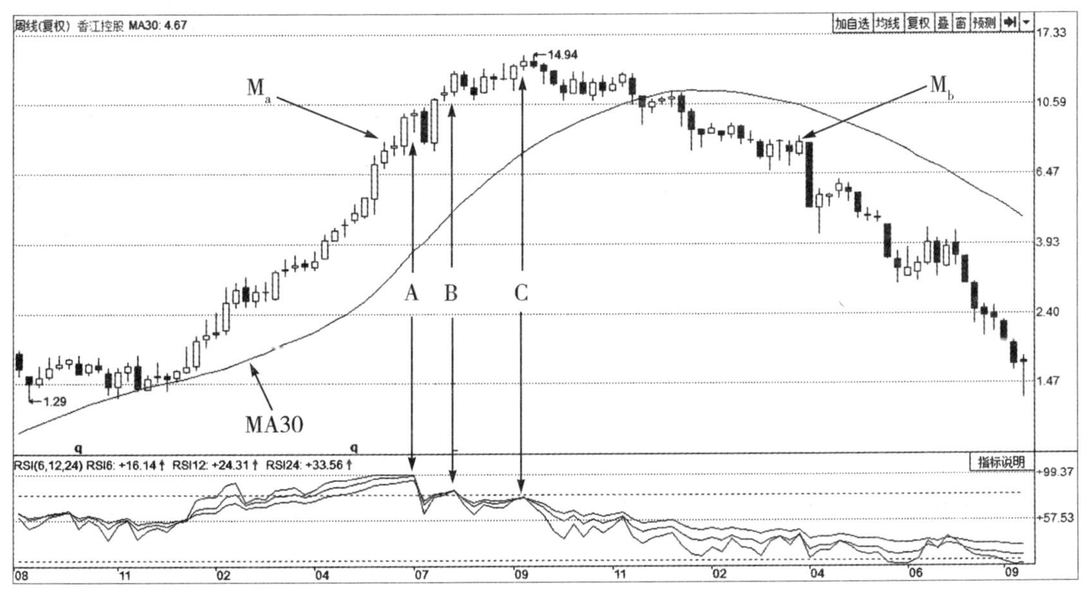

图6-2-3　香江控股（600162）2006年6月至2008年9月股价周线图

其实，稍微懂点技术的投资者能够轻松看出 A、B、C 点的顶背离，这种走势，RSI、MACD 与 KDJ 指标都会显示出类似的顶背离信号，但仍然很多投资者没有成功地逃离这个如此明确的顶部，很大的一个原因是受当时的市场情绪影响。市场情绪不光会影响到投资者的判断，也会对股票的熵值产生一定的影响。

二、间接影响因素 B：市场情绪

市场的火热情绪会让已经处在高风险区间的股票继续冲高，而恐慌情绪则会让已经进入机会区间的股票再创新低。市场情绪的影响会贯穿股票运行的绝大部分阶段，最大的影响，就是市场情绪让熵值有了“惯性”。

图 6-2-4　中青宝（300052）2010 年 4 月至 2019 年 1 月股价周线图

图 6-2-4 中，中青宝（300052）在经历了上市之后连续几年的下跌之后，反转向上走出了一轮涨幅和涨速都很不错的行情，2013 年 4 月至 9 月的主升段，股价上涨了近 9 倍，在 2013 年 9 月时，股价基本已经见顶。K 线的熵值也随着价格的上涨和筹码的换手迅速增大，到达 50.21 元的最高价之后，股价结束了上涨趋势，开

始回落。但 2013 年至 2015 年 A 股市场行情非常火爆，中青宝并没有立即下跌，而是在高风险区间内进行充分的换手，火爆的市场情绪将股价维持在了高位，而筹码的换手在此期间保持活跃，股票系统的熵值不断增加，而此时的市场情绪撑住了这只股票的超高熵值。一直到第二个混乱点 M_b 之后，市场情绪走弱，熵值才开始随着股价的下跌而慢慢降低。

此时股票价格已经走到极高的位置，经过充分换手，股票筹码也极度散乱，K 线的熵值早已超过混乱点 M_a，在高位徘徊。但由于当时的市场环境，投资者刚刚度过了长期下跌的熊市，就像刚刚深潜之后从水面露头，大口大口地呼吸空气。在当时出现有这样赚钱效应的股票，很多投资者是舍不得放手的，加上市场行情好，市场热度不断提高，这些因素影响这只股票，导致它的价格始终居高不下，在 2015 年行情进入末期时甚至再次反弹接近历史高点。股价处在高位，筹码经过长时间的换手，熵值被火爆的市场情绪进一步放大。如果不是当时火热的市场行情刺激投资者狂热的情绪，中青宝一定不会在高位盘桓两年多。

在熊市末期，市场情绪同样会对股票系统的熵值造成巨大的影响。

从图 6－2－5 可以看出，香江控股（600162）在图中框内，股价在 0.6 元至 1.5 元区域箱体震荡，随着震荡延续，股票的成交量迅速减少，这表明市场中的浮动筹码也迅速降低。在这段箱体震荡的末端，股价出现破位下行，然后在 0.18 元触底反弹。在部分技术派人士的眼中，这样的走势是“反技术”的，破位下行在技术派眼中是极其危险的信号。A 处的走势在技术派眼中更是匪夷所思，配合上当时悲观的市场情绪，一些风吹草动都会给投资者带来巨大的恐慌，很多投资者在这个阶段卖出之前一直套牢的筹码。这也意味着在这样的底部，很多投资者会错过极低成本买入股票的机会。

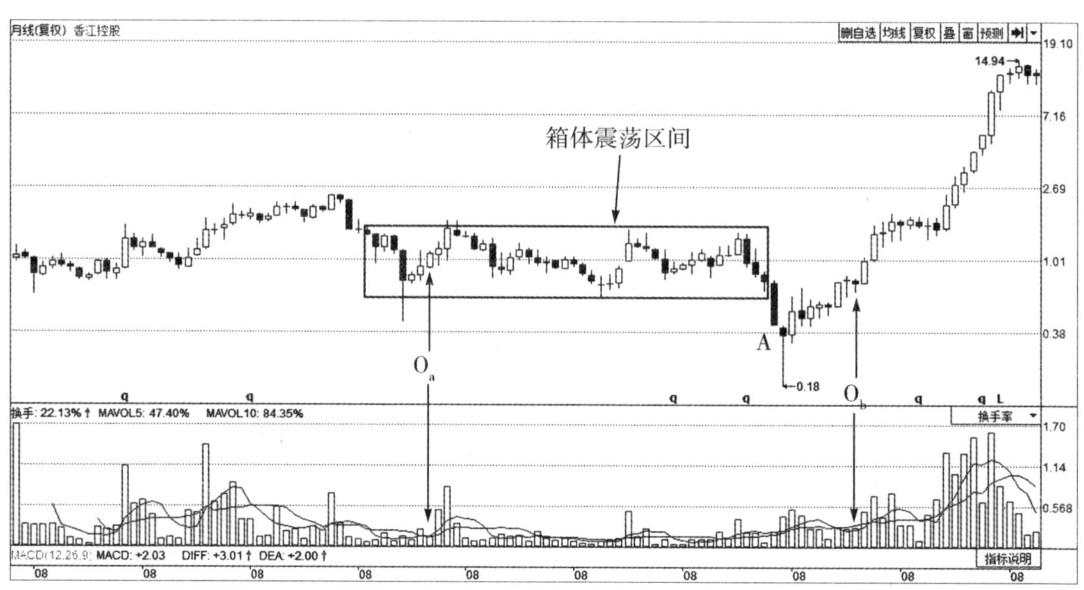

图 6-2-5　香江控股（600162）1998 年 6 月至 2017 年 11 月股价月线图

从熵值理论的角度来看，股票在通过第一个有序点 O_a之前，其实已经进入了一个长期的箱体震荡区间。在震荡的过程中，股票熵值不断降低。在箱体末端，股票的熵值已经处在极低的位置。但在当时的市场环境里，投资者的情绪极为悲观，再加上一些利空的消息，投资者会产生巨大的恐慌情绪，就像惊弓之鸟，卖出深套的筹码。其实，如果投资者回过头来总结，会发现自己在这些位置产生了很多荒诞离奇的操作。对于香江控股这段走势，可以判断，在 V 形区域，有很多投资者抛掉了自己的持仓，并且这部分持仓的成本也并不低。在相对较高的位置，他们可能因为某种原因买入股票，在深套的过程中坚定持有，却在股价接近底部时割肉离场。投资者在股市中总是想要高抛低吸，如果回头看看自己出现了这样的操作，不知道会有什么样的遗憾和后悔。

市场情绪会在高位进一步增加股票的熵值，同时也会在低位进一步降低股票的熵值，这是市场情绪在股票运行过程中的惯性导致。往往在这种惯性中，投资者最容易迷失，冲高末端的惯性让投资者难以从火热的市场氛围中脱身，这也是出现重大亏损的原因之一；杀跌末端的惯性会使股票的熵值降到极低，此时正是最好的入场时机，但投资者却常常因为一些心理层面的影响而错失低成本买入时机，浪费掉之前持仓的时间成本。熟练掌握运用熵值理论，这种事情将很难发生。

三、间接影响因素C：时间

第五章详细介绍了时间对于K线的重要意义，对于K线的熵值，时间同样具有非常重要的影响。

在A股市场，受涨跌幅限制，通常股票价格的上涨与下跌需要通过时间来累积，“T+1”的交易规则也让筹码的换手需要时间。类似于2013年至2015年的中青宝，在相对高位长期震荡，价格在这段时间内没有发生太大的变化，但筹码分布早已经从有序变为无序了，单位筹码的活跃度也远远高于之前，股票的熵值也在这段时间迅速增加。最终，市场新进入的多方力量没能抵消来自股票获利盘产生的巨大抛压，股价转多为空，一路下跌。高风险区间的平衡主要是被不断增加的空方力量打破的，在高风险区间，单位筹码运动速率维持在一个极高的水平，在这样的条件下，时间越长，筹码结构的变化自然也就越大，股票的熵值也就跟着变大，所以通常在高风险区间，股票的熵值随着时间的推移而不断增加。

在股票进入机会区间之后，成交量会随价格不断缩减。随着成交量的减少，筹码的换手率下降，股票的热度也开始降低，这时候就符合低熵值区间的特点，单位筹码运动速率减慢。但此时为了进一步降低股票的熵值，还需要整理筹码，提高筹码的有序性。由于低位的成交量相对较低，所以如果要达到足够的换手，就需要用较长时间对股票的筹码进行收集沉淀，然后等待下一次市场机会。在机会区间，除了用时间来累积换手之外，通常股价也会进行小幅波动，用这种方式筛去浮动筹码。

有相当一部分投资者有一个明显的持股特点，当股票被套时，他们总是坚定持有，想方设法去解套，甚至在下跌途中加仓拉低持仓成本。这是一种典型的思维惯性，这种思维是在牛市中养成的。这部分投资者通常是在牛市的中期或者后期进入股市，当时的市场环境很好，股票短暂被套，只要坚定持有，解套往往只是时间问题，这个办法在牛市中屡试不爽。但市场环境一旦改变，市场由牛转熊，这个办法就会让手中的持仓一步一步地缩水。

前几年，网络流传一个搞笑的段子：问君能有几多愁，恰似满仓中石油。我一个朋友持有中国石油的股票已经好几年，至今还深套着。我相信他不是个例，当时中石油在A股市场横空出世，就像一颗闪耀的明星，没人会想到它会如此快从天空跌落。

当持仓被套几年之后，市场往往也进入了相对底部，部分股票也具备了再次上涨的条件。在被套中坚定持有的投资者迎来了春天，股价从底部渐渐昂起头来。在股价上行过程中，长期的持仓或有解套的一天。这样的持股人就像在水下淹没了很久，突然浮出水面一样，有种获救感。在这种时候，有的投资者很可能因为股价的震荡而出现心态波动，开始管不住自己的手了。当一笔持仓开始浮盈时，这笔持仓就没有那么坚定了，落袋为安的心理常常驱使投资者在上涨初期卖出股票。

而且由于股价在低位长期震荡，在此期间进入市场的投资者会产生另一种典型的思维惯性——在相对高位卖出股票，然后在相对低位接回。特别是股价在低位长期进行箱体震荡时，由于一部分投资者长期在箱体震荡过程中高抛低吸赚取小幅差价利润，这种方式在一段较长的时间都获得不错的利润，于是这种震荡市中操作的思维惯性就随之产生了。但股价不会永远维持这样的状态，当它突破长期震荡区间上涨时，投资者就会因为在震荡市中形成的思维惯性而错过大幅盈利的机会。

如图6-2-6，中国船舶（600150）自1998年上市至2000年，股价的波动基本维持在图中6元~10元左右的箱体中，偶尔突破箱体，但不久之后又回到箱体中。上市价格为7元，这期间涨幅最大时为2001年6月高点的14.07元。将近8年的时间，股票长期处在机会区间。在这个震荡过程中，区间的相对高位拥有较大的成交量，在低位也同样有成交量累积。2003年股价到达了最低点5.52元，2006年1月股价上涨到13元附近。对于短线投资者以及长期在底部通过震荡波段盈利的投资者，这个位置无疑处在相对高位，震荡指标也处在偏空的位置。但从熵值来判断，这个位置基本上处在第二个有序点 O_b 附近。股价的涨幅在这段走势中不算太大，而筹码的有序性在这个长周期的震荡中不断增加，K 线的熵值并没有因为股价的上行而出现巨大的变化。与风险区间相反，当股票处于机会区间时，股票的熵值通常会随着时间的延续而变得越来越小。

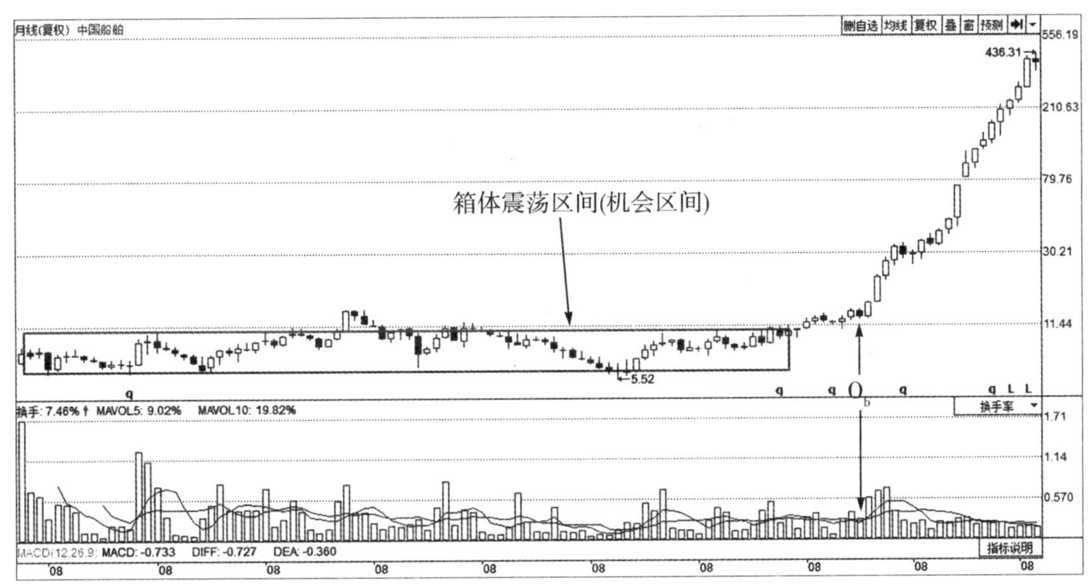

图 6－2－6　中国船舶（600150）1998 年 5 月至 2007 年 10 月股价月线图（后复权）

第三节　通过熵值选择合适的交易策略

研究 K 线的熵值，实际上是研究股票本身发生的一些变化，通过研究股票熵值的变化情况，我们可以选择合适的交易策略。

一、机会区间坚持做多

研究股票的熵变过程时，要抓住股票本身的基本性质，从最直接的供求关系入手，研究市场变化对股票熵值的影响，进而判断股价所处的状态以及股票当前所具有的投资价值。

在K线熵值理论中，我将股票的运行阶段分为四个区间：机会区间、第一段价格影响区间、高风险区间和第二段价格影响区间。对于中长线投资者来说，机会区间和第一段价格影响区间的初期都可以择机买入建仓。其实，这间接说明了一个观点：股票的底部不是一个极限的点位，而是一个价格相对较低的区间，在这些位置，股票熵值也非常低。如图6－3－1中的天津普林（002134），那个4.50元的最低点，仅仅是一个价格比较低的点位而已。如果要采用K线熵值的标准来判断，图6－3－1中的方框内都是相对的底部。对于个股来说，熵值的底部，就是股票运行阶段的第一个区间：机会区间。① 在这个区间内任何一个位置都是长线投资非常好的入场机会。

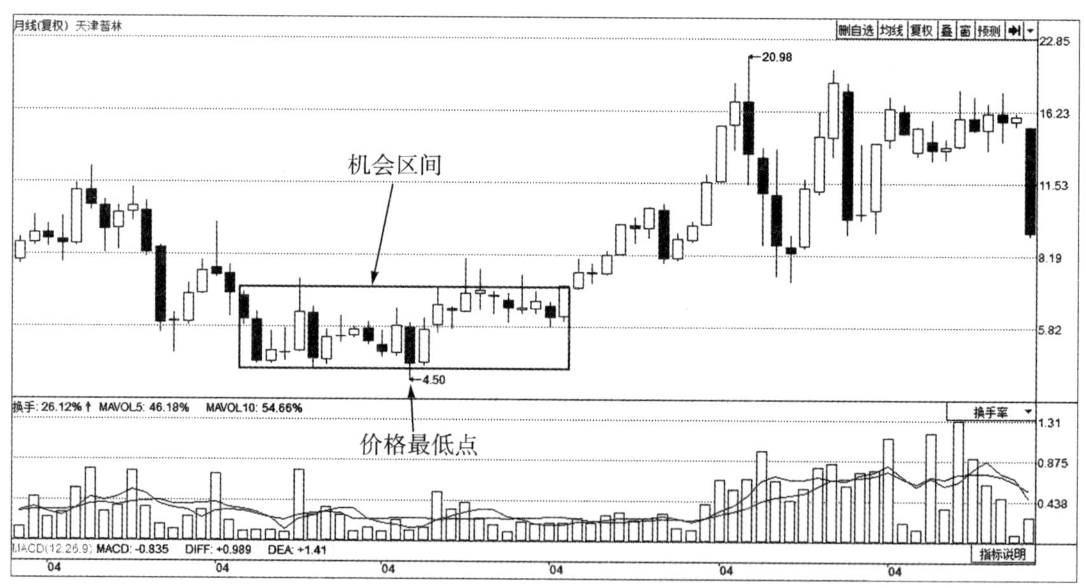

图6－3－1　天津普林（002134）2011年2月至2017年6月股价月线图

---

① 由于个人习惯，我将股票一个轮回周期的第一个阶段定为两个有序点之间的机会区间，但个股的第一个运行阶段不一定是机会区间，不同个股有不同运行特点，可能会以其他区间作为第一个阶段，这点需要注意。

简单说，对于长线投资来说，机会区间就是具有投资价值的位置。使用第二章第三节中我提到的相对低位买入的交易方法，机会区间的任何部分都属于可以买入的机会位置。买入之后耐心等待股票通过第一段价格影响区间，进入高风险区间，然后在高风险区间果断卖出即可。在这期间，我们需要付出的就是自己的时间成本。个股的轮回周期大多数在五到六年，在机会区间买入，高风险区间卖出，最多总共经历 3/4 的轮回周期，如果买卖点精准，在机会区间的末端买进，高风险区间的初期卖出，甚至可能仅仅等待一轮周期的 1/4 时间。除此之外，市场中还有少部分股票的运行周期与大多数股票错开，更是给投资者提供了机会。对于散户来说，机会区间买进，然后等待股票走完第一段价格影响区间的时间成本是完全可以接受的。

之前提到，K 线熵值有两个基础影响因素，价格是我们可以一眼辨别的，而筹码的具体分布情况却是我们难以知晓的，所以只能按照市场逻辑来反推：主力在上涨过程中推动股价上行，前提是大部分股票的持有者看多做多。往往在底部区域，市场情绪较为悲观，散户们的观点很难做到一致地看多做多。在底部区域，大部分筹码肯定是集中在一些坚定看多的机构投资者手中，只有筹码稳定有序时，股票才能够在做多力量进入时较为顺畅地上涨。如果散落筹码太多，在上涨的过程中一定会受到较大的市场阻力，股价也就很难出现顺畅地上行了。在股票运行的过程中，经常会在股价长期大幅上涨之后出现滞涨，这时股票基本就已经进入高风险区间，如果没有足够的外部力量进一步对股票系统进行能量填充，系统可能会维持一个相对稳定的状态，多空双方暂时保持一个动态的平衡。股价到了高位，一部分资金就要开始撤出了。如果把单只股票看成一个独立系统，资金撤出就相当于从内部撤出了一部分能量，系统的稳定性自然就无法维持，但筹码数量——热力学系统中物质的量——没有发生改变，所以只有降低温度，系统才能再次平衡。

这个系统的温度，在股市中就是股票的价格，这也就是为什么高位会出现快速下跌的原因。一个平衡状态失去一部分能量，一定会产生某种变化使系统达到另一种平衡。因此，高位会伴随着成交量的大幅下跌，也意味着大量资金的撤离。

二、高风险区间轻仓交易

而到了股票的高风险区间，毫无疑问，大资金需要出货。出货，就是分配筹码给当时蜂拥而至的个人投资者。这个阶段，相对稳定的筹码再一次转为散乱。筹码价格高，热度大，运动速率很快，股票的换手率很高，系统的熵值处在一个很高的位置，股价面临风险。这时候股票的投资价值就寥寥无几了，上涨的空间十分有限，而经历长期的上涨，前期已经积累了足够的获利盘，一旦这些账面利润要完成兑现，股价必然会进入第二段价格影响区间，出现较大幅度的下跌。

定义K线的熵值，是为了用这个熵值来判断股票本身运行的状态，衡量其投资价值。必须要明确的是，K线熵值的最低点，并不一定是股价的最低点；同样，股价的最高点，也未必就是这只股票的熵值最高点。股市实际上是一个混沌系统，股价的底部区域与熵值的底部区域有较多的重合部分。同时，对于底部的定义，在边界上也没有那么绝对。

K线的熵值变化情况，在股票运行的几个阶段各有特点，在这几个不同的熵值区间，股价有其不同的运行方式，对应的操作策略也有所不同。

在高熵值区域，也就是高风险区间，由于股票前期出现了较大的涨幅，赚钱效应非常好，所以股票的热度极高，成交活跃，甚至股价波动幅度较大。对于短线投资者，这种类型的股票是他们的最爱，对于高风险偏好者来说，股价的大幅震荡就是机会，意味着可以快进快出博取利润。

市场是随时都在变化，在一些关键位置，我们应该避免思维惯性指导操作。要明白，股票的熵值不可能永远保持高速增加，它会以一个最省力的方式进行运动。一波巨浪升起，一旦力量衰竭，它还是会回落到海平面，甚至因为之前的冲高而跌落更低。对于一只股票，只要它的所有筹码不消失——即股票不退市，它的熵值一定不会降为0，熵值下降只是对应的单位筹码的价格和运动速率下降。正如一个独立系统的气体，会因为某些原因，温度降低，甚至转为液态或者固态。但这仅仅是分子运动速率下降，分子间排列的有序性更高，总体的分子数量不会发生改变。

当一只股票极度活跃的时候，这只股票常常具有很高的价格，是经过长期的上涨，产生了足够的赚钱效应之后，股票才出现高热度大成交量的情况。这种情况往往就对应着股票的较高熵值，同时也存在着很多的获利筹码。一旦这些筹码进行兑现，股价很容易出现大幅下跌。所以股市上有一个流传已久的说法，在股价高位的买卖就是击鼓传花，鼓声停止，总会有人为此付出巨大的代价。

三、利用熵值理论结合成交量逃顶

股价上涨到中后期伴随着股票热度的提高，而下跌到中后期伴随着股票热度的降低，所以我粗略地将高位与低位的成交量分为两种情况。一是股价在高风险区间时，股票异常火热，吸引了大量的投资者，由于A股的整体交易特点，这个阶段的成交量大概80%会变为浮动筹码，剩下的20%在一定时间内会稳定下来；二是股票回到低位的过程中，股票热度逐渐降低，到达机会区间时，成交量相比高风险区间大幅缩减，要达到与高风险区间相同的换手率，往往就需要很长的时间累积。股票热度低，大部分普通散户会对这些股票视而不见，没有丝毫想要买入的意思，所以在底部，成交量大概分成50%的浮动筹码和50%的稳定筹码。

正是由于成交量的差距，A股股票在高位熵值的变化速度远远大于低位熵值的变化速度，也正是这个原因直接导致了股价在顶部区域的时间远小于在底部区域的时间，造成A股市场“牛短熊长”的特点。

牛市末期的波动巨大，所以在牛市中逃顶十分重要，一个不小心，一大笔利润就会付诸东流。同时，由于A股市场“牛短熊长”的特点，逃顶显得相当困难。但利用熵值理论，我们可以轻松逃离顶部区域。

图6-3-2中是中青宝2013年8月至2014年9月长达一年多的股价筑顶阶段的区间统计，在这段走势中，股价涨幅为34.19%，振幅为141.8%，股票的总换手率为1546%。在这段时间中，股票筹码进行了充分的换手，K线熵值也随着筹码的散乱而到达危险区域。2013年9月，股价到达最高点，但此时筹码还没有充分换手，系统的熵值还没有到达一个顶峰。由于部分获利盘的撤离，所以可以看到股价

从高位出现了一定幅度的回落。当时的市场，还有大批股票正处在上涨阶段，市场情绪一片向好，股价像雨后春笋一样纷纷上涨。而中青宝在此时已经不具备大幅上涨的动能了，在这样的市场环境中，中青宝进行高位盘整，并且不断地释放成交量。按照高位成交量的“二八定律”，这时候的浮动筹码比例基本已经接近 80% 了，配合此时股票的价格，股票的熵值基本已经达到最大。市场热度一直到 2015 年 6 月才渐渐消退，在此之前，股价一直受到市场力量的托举，在高位维持震荡走势。一直到 2015 年 6 月，市场环境发生变化，股价才从高位真正跌落下来。

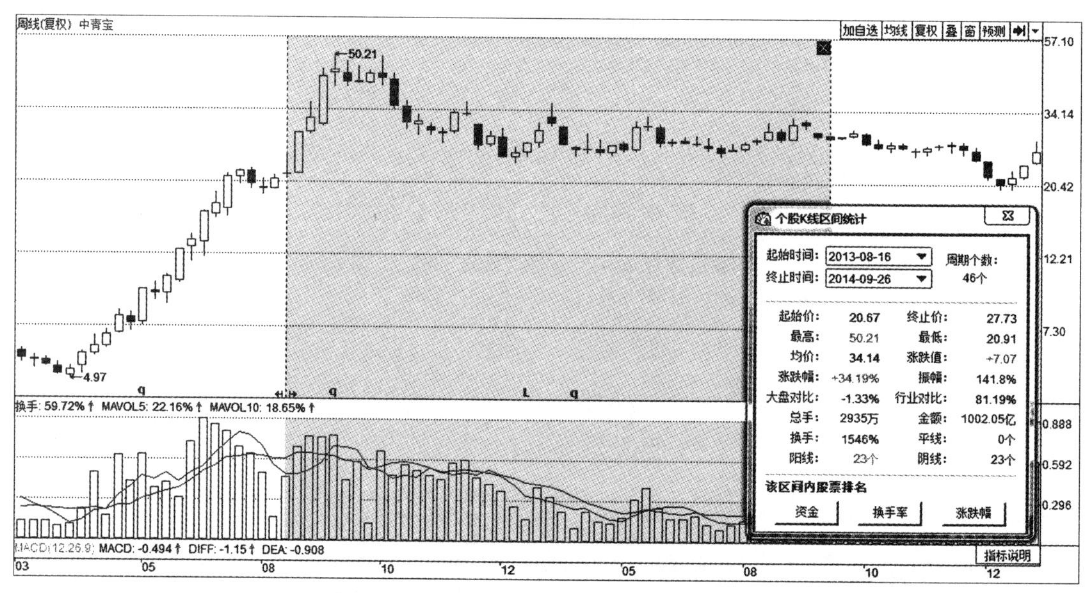

图 6-3-2　中青宝（300052）2013 年 8 月 16 日至 2014 年 9 月 26 日数据统计

由于中青宝在市场狂热的情绪中构筑了一个接近两年的顶部，筹码得到充分换手，股票系统无序性非常大，熵值达到极大值，所以后续的下跌过程，就是一个连续的熵减过程。因中青宝 2013 年的涨幅巨大，在 2013 年至 2015 年期间又在顶部出现大量的套牢盘，所以在后续的走势中，会进行一段长时间的下跌，即使中途反弹，也难以企及 2013 年的高点，等到下一轮行情，需要一段很长的整理期。

整理期通常代表了第二个价格影响区间和下一个轮回周期的机会区间，股票在这两个阶段整理散乱的筹码，降低持股人的持仓成本，减少套牢盘的数量，最终让K线的熵值降下来，达到再次大涨的内在条件。在此之前，即使市场环境向好，它也不再具备大涨的潜质，散乱的筹码会严重阻碍上涨过程，套牢盘的压力会让要拉升的力量望而却步。如果拉升需要太大的成本，使用大量资金仅仅能够拉升一小段价格，那么这些资金离场时，股价极大可能会落到更低的位置，得不偿失，自然就不会有大资金选择它作为投资标的了。

2005年到2007年那一轮行情，上证指数从998点涨到6124点，涨幅超过5倍，很多个股涨幅接近10倍，青海华鼎（600243）就是其中之一。如图6－3－3，青海华鼎在2000年上市，上市之后就开启了漫长的下跌过程，一直跌到了2005年，不久之后股价反转向上，进入了长达两年的上升周期。由于长时间的下跌，前期套牢盘逐渐稳定下来，价格也同时降到低点，此时股票熵值处在机会区间。所以之后股价稳定下来，不再创出新低，在较低位置徘徊了一段时间后，股票放量走高，进入上涨段的价格影响区间。

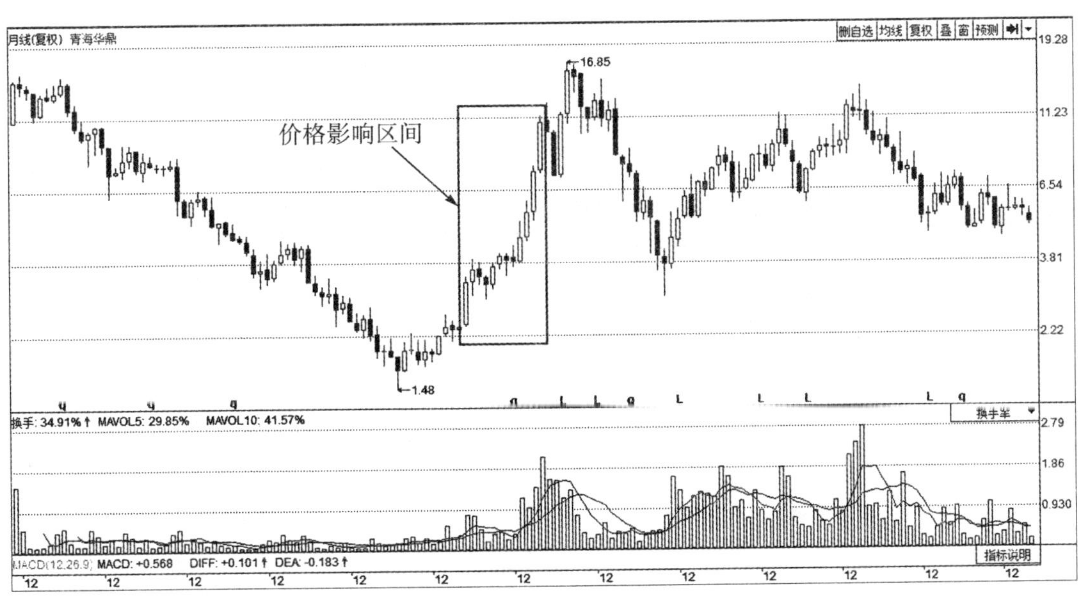

图6－3－3 青海华鼎（600243）2000年11月至2013年4月月线图

2007 年 3 月之后，股价进入最后的冲刺阶段，走出价格影响区间，成交量巨幅放大，K 线熵值进入风险区间。

图 6－3－4 中青海华鼎这段走势，是经过大幅上涨之后的一段。在区间数据统计中，我们可以看到，在 35 个交易日里，股价上涨幅度为 22.42%，对应的换手率是 333.8%。平均每个交易日接近 10% 的换手率，而涨速却远远比不上之前第一段价格影响区间。在经过长期上涨之后，出现筹码大幅换手而股价上涨不多时，基本上可以断定股票进入了高风险区间。对于进入高风险区间的股票，就应该准备减仓保留利润了。

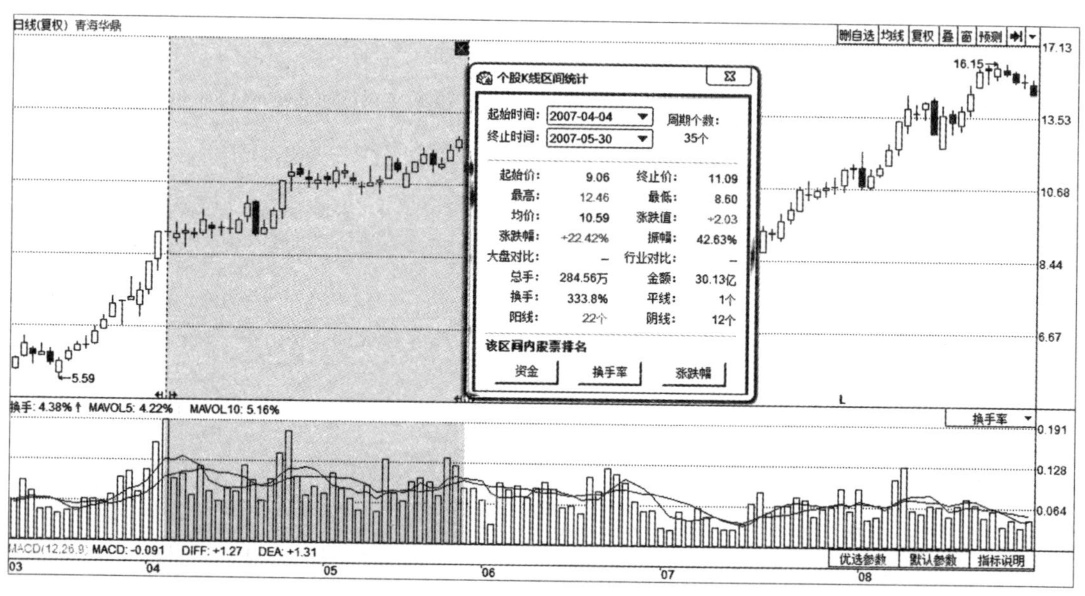

图 6－3－4 青海华鼎（600243）2007 年 4 月 4 日至 5 月 30 日数据统计

虽然青海华鼎 2007 年这一轮走势，后续仍然出现了新的高点。但对于投资者来说，在机会区间买进，在风险区间渐渐卖出，这笔交易已经算是极佳的了。由于是复利累积的关系，单只股票上涨末期的收益率是巨大的，即使末期的涨幅仅有 1 倍，对于之前已经累积几倍收益的投资者，就是将更大收益翻倍的机会了。正是由于这个原因，很多投资者不愿意放弃最后一段疯狂的上涨。这是人性的贪婪，对于一个真正合格的投资者，必须要克服这样的贪婪，否则总有一次会因此坠入深渊。

熵值理论也可以看成是股票的一个指标，这个指标与价格、成交量、时间的 K 线三要素都有密切的关系，并且市场情绪也会反映在 K 线熵值的变化中。本章一开始就提到，K 线熵值是描述股票状态的一个指标。因此，可以以此为参考指标与其他研判方法结合进行顶部和底部的判断。

图 6-3-5 是青海华鼎熵值高风险区间的一部分。可以很清楚地看到，在图中方框内，股价走出了一个三重顶形态。在高风险区间出现这样的结构，是一个非常危险的信号，我们此时就不应该再留恋，要果断将持仓全部卖出。

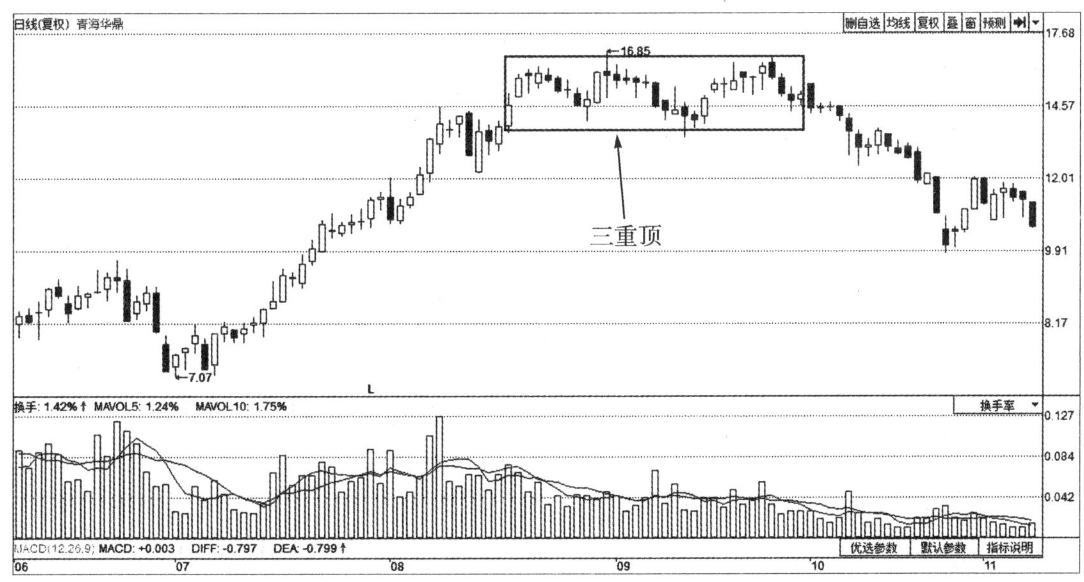

图 6-3-5　青海华鼎（600243）2007 年 6 月至 11 月股价日线图

这个三重顶形成之后不久，股价就出现了大幅下跌，尽管之后出现反弹，但整体趋势已经发生变化，股票进入了漫长的下跌过程。

将熵值理论与其他研判方法结合，有时可以起到绝佳的效果。

股价下跌过程开启之后，股票也就基本开启了熵减的过程，与熵增过程类似，先是价格作为熵减主导因素，降低单位筹码的能量。通常等到价格大幅下跌，一直跌到长期持股人的平均成本下方，成功清扫掉绝大部分的获利盘之后，市场再开始慢慢整理浮动筹码，这时就会有连续较大的成交量出现在底部区域。较大成交量在机会区间出现，通常是大资金在买入低位的筹码。所以低位较大成交量对于K线熵值来说，是熵减过程的一个重要条件。之前提到，低位成交量大约有50%在短期会沉淀下来，成为稳定的筹码，在低位成交量的影响下，筹码的稳定性会增加，股票系统的熵值会减少。

成交量是可以通过时间来累积的，股票在机会区间内持续放量整理筹码，在相同时间内会更快地使筹码趋于稳定。与长期下跌过程中的反弹不同，股票在机会区间持续放量时，股价的涨幅常常在1倍左右，而这1倍的涨幅却拥有突出的成交量，在沉闷的看空氛围为股票注入强势的力量。机会区间的成交量大小，对未来股价的上涨过程会产生极其深远的影响。

四、熵值理论结合成交量抄底

在股价进入底部区域一段时间之后，股价会进入机会区间。众所周知，A股市场牛短熊长，机会区间的时间可能会持续两三年，买入时机如果不是太好的话，投资者需要付出较多的时间成本，能够在底部区域即将结束的时间介入股票，相信是大家梦寐以求的。

在底部区间，股票系统的熵值也往往是一个递减的过程，股价在一个狭小的价格区间震荡，而筹码不断被筛取，有序性不断增大，最后趋于稳定。有时到某些很低的位置，甚至会出现长时间没有一笔成交的极端情况。这种情况，说明系统的熵值基本已经降到极低，如果在之前的底部区间有持续较大的量能放出，那这里很可能就是股票这轮底部熵值最低的位置。投资者完全可以在这里买入，然后耐心等待，或许在时间上这里可能仍然不是即将启动的时候，但从买入成本和时间双重因素考虑，这里无疑是最佳的买进位置之一。

2014年5月底，杭齿前进（601177）进入上涨前夕，从图6-3-6中2014年5月28日的分时图可以明显看到，下方成交量稀疏，连续几分钟没有一笔成交，当日的总换手率仅有 0.28%。如果在一段较长时间的低位走势中，经常出现这样成交量断层的分时走势，基本说明股票系统的熵值已经降到了非常低的低点，这里也是买入的极佳时机。

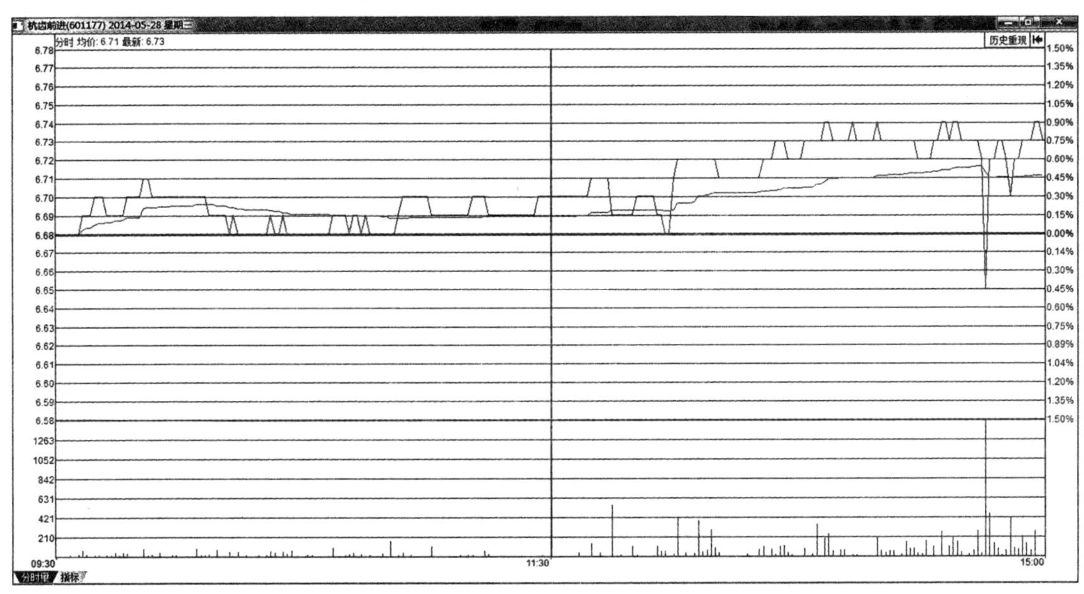

图 6-3-6　杭齿前进（601177）2014 年 5 月 28 日股价走势分时图

同样的情况再次发生在 2018 年的 8 月、9 月和 10 月，我选取了其中一天的走势，如图 6-3-7，同样稀疏的成交量，对应的价格也同样是低位，熵值低点，浮动筹码很少。这种状态持续了大概 3 个月。

不久之后，股价出现一个诱空走势，随后才开始了上涨。从图 6-3-8 中可以看到，股价从 2018 年 6 月的 7 元附近再下一个台阶，之后进行了一段将近 4 个月的低位爬行走势，成交量开始锐减，下跌的动力消耗殆尽。之后，股价在 A 点受消息面的影响下进入最后一杀，出现短暂的过度低熵状态，不久，股价走入上涨趋势，且一举突破之前长达近一年的底部区域。

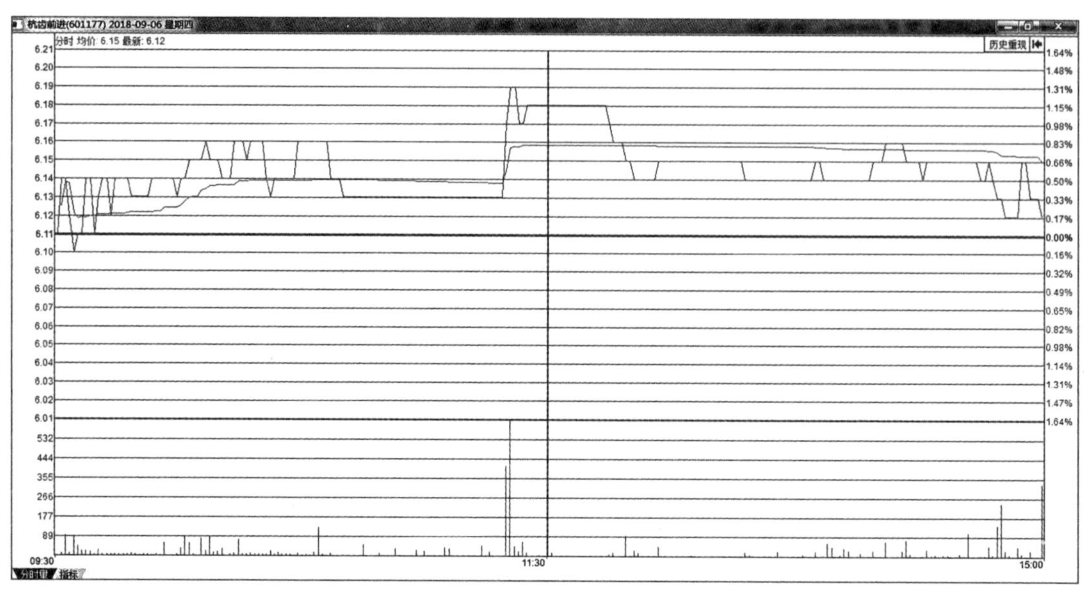

图 6-3-7 杭齿前进（601177）2018 年 9 月 6 日股价走势分时图

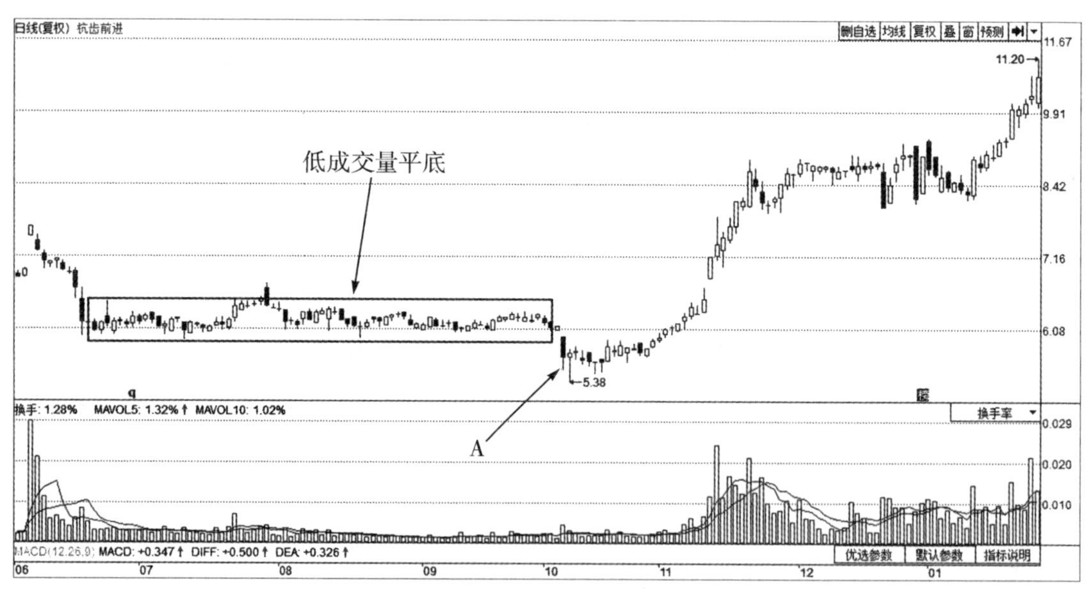

图 6-3-8 杭齿前进（601177）2018 年 6 月至 2019 年 1 月股价日线图

之前提到过，股票进入高风险区间与机会区间时，其熵值都会因为市场情绪的影响而产生“惯性”，就像简谐振动中即将到达波峰或波谷的运动趋势，其实，已经有很强的力量向着与股价运行相反的方向在起作用了，但股价运行的惯性和之前累积的动能让股价维持着原来的运行方向。最重要的是，这个过程中，股票的势能已经积累到极大值，而这些势能，未来就是驱使股价向着另一个方向运行的重要因素。